DAS HAVANNA-LEXIKON

Dieter H. Wirtz

DAS HAVANNA-LEXIKON

CHRISTIAN VERLAG

Redaktionsschluss: 30. April 2001

Autor: Dieter H. Wirtz
Zeichnungen: Inge Ulbricht, Mönchengladbach
Abbildungen: Archiv von Christoph M. Wolters, Meerbusch sowie
Archiv des Autors
Umschlaggestaltung und Design: Caroline Georgiadis, Daphne Design
Korrektur: Dr. Michael Schenkel
Herstellung: Dieter Lidl
Satz und Layout: Studio Fink, Gräfelfing

www.christian-verlag.de

Umschlag und Abbildungen: Articolor, Verona, Italien
Druck und Bindung: Nuova G.E.P., Cremona
Printed in Italy

ISBN 3-88472-509-2

HINWEIS

Alle Informationen und Hinweise, die in diesem Buch enthalten sind, wurden vom Autor nach bestem Wissen erarbeitet und von ihm und dem Verlag mit größtmöglicher Sorgfalt überprüft. Unter Berücksichtigung des Produkthaftungsrechts müssen wir allerdings darauf hinweisen, dass inhaltliche Fehler oder Auslassungen nicht völlig auszuschließen sind. Für etwaige fehlerhafte Angaben können Autor, Verlag und Verlagsmitarbeiter keinerlei Verpflichtung und Haftung übernehmen.

Korrekturhinweise sind jederzeit willkommen und werden gerne berücksichtigt.

INHALT

Für Elke

Ein besonderer Dank
an
Archi W. Bechlenberg,
Hannes Weiss
und
Matthias W. Wintzer

Sie wissen wofür

VORWORT

»Letztendlich geht jede Zigarre in Rauch auf.« Dieses brasilianische Sprichwort trifft natürlich auch auf jede Havanna zu, selbstredend auch auf die, die beispielsweise ein Connaisseur für würdig befindet, ihm am Abend rauchige Gesellschaft zu leisten, wenn er den Tag noch einmal Revue passieren lässt, und die ihm dann dazu verhelfen soll, Hast und Hetze des Alltags abzustreifen.

Sich solche Abende leisten zu können ist fast ein Privileg. Als ich in den letzten Monaten das *Havanna-Lexikon* fertig stellte, habe ich mir hin und wieder diese Abende gegönnt. Einfach nur dasitzen, eine Zigarre rauchen; kein Telefonklingeln, kein Fernsehlaut; entspannen und loslassen ... Und während ich mich ausschließlich mit meiner Zigarre beschäftigte, gewissermaßen Zwiesprache mit ihr hielt, fiel jede Hektik von mir ab ...

Mehr als dreihundert Handgriffe sind von den *Tabacaleros* zu machen, ehe eine Havanna – wie viele andere von Hand gemachte Zigarren auch – in einer Zigarrenkiste ihre vorläufige Ruhe findet. Irgendwann wird sie geraucht, und dann bleibt, wenn sich der Rauch verflüchtigt hat, nichts anderes übrig von ihr als Asche. Zu viel Aufwand für einige lange Minuten des Genusses? Das kommt auf den Blickwinkel an. Es ist der Gang der Dinge, und da Zeit relativ und alles Leben vergänglich ist, sollte jeder für sich bestimmen dürfen, wie er jene Zeit füllt, die ihm der Alltag lässt.

Immer mehr Menschen widmen einen Teil besagter Zeit dem Rauchen einer Zigarre. Und immer mehr – das belegen die Verkaufszahlen – greifen zu einer Havanna. Mit dieser »Königin der Zigarren«, wie die Havanna bisweilen tituliert wird, beschäftigt sich das vorliegende Buch. Es treten Zigarrenmacher auf, Marken von einst werden in Erinnerung gerufen und die von heute vorgestellt. Darüber hinaus wird dargelegt, wie der »Mythos Havanna« entstanden ist, und wenn Sie so wollen, ist dieses Lexikon auch eine Hommage an die zahlreichen *Tabacaleros*, die dafür sorgen, dass wir, die wir Havannas rauchen, uns meist einem ungetrübten Rauchgenuss hingeben können.

Die Betonung liegt auf »meist«, denn mitunter wird der Rauchgenuss dann doch getrübt, beispielsweise dann, wenn das Objekt des Genusses zu fest gedreht ist und das Rauchen zu einer Art Kampfsport mutiert. Dann sollten Sie, liebe Zigarrenliebhaberin und lieber Zigarrenliebhaber, schnellstens die Zigarre in den Aschenbecher legen, sich zu Ihrem Humidor begeben und sich eine neue Havanna aussuchen, von der Sie annehmen, dass sie Ihnen keine derartigen Schwierigkeiten bereitet.

Eine schlecht ziehende, nicht gut verarbeitete oder stark einseitig abbrennende Zigarre ist stets ein Ärgernis. Doch da es sich bei einer Zigarre um ein Naturprodukt handelt und es Menschen, keine Maschinen sind, die beispielsweise eine Longfiller-Havanna rollen, kann es immer mal wieder passieren, dass eine solche Zigarre zum Ärgernis wird. Auch unter den übrigen Premium-Marken werden Sie ab und an auf jene Objekte stoßen, die Ihnen die Lust am edlen Rauch vergällen. Davon ausgenommen sind praktisch nur die Zigarren aus dem Hause ›Davidoff‹, da diese Premiums eine Qualitätskontrolle durchlaufen haben, die auf dem allerhöchsten Niveau angesiedelt ist.

Bei den Havannas war es in den vergangenen Jahren um die Qualitätskontrollen offensichtlich nicht so gut bestellt, denn so mancher Havannophile wusste davon zu berichten, wie schlecht es ihm ergangen war, als er darauf gehofft hatte, dass ihm seine Lieblings-Havanna ein ungetrübtes Rauchvergnügen bescheren würde. In dieser Hinsicht ist in letzter Zeit gottlob eine spürbare Besserung eingetreten, und es ist anzunehmen, dass die Entwicklung zu einem weiter steigenden Qualitätsstandard anhält.

Wie dem auch sei: Beim Zigarrenkauf sollten Sie in jedem Fall dem leninschen Wort folgen, das da heißt: »Vertrauen ist gut, Kontrolle ist besser.« Das heißt: Prüfen Sie genau die Zigarren bzw. Havannas, die Sie kaufen wollen. Dabei gehen Sie folgendermaßen vor: Nehmen Sie die Zigarre zwischen Daumen und Zeigefinger und üben Sie ein, zwei Sekunden lang einen leichten Druck aus. Wenn die Zigarre nachgibt und danach langsam zu ihrer normalen Form zurückkehrt, steht Ihnen aller Wahrscheinlichkeit nach ein ganz besonderes Geschmackserlebnis bevor. Die Ware, die Sie erwerben wollen, sollten Sie jedenfalls eingehend prüfen. Kein seriöser Fachhändler wird Ihnen das verwehren. Geschieht das dennoch, sollten Sie von einem Kauf Abstand nehmen und das betreffende Geschäft aus Ihrem Gedächtnis streichen.

Ich habe einmal während einer Kurzreise einen mir bis dato unbekannten Zigarrenladen aufgesucht mit der Absicht, vier sehr leicht schmeckende, großvolumige Zigarren zu erwerben. Obwohl ich starke »Kolben« bevorzuge, mussten es leichte sein, weil drei der Zigarren für absolute »Gelegenheits-Zigarrenraucher« bestimmt waren. Ich nannte dem Verkäufer Marke und Format – es handelte sich um dominikanische Zigarren – und bat ihn, mir die Kiste zu reichen, weil ich mir vier aussuchen wollte. Knapp zwanzig Exemplare beherbergte das Behältnis noch, und ich nahm die Zigarren näher in Augenschein. Da die Deckblätter auf den ersten Blick hier und da etwas zu wünschen übrig ließen, nahm ich nach und nach ein Exemplar in die Hand und überprüfte es – so lange, bis ich vier Zigarren (die übrigens gut gelagert waren) beiseite gelegt hatte, an denen nichts auszusetzen war. Die ganze Zeit über hatte der Verkäufer der Prozedur zugeschaut, wobei er mich ruhig gewähren und nicht den geringsten Anflug von Unmut erkennen ließ. Der Mann war nicht nur ein guter Verkäufer, sondern verstand wohl auch etwas von Zigarren, denn sonst hätte er sich auf die eine oder andere Weise bemerkbar gemacht.

Was ich mit dieser kleinen Geschichte (nochmals) sagen will: Unterziehen Sie die Zigarren bzw. Havannas, die Sie kaufen wollen, stets einer eingehenden Überprüfung, denn ein Rauchobjekt, das dem Genuss im Wege steht, sorgt für erheblichen Frust. Besagtes Prozedere lässt sich natürlich abkürzen, indem Sie hauptsächlich bei dem Zigarrenhändler bzw. von dem Zigarrenversand

Ihres Vertrauens kaufen bzw. Ihre Ware beziehen. Obwohl das persönliche »In-Augenschein-Nehmen« beim Versand natürlich nicht gegeben ist, gibt es hier bestimmte Punkte, die Sie beachten und anwenden sollten, um sicherzugehen, an keines der »schwarzen Schafe« zu geraten, die sich wie in jedem anderen Bereich auch hier tummeln.

Zunächst einmal ist Vorsicht geboten, wenn auf einer Internet-Seite keine Telefonnummer angegeben ist. Die erste Bestellung, die Sie aufgeben, sollten Sie nämlich unbedingt telefonisch durchgeben. Durch wenige gezielte Fragen werden Sie schnell feststellen, ob Ihr(e) Gesprächspartner(in) am anderen Ende der Leitung auch Ahnung von der Ware hat, die angeboten wird. Bitten Sie beispielsweise um eine Empfehlung, indem Sie etwa verlautbaren lassen, sie bevorzugten von Hand gemachte Havannas, die großvolumig zu sein hätten, dennoch eine milde Stärke aufweisen sollten. Fragen Sie auch nach Probierpackungen, also nach Packungen, in denen verschiedene Havanna-Formate angeboten werden. Ein gutes Versandhaus hält solche Packungen bereit.

Auf jeden Fall sollten Sie mit Vorsicht solchen Anbietern entgegentreten, die ausschließlich Bestellungen per E-Mail zulassen. Auch vor Internet-Auktionen sei hier gewarnt – warum, das ist unter dem Stichwort »Internet« nachzulesen.

Ich hätte dem Thema »Zigarrenkauf« natürlich auch im Lexikonteil unter einem eigenen Stichwort Raum geben können. Doch da dieser Aspekt so enorm wichtig ist, gerade auch für diejenigen Raucher, welche gerade erst damit beginnen, die Welt der Havannas zu erkunden, schien es mir ratsam, hierauf im Vorwort explizit einzugehen. Es lohnt einfach nicht, in diesem Bereich jede Menge negative Erfahrungen zu sammeln, die vielleicht nur dazu führen, einem die Lust am Havanna-Rauchen zu nehmen, ehe sie richtig begonnen hat.

Zurück zum Buch selbst. In den einzelnen Format-Tabellen finden Sie zu jedem Format Hinweise zu Stärke und Aroma-Entfaltung.

Hier handelt es sich nicht – und das betone ich ausdrücklich – um Qualitätsbewertungen, sondern diese Hinweise sollen Ihnen als Orientierung hinsichtlich der beiden genannten Kriterien dienen. Liebt der Erste eine kräftige Havanna mit viel Aroma-Entfaltung, greift der Zweite bevorzugt zu einer mild schmeckenden, dazu aromatischen Zigarre, während der Dritte wiederum jene Havannas favorisiert, die recht kräftig sind, sich jedoch hinsichtlich der Aroma-Entfaltung etwas zurückhalten. Jedem sein Pläsier.

Dagegen werden Sie in den jeweiligen Format-Tabellen vergeblich nach Sonderformaten suchen. Auch gibt es kein Stichwort, das sich diesem Bereich widmet. Da Sonderformate meist zu bestimmten Anlässen auf den Markt kommen, so geschehen beispielsweise zum hundertfünfzigjährigen Bestehen von ›Partagás‹, und auch nur in begrenzter Zahl »aufgelegt« werden, schien es mir wenig ratsam, hierauf näher einzugehen. Für diesbezügliche aktuelle Informationen sollten Sie deshalb auf Print- und Internet-Magazine sowie Zeitschriften zurückgreifen.

Auch Marken kommen und gehen. So sind in den letzten Jahren einige interessante Havanna-Marken vorgestellt worden, werden andere dagegen nicht mehr produziert, während dann wieder »alteingesessene« Havannas in einem neuen Gewand auftreten, will heißen, dass Stärke und Aroma-Entfaltung heute eine Struktur haben, die sich merklich von der unterscheidet, mit denen die betreffenden Havannas früher aufwarteten. Diese Entwicklungen sind in diesem Buch natürlich nachzulesen, weil sie – im Gegensatz zu den Sonderformaten – auch in einigen Jahren noch Bestand haben und die betreffenden Havannas so schnell kein neues Gewand überstreifen werden.

Seit einiger Zeit, vermutlich schon vor Beginn des Jahres 2001, stellen die Kubaner sowohl Longfiller als auch Medium- und Shortfiller her – nur: Seit Anfang 2001 sind sie auch als solche ausgewiesen. Auch auf diesen Aspekt konnte ich näher eingehen – vorzugsweise nachzulesen unter den Stichwörtern »Havanna-Zigarren« und »Zigarrenkisten«.

Es gibt zahlreiche Zwischenschritte auf jenem langen Weg, der beim Pflanzenkeimling beginnt und dessen Ende mit dem Anzünden einer Havanna durch den Connaisseur eingeleitet wird und somit zu einem eindrucksvollen Genussfinale führt.

Damit solch ein Finale überhaupt stattfinden kann, sind, wie eingangs erwähnt, vonseiten der *Tabacaleros* mehr als dreihundert Handgriffe notwendig. Das ist eine Zahl, bei der sich eine gewisse Ehrfurcht einstellt. Besagte Zahl macht aber auch deutlich, warum in dem vorliegenden Buch nur die wesentlichsten Phasen des Anbaus, der Bearbeitung der Blätter und schließlich der Verarbeitung zur Havanna angerissen werden können. Mit diesem komplexen Thema befassen sich daher nur vier Stichwörter: »Anbau«, »Ernte«, »Fermentation« und »Herstellung«. Der Zufall wollte es wohl, dass die alphabetische Ordnung der einzelnen Stichwörter dem realen Ablauf im »Leben« einer Havanna folgt. Gleichwohl sei in diesem Zusammenhang noch auf das Stichwort »Tabakpflanzen« hingewiesen, da es die oben genannten ergänzt und da sich alle gegenseitig bedingen.

Wer zu einem Lexikon greift, der sucht gemeinhin nach einem bestimmten Begriff – und in einem guten Lexikon gibt es davon Tausende. Das vorliegende kommt dagegen mit rund siebzig Stichwörtern aus, ist also kein Lexikon im herkömmlichen Sinne. Weil es sich bei einem »normalen« Buch über Havannas ohnedies angeboten hätte, die zahlreichen Marken alphabetisch aufzulisten, erschien es mir sinnvoll, auch den übrigen Text in dieser Form aufzubereiten. Dennoch kommt, so denke ich, das Lesevergnügen nicht zu kurz, da alle Texte einen stark feuilletonistischen Charakter haben.

In einem Vorwort sollte es vornehmste Autorenpflicht sein, all jenen Menschen zu danken, die maßgeblich zum Gelingen eines Buches beigetragen haben. Auch in meinem Fall will ich dieser Pflicht gerne nachkommen. Neben den schon erwähnten Archi W. Bechlenberg, Hannes Weiss und Matthias W. Wintzer habe ich vor allem zu danken: Michael Blumendeller, Dr. Klaus Dieter Diekmann, Ingo Heinrichs, Dr. Maximilian Herzog, Dr. Ingeborg Kluge, Dieter Lidl, Slavko Nikola Meštrovič, Dr. Harry Olechnowitz, Urs Portmann, Ricardo Salas, Inge Ulbricht, Christoph M. Wolters. Ein ganz besonderer Dank geht an meine Frau: Sie hat mir in den letzten Monaten den Rücken freigehalten, wo sie nur konnte, und hat, da selbst Zigarrenliebhaberin, mir manch wertvollen Hinweis gegeben. Somit hat sie einen gehörigen Anteil am Zustandekommen dieses Buches. Aber nicht nur deswegen liebe ich sie.

Ihnen, liebe Leserin, lieber Leser, wünsche ich ein kurzweiliges Lesevergnügen bei dem Streifzug durch die facettenreiche Welt der Havanna. Suchen Sie sich einen ruhigen Platz, blättern Sie in diesem Lexikon, genießen Sie dabei Ihre Lieblings-Havanna – und vielleicht stoßen Sie auf die eine oder andere Information, um die Sie noch nicht wussten, und auf die eine oder andere Passage, die es Ihnen wert erscheint, sie nochmals zu lesen – und vielleicht erschließt sich Ihnen auch der »Mythos Havanna«. Ich würde mich freuen.

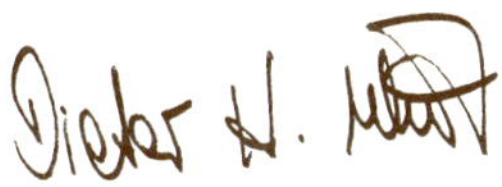

Mönchengladbach, im Mai 2001

PS: Anregung und Kritik, die Sie mir über meine Mail-Adresse *dieter.h.wirtz@das-havanna-lexikon.de* zukommen lassen, nehme ich gerne entgegen – Rückantwort garantiert. Besuchen Sie auch meine Homepage. Sie lautet: *das-havanna-lexikon.de*

Häufig vorkommende spanisch-kubanische Ausdrücke

Aficionado	= Zigarrenliebhaber	Seco	= Tabakblattsorte
Anillo	= Bauchbinde	Tabacalero	= Tabakarbeiter (allgemein)
Bofetón	= Lithographie als schützendes Deckblatt in der Zigarrenkiste	Torcedor	= Zigarrenroller
Calle	= Straße	Tripa	= Einlage (bei der Zigarre)
Capa	= Deckblatt einer Zigarre	Vega	= Tabakplantage
Capote	= Umblatt einer Zigarre	Veguero	= Plantagenarbeiter (allgemein)
Cubierta	= Lithographie auf dem äußeren Deckel einer Zigarrenkiste	Vista	= Lithographie auf dem inneren Deckel einer Zigarrenkiste
Fábrica	= Zigarrenfabrik	Vitola	= Format
Habano	= Havanna (Zigarre)	Vitola de galera	= Handelsname (eines Formats)
La Habana	= Havanna (Hauptstadt Kubas)	Vitola de salida	= Produktionsname (eines Formats)
Ligero	= Tabakblattsorte	Volado	= Tabakblattsorte
Marca del Habano	= Havanna-Marke		

Wichtiger Hinweis

In den Format-Tabellen finden sich mitunter die Begriffe ›Cello‹ und ›Tubos‹, wobei diese Begriffe häufig in Klammern gesetzt sind.

Wenn beispielsweise das Wort ›Cello‹ in Klammern gesetzt ist, dann gehört ›Cello‹ nicht zur »offiziellen« Format-Bezeichnung. Die Klammer deutet darauf hin, dass zum einen Zigarren dieses Formats in der Regel einzeln in Cellophan verpackt sind, zum anderen diese Verpackungsart nicht auf alle Länder zutreffen muss, in denen Havannas angeboten werden. Ist ein Format dagegen einmal mit und einmal ohne den Hinweis ›Cello‹ aufgeführt, dann deswegen, weil sich die Angaben hinsichtlich Stärke und Aroma-Entfaltung unterscheiden.

Für den Begriff ›Tubos‹ – also für Havannas, die einzeln in mit einem Zedernholzblatt ausgekleideten Aluminiumhülsen angeboten werden – gelten dieselben Hinweise wie für ›Cello‹.

ACCESSOIRES

Mittlerweile hält der Fachhandel ein schier unübersehbares Angebot jener Utensilien bereit, ohne die ein gestandener wie weniger gestandener *Aficionado* nicht auskommen kann. Gemeint sind die zahlreichen Accessoires, die aus dem schnöden Zigarrenrauchen erst ein wahres Vergnügen machen. In Anlehnung an den Sinnspruch, der da heißt: »Das Auge isst mit«, mag auch der Zigarre rauchende Connaisseur nicht auf ein gewisses Ambiente verzichten, wenn er im Club oder im Restaurant, auf Reisen oder in den eigenen vier Wänden seiner Leidenschaft frönt. Warum ein schlichtes Zündholz aus dem Supermarkt fürs Anzünden nehmen, warum ein Feuerzeug aus Kunststoff, das nach dem Verbrauch seines Gasvorrats nicht mehr zum Leben erweckt werden kann, wenn es auch edlere Teile gibt, um das Objekt der Begierde anzuzünden? Und solche Teile gibt es zuhauf: aus Chinalack, mit Goldüberzug, aus Silber, aus glänzendem wie gebürstetem Edelstahl, um nur einige der edlen Materialien aufzuzählen, die aus einem Feuerzeug ein Accessoire machen.

Solcher »Tulux«, ein Phantasie-Wortgebilde aus den Begriffen »Luxus« und »Tand«, wobei »Tand« als etwas zu verstehen ist, das nicht zum Überleben benötigt wird – solcher »Tulux« also, der durchaus dem Sinn nach schönen Dingen nachkommt, beschränkt sich selbstredend nicht auf Feuerzeuge. Auch Humidore werden in großer Vielfalt angeboten und warten darauf, als exklusive Klimabehältnisse in Form eines kleinen Aktenkoffers oder einer größeren Schmuckschatulle sowie als repräsentative Möbelstücke jene Käufer zu finden, denen (fast) nichts zu teuer ist, um ihren kostbaren Rauchobjekten eine angemessene Heimstatt zu bieten (→ Lagerung). Hier reichen die teuren Materialien von exquisitem Leder (etwa für den Reisehumidor) über Acrylglas und edle Hölzer wie Eben-, Ulmen- und Wurzelholz, auch solche vom Holz des Lebensbaums (etwa für Tischhumidore), bis zu Palisander, Mahagoni und Makassar (etwa für Humidor-Schränke), wobei letztgenanntes das teuerste Holz ist, das auf dem internationalen Markt gehandelt wird.

Bleiben noch die Zigarrenetuis und -anschneider zu erwähnen. Auch hier gibt es (nahezu) nichts, was es nicht gibt, und auch hier reicht die Angebotspalette von einfachen (und ihren Zweck erfüllenden) Gebrauchsgegenständen bis hin zu »Tulux«-, pardon: Luxus-Accessoires, bei deren Kaufakt jene selten zu beobachtende Harmonie zwischen Käufer und Verkäufer zustande kommt, die sich daran festmachen lässt, dass sowohl dem einen als auch dem anderen Freudentränen die Augen feucht werden lassen.

8·9·8 (ACHT·NEUN·ACHT)

Die Ziffernkombination ›8·9·8‹ weist auf eine Verpackungsform hin, die ihren Ursprung um die Mitte des 19. Jahrhunderts hat. Damals missfiel dem Zigarrenmacher Ramón Allones, wie die Havannas regelrecht in die Kisten gepresst wurden (um danach bald eine rechteckige Form anzunehmen). Das war für den weiteren Reifeprozess, den die karibischen Zigarren nach dem Verpacken in der Kiste durchmachen, nicht gerade förderlich. Irgend-

Aus vorrevolutionärer Zeit: Firmenschild der 1837 gegründeten *Fábrica* ›Ramón Allones‹

> Das englische Wort *Varnish* steht für »Firnis«, »Glasur«, »Lack«, und so weist die Bezeichnung ›Varnished‹ darauf hin, dass solch eine Kiste lackiert ist. Im Gegensatz dazu ist der Ausdruck ›Cabinet‹ im Zusammenhang mit den ›8·9·8‹-Kisten irreführend, da es sich hier nicht um eine ›Cabinet‹-Kiste im eigentlichen Sinne handelt (→ Cabinet).

wann kam Allones auf die Idee, die Verpackung der *Habanos* anders als bisher üblich vorzunehmen, indem er die Zigarren in drei Reihen verpacken ließ, wobei sie versetzt aufeinander zu liegen kamen: Während die untere und die obere Lage mit jeweils acht Zigarren bestückt sind, wartet die mittlere mit deren neun an der Zahl auf. Auf diese Weise erhielten die Zigarren mehr »Luft zum Atmen«, konnten also somit besser reifen.

Noch heute gibt es insgesamt vier 8·9·8-Havanna-Formate, welche auf diese Verpackungsform zurückgehen: ›Ramón Allones 8·9·8 Cabinet‹ und ›Ramón Allones 8·9·8 Varnished‹, wobei es sich zum einen um eine ›Corona‹, zum anderen um eine ›Dalia‹ handelt. Beide Format-Bezeichnungen finden sich auch im Sortiment von ›Partagás‹, obwohl sich bei dieser Marke hinter dem Namen ›8·9·8 Cabinet‹ eine ›Corona Grande‹ verbirgt.

Bleibt noch zu erwähnen, dass der Kenner sowohl bei ›Ramón Allones‹ als auch bei ›Partagás‹ meist das Format mit der Zusatzbezeichnung ›Varnished‹ bevorzugt.

AFICIONADO

Eigentlich müsste das Stichwort »Aficionada und Aficionado« heißen, denn mittlerweile geben sich in zunehmendem Maße auch die Vertreter der holden Weiblichkeit dem Genuss von Havannas hin. Warum hier jedoch nur die Bezeichnung *Aficionado* angeführt ist und auch im gesamten Buch jener maskuline Ausdruck für einen

Menschen, der eine bestimmte Sache mit Verve betreibt (in unserem Fall das Zigarrenrauchen), Verwendung findet, so hat das einzig und allein mit der Lesbarkeit zu tun. Ist es schon für den Autor ein wenig ermüdend, neben dem »Havanna-Liebhaber« oder dem »Zigarrenfreund« ja nicht die »Havanna-Liebhaberin« oder die »Zigarrenfreundin« zu vergessen, so ist es für die Leserin und den Leser erst recht langweilig, ständig von »einem (einer) Havanna-Raucher(in), der (die) ...« zu lesen, und auch das Wortgebilde »ZigarrenliebhaberIn« (bzw. »ZigarrenliebhaberInnen«) ist nicht dazu angetan, den Lesefluss zu fördern. Das Gleiche gilt für den Ausdruck »Connaisseur«, mit dem im erweiterten Sinne ein Genussmensch bezeichnet wird. Wenn also im Folgenden von *Aficionados* die Rede ist, sind selbstverständlich immer *Aficionadas* und *Aficionados* gemeint. Diese Vereinfachung in der Sprache hat, wie schon angedeutet, ihre Gründe ausschließlich in einer möglichst guten Lesbarkeit.

Der spanische Ausdruck *Afición* steht für »Faible« und »Zuneigung«, auch für »Leidenschaft« – und wer will schon bestreiten, dass eine Frau eine Sache, von der sie einmal überzeugt ist, in den meisten Fällen leidenschaftlicher verfolgt als ein Mann?

ANBAU (DER TABAKPFLANZEN)

Bevor eine Tabakpflanze geerntet und weiterverarbeitet werden kann, ist zuvor die Arbeit des *Veguero* erforderlich. Das ist der Feldarbeiter, der auf dem Tabakfeld bzw. der Tabakplantage seiner Tätigkeit nachgeht. Sie beginnt in den Monaten Juli und August mit der Bearbeitung des Bodens – mit dem Ziel, ihn sehr locker aufzubereiten, damit später die äußerst zarten Wurzeln der Tabakpflanzen auf wenig Widerstand stoßen, sobald sie damit beginnen, sich zu entwickeln und somit den Pflanzen Halt zu geben.

Wer ein Tabakfeld in Augenschein nimmt, der wird vergeblich nach einem Traktor suchen. Ein derartiges Gerät wäre viel zu schwer und zu wuchtig, um ein Tabakfeld so vorzubereiten, damit ein Gedeihen der Pflanzen gewährleistet ist. Vielmehr wird der interessierte Beobachter während der erwähnten Monate einen Ochsen auf dem Tabakfeld ausmachen, der, vor einen Pflug gespannt und von einem *Veguero* geführt, beharrlich seine Runden dreht. Diese anstrengende Prozedur vollzieht sich mehrere Male. Solches Vorgehen ist auch notwendig, um zum einen jene lockere Beschaffenheit des Bodens herbeizuführen und zum anderen zu gewährleisten, dass die zahlreichen Wildkräuter, die auf dem Feld wachsen, gründlich umgepflügt und somit zu wachstumsförderndem Humus werden.

Gegen Ende August, Anfang September gehen die *Vegueros* daran, die Setzlinge in Beete zu pflanzen. Wenn nun diese Setzlinge eine Höhe von etwa 15 bis 20 Zentimetern erreicht haben (was nach ziemlich genau 45 Tagen der Fall ist), steht ihnen eine in mehreren Etappen erfolgende Umsetzung auf die Felder bevor. Erneut gehen jetzt etwa 45, mitunter auch 50 Tage ins Land, ehe die Tabakpflanzen ihre volle Reife erlangt haben.

Bis diese Stufe erreicht ist, heißt es für die Tabakbauern, ihre Schützlinge zu hegen und zu pflegen. Da ist Unkraut zu jäten, sind Keime zu entfernen, auch die vielen Seitentriebe, welche die Pflanze während ihres schnellen Wachstums entwickelt; unterließen die *Vegueros* das, wären die gebrechlichen Gewächse nicht in der Lage, ihr schnelles Wachstum aufrechtzuerhalten. Schließlich sind noch die Blüten zu entfernen; das ist dann der Fall, sobald die Tabakpflanze ihre volle Höhe erreicht hat. Die Tabakbauern machen das, um es der Pflanze zu ermöglichen, ihre gesamte Wachstumskraft ausschließlich auf die Blätter zu konzentrieren. Somit erhalten die Blätter zum Schluss noch einmal einen regelrechten Schub und sind in der Lage, sich voll zu entfalten. Die → Ernte kann beginnen …

Während des ganzen Zeitraums achten die *Vegueros* besonders auf Schädlinge. Es könnte nämlich für sie kein schlimmerer Alptraum eintreten als ein Schädlingsbefall. Tritt er irgendwo auf, können davon bald ganze Tabakfelder betroffen sein. Ernte- und

Produktionsausfall wären dann die Folgen – für die kubanische Volkswirtschaft, welche auf die Einnahmen aus dem Zigarrenexport in erheblichem Maße angewiesen ist, entstünde ein Schaden, von dem sie sich nur sehr langsam erholen würde. Solch ein Alptraum wurde beispielsweise 1980 zur Realität, als nahezu alle Tabakpflanzen in der Vuelta Abajo von Blauschimmel befallen waren und nur ein geringer Teil der Pflanzen für die Weiterverarbeitung genutzt werden konnte (→ Tabakpflanzen). Auch gegen

Ein ganz übler Vertreter der Spezies Schädlinge ist der *Lasioderma serricore.* Der lateinische Ausdruck steht für ›Tabakkäfer‹, während die Spanier bzw. Kubaner zu diesem Lebewesen *Perforador del tabaco* sagen. Letzterer Ausdruck lässt schon erahnen, wie dieses Geschöpf bei seiner Lebensaufgabe vorgeht: Als Ei in das Tabakblatt gelegt, entwickelt sich die Larve in etwas mehr als zwanzig Tagen zu einem kleinen Wurm, dessen einziges Streben darin besteht, jedes Tabakblatt, das er aufsucht, zu »perforieren«, indem er ohne Unterlass winzige Löcher und Gänge in das Tabakblatt frisst. Wenn er schließlich eine bestimmte Größe erreicht hat, verwandelt er sich in einen Käfer und fliegt davon. Diese zweimalige Metamorphose hat eine gewisse Faszination – die sich beim Betrachten des Tabakblatts, das dieser miese Geselle zurücklässt, nicht gerade einstellt.

Einige Havanna-Importeure sind schon seit längerem dazu übergegangen, jede aus Kuba ankommende Partie sieben Tage lang einer Lufttemperatur von minus 20 Grad auszusetzen, um jeder Gefahr entgegenzutreten, die von einer Schädlingsentwicklung ausgehen könnte. Dann werden die Zigarren langsam wieder an die normale Temperatur herangeführt, ehe sie in den Handel gelangen. Dieses Prozedere hat keinerlei negativen Einfluss auf die Qualität der Havannas.

Ende des letzten Jahrzehnts hatten die Tabakbauern in einem Erntejahr erhebliche Schwierigkeiten bei der Bekämpfung von Schädlingen, bekamen das Ganze aber noch in den Griff, so dass zwar ein Produktionsausfall zu beklagen war, dieser sich jedoch in Grenzen hielt.

Die weltweite Gemeinschaft der Havanna-Liebhaber wünscht daher den Kubanern aus vollem Herzen (und natürlich aus Eigennutz), dass ihre Tabakplantagen in aller Zukunft von jedweden Schädlingen verschont bleiben mögen …

ANBAUGEBIETE → REGIONEN

ANSCHNEIDEN

Vor dem Anzünden kommt das Anschneiden. Etliche Kubaner vertrauen auf ihre Zähne, wenn sie ihre Zigarre rauchfertig machen wollen. Das geschieht, indem sie die Zigarre kurz zum Mund führen und mit ihren Zähnen dem Zigarrenkopf eine Kerbe zufügen, um auf diese Weise die notwendige Verbindung zum Rauchkanal herzustellen.

In den westlich orientierten Ländern ist diese Methode nur rudimentär verbreitet. Der Connaisseur von Welt greift auf das passende »Werkzeug« zurück, um besagten Kopf entsprechend zu bearbeiten. Manchmal wird der regelrecht geköpft, und zwar mit Hilfe einer (meist zweischneidigen) Guillotine. Richtig angewandt, sorgt dieses Accessoire für den so wichtigen glatten Schnitt. Ob die französischen *Aficionados* jenem Gerät in Anlehnung an die ruhmreiche Geschichte ihrer Grande Nation bevorzugt vertrauen, entzieht sich allgemeiner Kenntnis. Bestimmt werden auch einige von ihnen wie nicht wenige Kollegen in anderen Ländern verfahren, indem sie zur Zigarrenschere greifen, um den notwendigen Schnitt anzubringen. Wieder andere schwören dagegen auf ihren Rundcutter, mit dem sie den Zigarrenkopf anbohren und ihm einen etwa 15 Millimeter langen »Tunnel« zufügen, ehe der auf diese Weise abgeschnittene Tabak beim Zurückdrehen des Cutters herausgezogen wird.

Die Frage nach der besten Methode erübrigt sich. Es gibt sie nicht. Ähnlich wie bei der Wahl der bevorzugten Zigarren wird sich der einzelne *Aficionado* letztendlich mit dem Utensil anfreunden, das es ihm am ehesten ermöglicht, einen glatten Schnitt durchzuführen. Und auf den kommt es an. Wer hier nicht die nötige Sorgfalt walten lässt, der muss sich nach wenigen Minuten aller Wahrscheinlichkeit nach mit einem schlechten Brandverhalten auseinander setzen, ersichtlich an einem unregelmäßigen Abbrand.

Ergo sollte jeder *Aficionado* auf jenen glatten Schnitt achten, der einen einwandfreien Zug unterstützt und somit für einen ungetrübten Rauchgenuss sorgt. Auf welches Werkzeug er für diesen Schnitt setzt, wird er schon nach kurzer Zeit herausgefunden haben – und sich auch nicht von einem jener immer alles besser wissenden *Aficionados* beirren lassen, die ihren rauchenden Genossen die Methode, die sie seit »Urgedenken« bevorzugen, mit missionarischem Eifer nahe bringen wollen.

ANZÜNDEN

Vor dem Genuss kommt nicht nur das Anschneiden. Zu den unerlässlichen Arbeiten, die ein *Aficionado* zu verrichten hat, gehört nun einmal das Anzünden. Ähnlich wie beim Anschneiden stehen auch hier mehrere »Werkzeuge« bereit, um diesen Vorgang anzugehen …

Um es vorweg zu sagen: Recht verpönt ist die Methode, seine geliebte Havanna mittels eines Benzinfeuerzeugs zu entfachen. Der Grund ist einleuchtend: Während des Rauchens wird sich neben den Aromen, die eine Havanna freisetzt, stets auch ein latenter Benzingeruch entfalten. Wer hierin seine Genusserfüllung findet, der sollte auch weiterhin zu seinem erprobten Sturmfeuerzeug greifen, doch hat er beispielsweise damit zu rechnen, in einer geselligen Runde von Zigarrenfreunden plötzlich isoliert dazustehen bzw. einsam in seinem Sessel dazu verdammt zu sein, das übrige Treiben aus einer gewissen Distanz heraus zu verfolgen, denn besagter Benzingeruch wird auch die Luft in der unmittelbaren Umgebung des Rauchobjekts schwängern – und das mag sich der weitaus überwiegende Teil der *Aficionados* nun absolut nicht antun.

Wer ähnliche Erfahrungen machen möchte, der benutze eine Flamme, die am Ende eines Kerzendochts flackert. Der Geruch von Wachs ist ebenfalls nicht dazu angetan, die Kommunikation mit anderen Zigarrenrauchern nachhaltig zu fördern.

Beliebt sind dagegen Gasfeuerzeuge. Die Flamme eines solchen Instruments ist geruchsneutral und somit dafür prädestiniert, Aroma und Geruch einer Havanna nicht zu beeinträchtigen. Gleiches gilt für das gute alte Zündholz, dessen erste Silbe ja schon darauf hindeutet, zu welchem Zweck ein solches Holz gedacht ist. Allerdings sollte es sich hier um ein längeres Zündholz handeln, zum einen, weil ein kurzes einfach nicht ausreicht, um eine Zigarre gebührend zu entfachen, zum anderen, weil darüber hinaus damit gerechnet werden muss, die Finger einer gewissen Hitzezufuhr auszusetzen, was einzig und allein dazu führt, nach erfolgtem Versuch um eine schmerzliche Erfahrung reicher zu sein. Darüber hinaus ist ein langes Zündholz bestens dazu geeignet, die Flamme nach dem Entfachen zur Ruhe kommen zu lassen, da während dieser kurzen Zeit der Schwefelgeruch des Zündkopfs verflogen und somit ebenfalls eine geruchsneutrale Feuerstelle vorhanden ist. Wer dagegen nicht die Zeit aufbringen will, besagte kleine Weile der Geruchsverflüchtigung abzuwarten, der mag sich eines Streichholzes bedienen, dessen Kopf keinen Schwefel enthält (doch wird die Suche nach solchem Utensil ebenfalls ihre Zeit in Anspruch nehmen).

Apropos Feuerstelle: Der wahre Connaisseur wird sich bevorzugt eines zündelnden Feuers bedienen (falls er hierauf zurückgreifen kann), denn neben dem Zündholz gibt es noch den Zündspan, der schon lange vor besagtem Holz seine Dienste tat. Das Anzünden einer edlen Zigarre mit einem solchen, vornehmlich aus Zedernholz bestehenden Zündspan mag zwar (mittels Gelegenheit) etwas aus der Mode gekommen sein, ist jedoch – weil einer gewissen Noblesse nicht entbehrend – nichtsdestotrotz die wohl eleganteste Art, den Rauchgenuss einzuleiten.

Bieten sich dem *Aficionado* bei der Auswahl des Anzündobjekts also mehrere Optionen, so lässt der eigentliche Akt des Anzündens wenig Spielraum für individuelle Neigungen, da hier zwar unausgesprochene, gleichwohl bestimmte Regeln befolgt werden sollten, um den nachfolgenden Rauchgenuss voll zum Tragen kommen zu lassen …

Zunächst einmal gilt es, das beschnittene Brandende der Zigarre zu erwärmen. Das geschieht, indem man jenes Endteil über dem entfachten Feuerzeug bzw. Zündholz langsam dreht. Dabei sollte die Flamme nicht voll auf das besagte Ende gehalten werden, um ein Ansengen des Brandendes und den damit verbundenen scharfen Geschmack zu vermeiden, sondern jene Stelle leicht umzüngeln. Sobald sich um das Brandende ein geschlossener dunkler Kranz gebildet hat, erfolgt das eigentliche Anzünden der Zigarre. Sie wird nun zum Mund geführt. Ein mehrmaliges Paffen – die Zigarre wird immer noch gedreht und die Spitze der Flamme dicht unter das Brandende gehalten – bewirkt jetzt das Entfachen der Zigarre.

Während des gesamten Vorgangs ist jegliche Hast unangebracht, denn je gleichmäßiger das Anzünden vonstatten geht, desto reibungsloser erfolgt der anschließende Abbrand. Geschieht das nicht, kann es passieren, dass die Zigarre an einer Seite bevorzugt abbrennt – und eine derartige Bevorzugung haben Zigarrenliebhaber gar nicht gerne.

Es gibt noch eine andere Methode, und die soll dem geneigten Leser nicht vorenthalten werden. Sie nennt sich »La Méthode de Jacques Puisais«. Beschrieben wurde sie in einem französischen

Fachblatt, und Hannes Weiss, einer der größten Havanna-Kenner im deutschsprachigen Raum, hat sie ausprobiert. Seine ersten Erfahrungen damit beschreibt er folgendermaßen: »... dass Monsieur Puisais, Directeur des Französischen Instituts für Geschmack, der Meinung ist, dass beim Anzünden der angeschnittenen Zigarre durch die Hitze der Flamme und die Temperaturdifferenz zwischen Brandende und Kopf der Zigarre aufgrund des Kamineffekts ein Sog entsteht und dass die sich beim Anzünden entwickelnden Dämpfe zum Teil in die Zigarre hineingezogen werden. Dies würde den Geschmack der Zigarre nachhaltig beeinflussen. Deshalb empfehle er, die Zigarre erst nach dem Anzünden anzuschneiden und beim ersten ›Zug‹ durch die Zigarre zu blasen, um alle ›Unreinheiten‹ aus ihr zu entfernen ...«

Hannes Weiss war neugierig geworden: »Na ja, habe ich gedacht. Die Franzosen. Immer etwas dekadent. Aber Dekadenz kann ja auch Spaß machen! Warum das also nicht ausprobieren?! Manches ist jedoch nicht so leicht getan wie gedacht. Zigarre her und ein normales Feuerzeug. Nach drei oder vier Minuten war das Brandende der Zigarre verkokelt, und glühen wollte sie gar nicht so recht, obwohl ich auf die Glut blies wie der Mistral persönlich. Also wurde das Jet-Feuerzeug (kein Blazer!) eingesetzt. Das ging schon besser. Aber bis dann der Kopf der Zigarre angeschnitten war, war die Glut fast vollständig erloschen. Also mal wieder einem Schreiberling aufgesessen, dachte ich. Vergiss es! Mach es weiterhin so wie die letzten achtzehn Jahre ...«

Die drei Lieblings-Havannas – vorausgesetzt, sie haben ein Maduro-Deckblatt – von Dr. Maximilian Herzog, Besitzer von ›Zigarren Herzog‹ in Berlin und gleichzeitig Betreiber der sich ebenfalls dort befindlichen *Casa del Habano:*

Hoyo de Monterrey Double Coronas, Flor de Juan López Selección No. 1, Montecristo No. 2.

Doch der Havanna-Experte gab nicht auf: »Bei der nächsten Zigarre wollte ich es dann aber doch noch einmal wissen. Den Kopf nicht angeschnitten, sondern mit dem ›Cigarpunch‹ angebohrt. Das Loch mit dem Finger zugehalten. Das Brandende mit dem Jet-Feuerzeug zum Glühen gebracht. Die Glut durch Blasen noch etwas intensiviert. Dann die Zigarre in den Mund und als Erstes nicht ziehen, sondern durch die Zigarre blasen. Und dann der erste Zug: *eine Offenbarung!* Seither zünde ich meine Zigarren nur noch so an. Geschmack und Aroma sind vom ersten Zug an wunderbar ...«

Die Franzosen scheinen also nicht nur in Sachen Anschneiden mittels der Guillotine einen entscheidenden Beitrag zum vollendeten Zigarrengenuss geleistet zu haben ...

AROMA

Wie die Stärke, so ist auch das Aroma eine mehr oder weniger feststehende Größe einer jeden Havanna, etwas, das in gewisser Weise gemessen werden kann, selbst wenn es hierfür keine entsprechenden Messgeräte gibt.

Das ist kein Widerspruch, sondern diese »Definition« von Aroma soll vor allem auf eines hinweisen: Die Aroma-Entfaltung einer Havanna hat nichts mit Geschmack zu tun, über den sich ja bekanntlich trefflich streiten oder auch nicht streiten lässt. Vor diesem Hintergrund sind auch die Hinweise in den einzelnen Format-Tabellen zu sehen, in denen in der jeweils letzten Spalte auf die Stärke und die Aroma-Entfaltung des jeweiligen Havanna-Formats eingegangen wird.

Viele eingeschworene Havanna-Liebhaber bevorzugen Formate, die sowohl überaus kräftig sind als auch ein Höchstmaß an Aroma-Entfaltung aufweisen. Als Beispiel hierfür mag die ›Partagás Lusitanias‹ dienen. Dann gibt es altgediente Havanna-Raucher, die zwar eine kräftige Zigarre lieben, es aber nicht schätzen, wenn die Aroma-Entfaltung allzu präsent ist, wie das etwa bei den

›Bolívar Churchills‹ der Fall ist. Wieder andere, ebenfalls ausgewiesene Havannophile, greifen bevorzugt auf eine Havanna zurück, die eine mittelkräftige Stärke aufweist und deren Aroma-Entfaltung ebenfalls nicht als überwältigend bezeichnet werden kann. Diese Spezies sieht beispielsweise die ›La Gloria Cubana Médaille d'Or No. 1‹ als ihren Favoriten an. Schließlich sollen auch noch jene eingefleischten *Aficionados* nicht vergessen werden, die mit Vorliebe Formate rauchen, die sich auf relativ milde Havannas mit einer nicht gerade üppig zu nennenden Aroma-Entfaltung eingeschworen haben, etwa auf eine ›El Rey del Mundo Grandes de España‹ oder auf eine ›Hoyo de Monterrey Epicure No. 1‹.

Das sind nur einige Beispiele von vielen, die zeigen, welche Präferenzen der einzelne Havanna-Kenner bei der Auswahl seiner Lieblingszigarren setzt. Darüber hinaus gibt es noch zahlreiche andere Kriterien, die einen Raucher dazu veranlassen, in Bezug auf Stärke und Aroma ganz bestimmte Prioritätsmerkmale an eine Havanna zu stellen. Das Ganze hat mit Qualität absolut nichts zu tun, denn wenn jemand meint, er könne, etwa bei den oben genannten Havannas, eine allgemein gültige Rangfolge hinsichtlich der Qualität festsetzen, so handelt er vermessen. Solch eine Bewertung unterliegt stets subjektiven Einschätzungen – und das wiederum ist durchaus legitim.

Was für die »Bewertung« der Qualität gilt, das gilt erst recht für die Einschätzung des Geschmacks. Denn Hand aufs Herz: Wer will sich schon vorschreiben lassen, welche Havanna vom Geschmack her die einzig wahre ist? Wäre das der Fall, könnten es sich all die *Vegueros*, *Tabacaleros* und *Torcedores* auf Kuba relativ einfach machen und nur ein einziges Format herstellen. Gott sei Dank sind die Geschmäcker verschieden, und Gott sei Dank tragen die Verantwortlichen von ›Habanos S.A.‹ dem Rechnung, indem sie die unterschiedlichsten Havannas herstellen lassen und somit dem *Aficionado* ein überaus vielfältiges Angebot unterbreiten, aus dem jeder die Zigarre(n) wählen kann, die er am liebsten raucht.

BAUCHBINDE

Falls sich die folgende Geschichte so abgespielt hat, wie sie bisweilen kolportiert wird, so kam eine der ersten Anregungen für die Einführung jener Bauchbinden, mit denen Jahr für Jahr Millionen von Zigarren versehen werden, aus den Kreisen des Hochadels, genauer gesagt des russischen Hochadels. Zugetragen haben muss sich das alles in der zweiten Hälfte des 18. Jahrhunderts, jedenfalls nach 1762, denn in diesem Jahr ließ sich Prinzessin Sophie Auguste Friederike von Anhalt-Zerbst zur Zarin Katharina II. krönen, nachdem sie zuvor Peter III., seines Zeichens Herrscher des Russischen Reiches und immerhin ihr Gemahl, hatte entthronen lassen.

Mit Katharina der Großen, wie sie nach ihrem Tod im Jahre 1796 alsbald von den Historikern anerkennend tituliert wurde, werden nicht nur einige der glanzvollsten Jahrzehnte der russischen Geschichte in Verbindung gebracht, sondern auch zahlreiche Ausschweifungen. Da ist zum einen ihr Liebesleben zu nennen, das, gelinde ausgedrückt, etwas außergewöhnlich gewesen sein soll. Zum anderen waren da die Orgien kulinarischer Art, welche sie sich und dem Hof von Sankt Petersburg bescherte.

Wen wundert's, dass irgendwann auch Zigarren Einzug in die Kapitale an der Mündung der Newa hielten, vermutlich als Gastgeschenk einer Gesandtschaft des spanischen Königs, denn zu dieser Zeit war es nahezu ausschließlich Manufakturen auf der Iberischen Halbinsel vorbehalten, vornehmlich den 1731 ins Leben gerufenen ›Königlichen Zigarrenmanufakturen‹ in Sevilla, jene seltsam anmutenden »Gebilde« aus kubanischem Tabak herzustellen, die dann etliche Jahrzehnte später als »Zigarren« in manch adligem Mund anzutreffen waren …

Die russischen Vertreter des blauen Blutes werden sich wohl etliche dieser »Dinger« zu Gemüte geführt haben, denn anders ist es nicht zu erklären, warum auf einmal so viele erlauchte Finger nicht mehr so edel aussahen, wie das noch vor dem Auftauchen jener »braunen Kolben« der Fall gewesen war. Als schließlich gar die Finger der ersten Frau des Reiches besagte Spuren exzessiven Rauchgenusses aufwiesen, soll die große Katharina verfügt haben, jede ihrer Zigarren mit einem feinen Seidenband zu umwickeln …

Zweifel sind angesagt, ob ein gewisser Gustav Bock von dem Tun am russischen Hofe Kenntnis hatte, als er seine Zigarren als Erster mit Bauchbinden versah. Das war um das Jahr 1860, doch es geschah nicht etwa, um irgendwelchen gepflegten Fingern ihr edles Aussehen zu bewahren, sondern das hatte rein merkantile Gründe: Durch die Bauchbinden – die ersten waren in Weiß gehalten – sollten sich die Havannas, die der gebürtige Deutsche in seiner *Fábrica* herstellen ließ, von allen anderen kubanischen Zigarren abheben, wodurch der findige Unternehmer hoffte, aus der Masse der zahlreichen Konkurrenten, die auf dem heiß umkämpften Havanna-Markt agierten, zu seinem Vorteil herauszuragen.

Erst in den letzten Jahren konnte die Herkunft des Gustav Bock eindeutig geklärt werden. Als die südbadische Importfirma ›El Mundo del Tabaco‹ 1998 die Marke ›Bock y Ca.‹ ins Leben rief, wollten die Verantwortlichen in Waldshut-Tiengen wissen, was es genau mit den zahlreichen Aktivitäten, mit denen man jenen Gustav Bock in Verbindung brachte, auf sich hatte. Die Ergebnisse der Nachforschungen waren verblüffend, weil so nicht erwartet …

Demnach ließ sich Gustav Bock Müller, so der vollständige Name, 1858 in La Habana nieder, um kurz darauf mit einem gewissen Benito Celorio die Zigarrenfabrik ›El Aguila de Oro‹ zu gründen. Bei dem ›Goldadler‹ blieb es nicht, denn Don Gustavo, wie er alsbald genannt wurde, war außerordentlich rührig. Bald fusionierte sein Unternehmen mit der Zigarrenfabrik ›Henry Clay‹ von Segundo Alvarez zur ›Henry Clay & Bock and Company Ltd.‹ mit Sitz in London, wobei Bock und Alvarez als Hauptaktionäre auftraten und weiterhin ihre bisherigen *Fábricas* leiteten.

Die Aktivitäten gingen weiter. Der agile Unternehmer erwarb 1895 vier weitere Zigarrenfabriken, und drei Jahre später waren es erneut vier *Fábricas*, die der Deutsche aufkaufte, diesmal für das

Unternehmen ›Havana Cigar and Tobacco Factories Ltd.‹. Wer die leitende Position in diesem Unternehmen innehatte, dürfte unschwer zu erraten sein. Als Gustav Bock Müller 1910 starb, verlor die Zigarrenindustrie auf Kuba einen Mann, der die Unternehmenspolitik in La Habana in jenen goldenen Jahren der Havanna entscheidend mitgeprägt hatte.

Zwei Bauchbinden aus der Zeit, als die Unternehmen Don Gustavos in voller Blüte standen

In vielen Publikationen, die sich dem Thema »Zigarre« widmen, wird Gustav Bock als gebürtiger Niederländer ausgewiesen. Diese Ansicht ist leicht nachzuvollziehen. Da der später erfolgreiche Unternehmer sehr wahrscheinlich vom Niederrhein stammte und diese Region zwischen Rhein und Maas zu finden ist, sich also auf heutigem deutschen und niederländischen Boden befindet, ist die Herkunftsbezeichnung »Niederländer« bzw. »Holländer« gar nicht so abwegig. Solch ein Rückschluss wird noch unterstützt durch die ereignisreiche Geschichte, auf die das niederrheinische Gebiet zurückblicken kann: Große Teile der Region wechselten häufig den Besitzer, zu denen neben anderen Habsburger, Franzosen und Preußen zählten. In Zeiten machtpolitischer Umwälzungen war es deshalb gang und gäbe, dass so manche Familie, die am unteren Lauf des Rheins zu Hause war, ihr Glück in einem benachbarten Gebiet suchte, verbunden mit der Hoffnung auf eine bessere Zukunft. Wie dem auch sei: Der Bauchbinde ist es letztendlich egal, aus welchem Land Westeuropas ihr »Vater« stammt …

Die Hoffnung Gustav Bocks, sich durch seinen verkaufsfördernden Schachzug von der Konkurrenz abzuheben, währte nicht lange. Alsbald taten es ihm zahlreiche Havanna-Hersteller gleich und schmückten ihre Erzeugnisse ebenfalls mit besagten Bauchbinden. Die nun auf den Markt gelangenden *Anillos*, so der kubanische Ausdruck, waren darüber hinaus, weil farbig gestaltet, auch noch auffallender als ihre Vorläufer. Zurückzuführen war das auf die Farblithographie, die in der zweiten Hälfte des 19. Jahrhunderts ihren weltweiten Siegeszug antrat und es auch auf Kuba ermöglichte, relativ günstig jene farbenfrohen Kleinkunstwerke herstellen zu lassen, die fortan den *Habanos* ein attraktiveres Gesicht als je zuvor verliehen (→ Lithographien).

Gesichter waren es auch, welche im letzten Drittel des 19. und zu Beginn des 20. Jahrhunderts als Motiv für einen Großteil der *Anillos* herangezogen wurden. Die Porträts zahlreicher Persönlichkeiten des öffentlichen Lebens, so etwa des Prince of Wales, britischer Thronfolger und der wohl bekannteste Havanna-Liebhaber seiner Zeit, so etwa des Fürsten Otto von Bismarck, Eiserner Kanzler des Deutschen Reiches … Porträts derartiger Persönlichkeiten blickten einem also entgegen, sobald die eine oder andere geöffnete Kiste den Blick auf die kubanischen Köstlichkeiten freigab. Darüber hinaus zierten die Konterfeis von Wirtschaftspotentaten und Würdenträgern sowie weiterer Größen der damaligen Epoche so manche Bauchbinde. Da etliche Havanna-Raucher, denen nicht die Ehre zuteil wurde, dass die kubanischen Zigarrenmacher ein Format nach ihnen benannten, die sich aber dennoch zu den Großen der Welt zählten und sich nichts sehnlicher wünschten, als ihr Porträt auf einer Bauchbinde verewigt zu sehen … diese »Großen« ließen derjenigen *Fábrica*, die ihre Lieblings-Havannas herstellten, kurzerhand den Auftrag übermitteln, *Anillos* mit ihrem Antlitz drucken zu lassen, um anschließend ihre Havannas damit zu verschönern. Da die Zahl derer, die auf diese Weise ihr Raucher-Ego streicheln ließen, groß war, konnten sich die Lithographen auf Kuba nicht über Arbeit beklagen.

Die üppige Auftragslage hielt bis weit in das 20. Jahrhundert an. Eine der wohl schillerndsten Persönlichkeiten, die in dem zurückliegenden Jahrhundert eine Havanna nach der anderen rauchten, war König Faruk I. von Ägypten. Der in späten Jahren immer rundlicher werdende Lebemann, Freund schöner Frauen und dicker Zigarren, rauchte ausschließlich Havannas, die mit einer Bauchbinde versehen waren, auf der sein Porträt prangte. Welche Havannas das letztendlich waren, kümmerte ihn nur am Rande – sie mussten nur ein beachtliches Volumen aufweisen. Das belegt eine Begebenheit, die sich während des Zweiten Weltkriegs zugetragen hat. Zu dieser Zeit war der Handel mit Havannas praktisch zum Erliegen gekommen, und der Einzige, der damals über große Mengen der kubanischen Kostbarkeiten verfügte, war Zino Davidoff. Eines Tages, so erinnerte sich der legendäre Zigarrenkenner in seinem Buch *Zigarren-Brevier*, betrat der gekrönte Ägypter, wie zuvor von einem seiner Leibwächter angekündigt, das davidoffsche Ladengeschäft in Genf und kam ohne Umschweife zur Sache: »Ich habe fünfzehntausend Bauchbinden für Doppel-Coronas. Können Sie mir dazu die passenden Zigarren liefern und welche?« Davidoff konnte. In der Folgezeit besuchte Faruk des Öfteren die Hauptstadt des gleichnamigen Kantons – und bestellte bei Davidoff nie weniger als fünftausend Havannas. Ob der gewichtige König auch nach seiner Abdankung – er wurde 1952 durch einen Staatsstreich, initiiert vom ›Komitee der freien Offiziere‹ unter Führung von Ali Mohammed Nagib und Gamal Abd el Nasser, regelrecht von seinem Thron gefegt … ob also der Privatier Faruk seinen immensen Havanna-Konsum aufrechterhalten hat, ist nicht bekannt.

Ebenfalls nicht gesichert ist die Antwort auf die Frage, wie der *Aficionado* mit der Bauchbinde zu verfahren hat. Die Frage lautet nämlich: Muss die Bauchbinde vor dem bzw. während des Rauchens entfernt oder darf sie auf keinen Fall abgestreift werden? Die Antwort ist eindeutig: Es gibt keine! Jedenfalls keine, die als allgemein gültig gelten kann. Zwar soll es schon unter wohl situierten Connaisseurs zu heftigen verbalen Auseinandersetzungen ob dieser Frage gekommen sein, doch ist hier mittlerweile Einsicht und Toleranz unter den *Aficionados* eingekehrt.

Es ist keineswegs ein vorgeschriebener Akt der Etikette, wenn jemand die Bauchbinde seiner Havanna während des Rauchens da lässt, wo sie sich befindet, und andererseits ist es nicht Ausdruck von zutage tretender Barbarei, wenn jemand seine Havanna ohne Bauchbinde zu Ende raucht. Das Entfernen sollte er allerdings einige Minuten nach dem Anzünden tun, denn die *Anillos* werden mit einem geruchlosen pflanzlichen Leim, ›Tragant‹ geheißen, punktuell am Deckblatt »angedockt«, so dass ein vorheriges Entfernen der Bauchbinde zu einer Beschädigung des empfindlichen Deckblatts führen kann. Bei nicht wenigen Formaten erübrigt sich die Frage von selbst, dann nämlich, wenn sie in einer ›Cabinet‹-Kiste angeboten werden. In diesem Fall tragen die Havannas in aller Regel keine Bauchbinden.

Falls also ein *Aficionado*, der die Bauchbinde gerne abstreift, auf einen Raucherfreund trifft, der sich bisher als vehementer Vertreter jener Anhänger zu erkennen gegeben hat, die das Entfernen der Bauchbinde strikt ablehnen und in dieser »Schicksalsfrage« kompromisslos agieren … jenem *Aficionado* sei vielleicht angeraten, in diesem Fall Havannas zu rauchen bzw. anzubieten, die in einer ›Cabinet‹-Kiste liegen und darauf warten, konsumiert zu werden (→ Cabinet).

BELINDA → WEITERE MARKEN

BOFETÓN → LITHOGRAPHIEN

BOLÍVAR

Sein visionäres Ziel – die Regionen im Nordwesten des südamerikanischen Kontinents zu einer Union zu vereinen – blieb ihm versagt. Dennoch wird er als einer der ganz Großen in der Geschichte Lateinamerikas verehrt. Die Rede ist von Simón Bolívar,

Nachkomme einer Hidalgo-Familie, also einer Familie, die im früheren Spanien dem niederen Adel angehörte. Im 16. Jahrhundert kehrte diese Familie dem Baskenland den Rücken, um sich in Südamerika eine neue Heimat zu suchen.

Das Porträt des Freiheitskämpfers schmückt die *Cubiertas* und die *Vistas* der Marke ›Bolívar‹

Geboren 1783 in Caracas, der heutigen Hauptstadt des Staates Venezuela, schloss sich Simón Bolívar in den ersten Jahren des 19. Jahrhunderts einer Junta an, die sich zum Ziel gesetzt hatte, die spanische Herrschaft im Nordosten Südamerikas zu brechen. 1810 schlug dann die große Stunde der Junta: Sie bildete die erste lokal gewählte Regierung in Spanisch-Amerika, und schon ein Jahr später wurde auf Betreiben Bolívars ein Kongress einberufen, auf dem die Unabhängigkeit Venezuelas beschlossen wurde. Es sollte aber noch acht Jahre dauern, bis die Spanier entscheidend besiegt waren und Bolívar, inzwischen zum *Libertador*, zum Befreier, proklamiert, 1819 als Präsident Venezuelas vereidigt werden konnte.

Dann ging es Schlag auf Schlag: Unter Führung Bolívars wurden Venezuela und Neu-Granada zur Republik Groß-Kolumbien vereinigt, konnte drei Jahre darauf, 1822, das heutige Ecuador befreit werden, dem 1824 die Befreiung Perus folgte. Schließlich, 1827, wurde Bolívar auch Präsident von Peru, das er kurz darauf Groß-Kolumbien anschloss.

Als der Führer der lateinamerikanischen Unabhängigkeitsbewegung mehrmals mit seinen Versuchen gescheitert war, diese Union auf ein sicheres Fundament zu stellen, trat er 1830 von all seinen

Großvolumige Formate der Marke ›Bolívar‹

Handelsname (Vitola de salida) sowie Produktionsname (Vitola de galera)	**Länge** in Millimetern (in)	**Ringmaß** (bzw. Durchmesser in mm)	International entsprechende **Bezeichnung**	**Stärke**[1] und **Aroma**[2]
Belicosos Finos Campana	140 (5½)	52 (20,6)	Pyramid (Robusto)	4 • • •
Churchills Julieta No. 2	178 (7)	47 (18,7)	Churchill	6 • • •
Coronas Extras Francisco	143 (5⅝)	44 (17,5)	Corona	6 • • •
Coronas Gigantes Julieta No. 2	178 (7)	47 (18,7)	Churchill	6 • • • •
Coronas Gigantes Tubos Julieta No. 2	178 (7)	47 (18,7)	Churchill	6 • • •
Gold Medals Cervante	165 (6½)	42 (16,7)	Lonsdale	6 • • • •
Inmensas Dalia	170 (6¾)	43 (17,1)	Lonsdale	5 • •
Lonsdales Cervante	165 (6½)	42 (16,7)	Lonsdale	4 • • •
Royal Coronas Robusto	124 (4⅞)	50 (19,8)	Robusto	4 • •
Suprema Churchills Julieta No. 2	178 (7)	47 (18,7)	Churchill	5 • • •

[1] Stärke der Zigarre: 1 = sehr mild; 2 = mild; 3 = mittel (–); 4 = mittel (+); 5 = ausgeprägt; 6 = sehr ausgeprägt
[2] Aroma-Entfaltung: • = verhalten; • • = angenehm bis präsent; • • • = sehr präsent; • • • • = überaus präsent

Ämtern zurück. Im selben Jahr, im Dezember, starb er dann in dem kolumbianischen Ort San Pedro Alejandrino.

Noch heute erinnern zahlreiche Denkmäler an den großen Sohn Lateinamerikas, tragen viele Straßen und Plätze seinen Namen, gibt es etliche Universitäten, die nach ihm benannt worden sind. Auch eine

Havanna-Marke hält die Erinnerung an Simón Bolívar aufrecht. Gut sechzig Jahre nach seinem Tod war es die in La Habana ansäs-

Mittelvolumige Formate der Marke ›Bolívar‹

Handelsname (Vitola de salida) sowie Produktionsname (Vitola de galera)	**Länge** in Millimetern (in)	**Ringmaß** (bzw. Durchmesser in mm)	International entsprechende **Bezeichnung**	**Stärke**[1] und **Aroma**[2]
Belvederes (Cello) Belvederes	125 (4⅞)	39 (15,5)	Short Panatela	4 • •
Bolívar Tubos No. 1 Corona	142 (5⅝)	42 (16,7)	Corona	3 • •
Bolívar Tubos No. 2 Mareva	129 (5⅛)	42 (16,7)	Petit Corona	4 • • •
Bonitas Londres	125 (4⅞)	40 (15,9)	Petit Corona	3 • •
Champions (Cello) Crema	140 (5½)	40 (15,9)	Corona	5 • •
Coronas Corona	142 (5⅝)	42 (16,7)	Corona	4 • •
Coronas Junior Minuto	110 (4⅜)	42 (16,7)	Petit Corona	5 • • •
Petit Coronas Mareva	129 (5⅛)	42 (16,7)	Petit Corona	5 • • •
Petit Coronas Especiales (Cello) Eminente	132 (5¼)	44 (17,5)	Petit Corona	5 • •

[1] Stärke der Zigarre: 1 = sehr mild; 2 = mild; 3 = mittel (–); 4 = mittel (+); 5 = ausgeprägt; 6 = sehr ausgeprägt
[2] Aroma-Entfaltung: • = verhalten; • • = angenehm bis präsent; • • • = sehr präsent; • • • • = überaus präsent

sige Firma ›José F. Rocha‹, welche die Marke in das Handelsregister der kubanischen Hauptstadt eintragen ließ. Als dann die Brüder Rafael und Ramón Cifuentes, Sprösslinge einer berühmten kubanischen Zigarren-Dynastie, in den fünfziger Jahren die Produktion der ›Bolívars‹ übernahmen, erhielten die überwiegend kräftig schmeckenden Havannas einen regelrechten Bekanntheitsschub und wurden bald auch außerhalb Kubas nachgefragt.

Wie schon angedeutet, sind es vor allem die Liebhaber kräftiger *Habanos*, die den ›Bolívars‹ die Treue halten bzw. die sie neu entdecken, denn in den letzten Jahren ist ihre Produktion zwar nicht steil, aber kontinuierlich angestiegen. Die angesprochene ausdrucksvolle Stärke, die beispielsweise durch die Formate ›Coronas

Kleinvolumige Formate der Marke ›Bolívar‹

Handelsname (Vitola de salida) sowie Produktions-name (Vitola de galera)	Länge in Millimetern (in)	Ringmaß (bzw. Durch-messer in mm)	International entsprechende **Bezeichnung**	**Stärke**[1] und **Aroma**[2]
Bolívar Tubos No. 3 Placera	125 (4⅞)	34 (13,5)	Small Panatela	3 • •
Chicos (Cello) Chico	106 (4⅛)	29 (11,5)	Small Panatela	4 •
Demi Tasse Entreacto	100 (3⅞)	30 (11,9)	Small Panatela	5 • •
Panetelas (Cello) Conchita	127 (5)	35 (13,9)	Short Panatela	5 •
Regentes Placera	125 (4⅞)	34 (13,5)	Small Panatela	5 • •

[1] Stärke der Zigarre: 1 = sehr mild; 2 = mild; 3 = mittel (–); 4 = mittel (+); 5 = ausgeprägt; 6 = sehr ausgeprägt
[2] Aroma-Entfaltung: • = verhalten; • • = angenehm bis präsent; • • • = sehr präsent; • • • • = überaus präsent

Schmallange Formate der Marke ›Bolívar‹

Handelsname (Vitola de salida) sowie Produktions-name (Vitola de galera)	Länge in Millimetern (in)	Ringmaß (bzw. Durch-messer in mm)	International entsprechende **Bezeichnung**	**Stärke**[1] und **Aroma**[2]
Especiales Delicado	192 (7½)	38 (15,1)	Long Panatela	5 • • • •
Palmas Ninfa	178 (7)	33 (13,1)	Slim Panatela	5 • • •

[1] Stärke der Zigarre: 1 = sehr mild; 2 = mild; 3 = mittel (–); 4 = mittel (+); 5 = ausgeprägt; 6 = sehr ausgeprägt
[2] Aroma-Entfaltung: • = verhalten; • • = angenehm bis präsent; • • • = sehr präsent; • • • • = überaus präsent

Gigantes‹ und ›Gold Medals‹, beides großvolumige Zigarren, repräsentiert wird, verdankt ihre Eigenschaft vor allem der Tabakmischung, die in der Einlage einen relativ hohen Anteil von *Ligero* aufweist (→ Tabakpflanzen). Wie den Format-Tabellen zu entnehmen, ist eigentlich keines der zahlreichen Formate als leicht im Geschmack zu bezeichnen, und so empfehlen sich die ›Bolívars‹, die übrigens hauptsächlich in den Fabriken ›La Corona‹ und ›Partagás‹ hergestellt werden, nicht gerade für denjenigen, der gerade die Havannas für sich entdeckt hat.

BRANDENDE

Auf die Frage nach dem Brandende, der *Boquilla*, könnte der eine oder andere vielleicht auf die Idee kommen, spontan zu erwidern, hier höre der Brand auf. Das tut er aber nicht, denn täte er das, wäre das weder für die Finger noch für den Mund von Vorteil – beides würde unangenehm heiß werden.

Hier tritt der seltene Fall auf, dass der Begriff »Ende« für »Anfang« steht – für den Beginn des Genusses, den das Rauchen einer guten Havanna verspricht. Fazit: Jede Zigarre wird an ihrem Brandende angezündet.

Auf besagtes Ende gilt es sehr gut Acht zu geben, da dieser Teil der Zigarre besonders anfällig für Beschädigungen ist. Mitunter reichen schon kleine stoßartige Berührungen, um das Deckblatt am Brandende leicht zu beschädigen. Das geschieht etwa dann, wenn ein allzu gieriger *Aficionado* seine geliebte *Habano* ziemlich ruckartig aus seinem Zigarrenetui zieht. Also Vorsicht! Ein beschädigtes Brandende kann nämlich das Brandverhalten einer Zigarre negativ beeinflussen. Nicht nur die Bescheidenheit ist eine Zier, sondern auch die Behutsamkeit kann es manchmal sein.

BRANDVERHALTEN

Zwar sagt ein gutes Brandverhalten nicht alles über die Qualität einer Zigarre in Bezug auf ihre Machart aus, doch betrachtet man das Ganze von der anderen Seite, kann man hieraus einen Umkehrschluss ableiten: Lässt nämlich das Brandverhalten zu wünschen übrig, so ist auch die Machart in aller Regel nicht so, wie sie normalerweise sein sollte.

Ein befriedigendes Brandverhalten ist an folgenden Kriterien festzumachen: Der Zug sollte ohne große Anstrengung vonstatten gehen, hat außerdem gleichmäßig zu sein, was sich wiederum am Abbrand der Zigarre erkennen lässt, der ebenfalls gleichmäßig erfolgen sollte. Wenn sich dann noch – vor allem zu Beginn – die

Zu viel des Guten gereicht nicht immer zum Besten ...

Es sei dahingestellt, ob er, wie nicht wenige Historiker behaupten, den Wert des Tabaks für die Alte Welt entdeckte. Dass er aber für die Verbreitung des Nachtschattengewächses sehr viel getan hat, ist unzweifelhaft. Allein sein Name sei hierfür Bürge: Jean Nicot.

Dieser Name findet sich, wenn auch in abgeänderter Form, bis heute in jedem botanischen Wörterbuch, auch in jedem ernst zu nehmenden Nachschlagewerk – schließlich wird mit dem spätlateinischen Ausdruck *Nicotiana* nichts anderes als die Tabakpflanze bezeichnet.

Als Jean Nicot 1559 als französischer Gesandter an den portugiesischen Hof kam, dem damals ein gewisser Sebastian aus dem Hause Avis als König vorstand, dachte der Franzose wohl kaum daran, schon ein Jahr darauf den Hof in Paris mit selbst gezogenem Samen besagter Pflanze zu beschicken. Als Heilkraut sollte es, so sein Credo, so manchem Zipperlein den Garaus machen, auch etliche Krankheiten – bevorzugt die Gicht, seinerzeit eine regelrechte Plage in Kreisen des Adels – wenn nicht heilen, so doch lindern.

Der Grund: Nur Vertreter dieser (gehobenen) Gesellschaftsschicht hatten die Mittel und die Möglichkeit, sich der Völlerei hinzugeben. Das wiederum führte nicht selten zu einer erhöhten Bildung der Harnsäure und deren Ablagerung an Gelenken, wobei zuerst vorzugsweise einer der dicken Zehen betroffen war. Akute und äußerst schmerzhafte Anfälle waren dann die spürbare Folge der übermäßigen Hingabe an Speis und Trank.

Womit nicht gesagt ist, dass der Genuss von Tabak ursächlich in Zusammenhang mit Gelagen bacchantischen Ausmaßes gebracht werden kann ...

> Eine hinreichend lange Asche schützt nicht nur das Brandende. Während sich besagtes Ende zwischen den Zügen rasch abkühlt (das heißt, dass die hohe Temperatur nach einem Zug schnell zurückgeht), wird bei jedem weiteren Zug die angesogene Luft durch die Asche erwärmt und schützt somit auch die Glut. Es ist deshalb nicht angeraten, während der Anfangsphase die Asche abzustreifen, da es ansonsten zu einem schlechten Abbrand kommen kann.

Asche lange hält (zwei Zentimeter sind mehr als ausreichend) und somit isolierend wirkt, weil sie auf diese Weise das Brandende kühlt, steht einem ungetrübten Rauchgenuss eigentlich nichts mehr im Wege. Dabei ist es relativ unerheblich, wie sich die Farbe der Asche präsentiert. Ein Grau, ein Hellgrau, ein Mattweiß – das alles lässt keinen Schluss auf die Qualität hinsichtlich Tabakbeschaffenheit und Tabakmischung sowie Machart der Zigarre zu.

Vorsicht ist dagegen geboten, wenn die Farbe der Asche übermäßig dunkel ist. Das deutet auf einen Phosphormangel hin, wobei dieser Mangel Tabakblätter entstehen lässt, die nicht voll ausgereift sind. Das wiederum führt zu einem Geschmack, der als trocken bezeichnet werden kann, was sich sehr oft in einem beißenden Aroma äußert. Da die *Vegueros* um diese Gefahr wissen, fügen sie kurz vor bzw. kurz nach dem Umsetzen der Tabakpflanze auf die Felder eine wohldosierte Phosphorgabe hinzu.

Doch *Vegueros*, *Ligadores* und *Torcedores*, also Feldarbeiter, Tabakmischer und Zigarrenroller, können wie die anderen *Tabacaleros* noch so viel Sorgfalt während der Aufzucht der Tabakpflanzen und deren Weiterverarbeitung bis hin zur fertigen Havanna walten lassen – wenn das Produkt ihrer Bemühungen nach dem Kauf nicht sorgfältig genug behandelt wird (sei es etwa bezogen auf die Lagerung, auf das Anschneiden, auch auf das Anzünden), wird der Rauchgenuss kein befriedigender sein.

CABINET

Die Havannas, die in einem Bündel zu je fünfundzwanzig, bisweilen auch zu fünfzig Zigarren von einem Seidenband zusammengehalten werden, findet der Interessierte in einem ›Cabinet‹. Das ist eine meist schlichte, dennoch formschöne Zigarrenkiste, nicht zu vergleichen mit jenen farbenfrohen und mit viel Zierwerk versehenen Behältnissen, welche die meisten Zigarrengeschäfte in ihren Klimaschränken bzw. -räumen für ihre *Aficionados* bereithalten (→ Zigarrenkisten). Da zudem die ›Cabinet‹-Zigarren überwiegend keine → Bauchbinden tragen, widmet so mancher Zigarrenfreund diesen Kisten wenig Beachtung, wenn er auf der Suche nach *Habanos* ist, die er bis dato noch nicht kennt, die aber geeignet sein könnten, seinen Geschmacks- und Erfahrungshorizont auf diesem Genussfeld zu erweitern.

Das kann ein Fehler sein. Nicht alles, was unscheinbar ist, sollte mit Nichtbeachtung bedacht werden. Das trifft bei den Havannas in hohem Maße auf die besagten ›Cabinet‹-Kisten zu – vielmehr auf das, was in ihnen schlummert. Da warten nämlich mitunter wahre Köstlichkeiten auf den havannarauchenden Connaisseur. Der Grund: Durch die Verpackungsart zu einem Bündel behalten die Zigarren ihre runde Form, haben Kontakt zu gleich mehreren ihrer Artgenossen, außerdem genug »Luft zum Atmen« – und das alles führt zu einem besseren Reifen der Zigarren, als das die

Meint ein Kubaner ein Bündel von fünfzig Zigarren, so spricht er von einer *Medea rudea*. Das heißt nichts anderes als »Halbrad«. Wenn nun jemand auf dieser Karibikinsel fünfzig Jahre alt wird, so hat er das »Halbrad« seines Lebens erreicht. Womit eindeutig belegt ist, dass jeder Kubaner hundert Jahre alt wird – und das bei den vielen Zigarren, die er tagtäglich raucht …

üblichen Havanna-Kisten ihren Bewohnern bieten können. Da die in der Karibik hergestellten Zigarren in ihrer Gesamtheit nach dem Verpacken in der Kiste nachreifen, ja in der Regel erst nach einigen Jahren des Reifens einen Geschmack bieten, der als vollendet bezeichnet werden kann, ist unter diesem Aspekt die Entscheidung für eine ›Cabinet‹-Kiste bestimmt nicht eine, von der abzuraten wäre.

Leider hat der interessierte *Aficionado* nicht immer die Wahl zwischen einer ›Cabinet‹- und einer »normalen« Havanna-Kiste, wenn er ein bestimmtes Format, etwa eine ›Partagás Lusitanias‹, erwerben will. Das muss nicht unbedingt an dem Zigarrenhändler seiner Wahl liegen, denn der erhält auch nicht immer das, was er denn an *Habanos* gerne hätte und somit seinen Kunden anbieten könnte. Dabei gibt es nahezu von allen handgemachten Havannas sowohl »normale« als auch ›Cabinet‹-Kisten. Während die Wahl bei einigen Formaten relativ leicht fällt, so etwa bei den ›Epicures No. 1‹ und den ›Epicures No. 2‹ von ›Hoyo de Monterrey‹ sowie allen Formaten der ›Siglo‹-Serie von ›Cohiba‹, da sie, wie etliche andere Formate auch, ausschließlich in ›Cabinet‹-Kisten angeboten werden, gibt es auch einige Formate, bei denen der Zigarrenfreund die Qual der Wahl hat.

Das Wort »Kabinett« stammt aus dem Französischen. Mit diesem Wort wird stets auf etwas Besonderes hingewiesen, was sich zum Beispiel in den Begriffen »Ministerkabinett«, »Raritätenkabinett« und »Kabinettstück« ausdrückt. Mit letzterem Ausdruck ist ein außerordentliches »Kunststück« bzw. ein »Prachtstück« gemeint. Ein »Kabinett« ist darüber hinaus ein Raum, in dem bedeutende (Kunst-)Sammlungen zu betrachten sind. So kann demnach in Bezug auf die Aufbewahrung von besonderen Havannas ein ›Cabinet‹ ohne weiteres zum Sammeln solcher Pretiosen anregen …

Das alles soll nicht darauf hindeuten, dass die handgemachten Havannas, welche in den üblichen Kisten zu kaufen sind, minderer Qualität sind. Um bei dem Beispiel ›Partagás Lusitanias‹ zu bleiben: Bei beiden »Versionen« handelt es sich um ein und dieselbe Zigarre, will heißen, dass es bei der Fertigung der Havannas dieses Formats keine Unterschiede gibt, also beispielsweise andersartige Mischungen, eine besondere Sorgfalt beim Rollen et cetera.

›Cabinet‹-Kisten – hier eine der Marke ›Cohiba‹ – erfreuen sich zunehmender Beliebtheit

Der Unterschied beginnt erst mit der Verpackung. Im Gegensatz zu den ›Lusitanias Cabinets‹ nehmen ihre Vettern nach dem Verpacken in die üblichen Kisten allmählich eine leicht rechteckige Form an, weshalb sie, bedingt auch durch das enge An- und Aufeinanderliegen, nicht in dem Maße weiterreifen wie ihre Artgenossen. Das ist der einzige Unterschied.

Bekanntlich sind ja dem Geschmack keine Grenzen gesetzt. Und so gibt es eine Reihe von *Aficionados*, die nichts lieber mögen als den Geschmack (relativ) »frischer« *Habanos*. Ihnen bleibt in diesem Fall die Qual der Wahl erspart.

COHIBA

Als die Europäer nach der Entdeckung des für sie neuen Kontinents erstmals kubanischen Boden betraten, trafen sie nicht, wie von Columbus erhofft, auf »gelbes«, sondern machten unter anderem Bekanntschaft mit dem »braunen Gold«. Natürlich wussten die unter spanischer Flagge kreuzenden Seefahrer nicht um diesen Begriff, da ihnen ja die Existenz des Tabaks unbekannt war, und so konnten sie auch nichts mit jenen »rauchenden Kolben« anfangen, die so mancher Taino, wie sich die Ureinwohner Kubas nannten, in der Hand hielt, bisweilen an seinen Mund führte – um kurz darauf von einer Rauchwolke umgeben zu sein.

Das Logo der weltberühmten ›Cohiba‹. In modifizierter Form findet es sich unter anderem als *Anillo* und als *Vista* wieder

Wenn man so will, kann Kuba auf eine über fünfhundertjährige Tradition in Sachen Tabakanbau und -verarbeitung zurückblicken. Hier von »Zigarrenherstellung« zu sprechen, träfe nur ungenau den wahren Umstand, denn die damaligen Gebilde mit jenen Havannas zu vergleichen, wie wir sie heute kennen, wäre wohl etwas weit hergeholt. Doch wie dem auch sei: Kuba ist unbestritten das Land, das für die Kultivierung des Tabaks und, damit eng verbunden, auf dem Gebiet der Zigarrenmacherkunst die längste Tradition hat.

Nachdem Fidel Castro nach erfolgreicher Revolution mit Beginn des Jahres 1959 für die Geschicke des Landes verantwortlich zeichnete, dauerte es nur kurze Zeit, bis das wirtschaftliche Leben der Karibikinsel von staatlichen Stellen beaufsichtigt bzw. gelenkt wurde (→ Kuba). Für zahlreiche Unternehmer und Fabrikbesitzer waren die Einschnitte tief greifend, und von dieser Umwälzung blieb auch die Tabakindustrie nicht verschont. Eine der Folgen: Etliche Zigarrenmacher, Meister ihres Fachs, deren Familien sich teilweise seit drei, vier Generationen der Herstellung erstklassiger *Habanos* verpflichtet fühlten, verließen Kuba, um sich in anderen karibischen bzw. lateinamerikanischen Ländern sowie in den Vereinigten Staaten niederzulassen und um dort das fortzuführen, worauf sie sich verstanden: die Herstellung von Zigarren.

Dieser Aderlass an hoch angesehenen Fachkräften wirkte sich natürlich nicht gerade förderlich auf Kubas Tabakindustrie aus. In jene Zeit der Irrungen und Wirrungen passt denn auch eine Entscheidung des *Máximo Líders*, nur noch eine einzige Havanna-Marke herstellen zu lassen – eine glorreiche Idee, wie er glaubte. Bei der Namensgebung für die neue Marke erinnerte man sich an einen Häuptling der Tainos, an Siboney, der sich gegen die Willkür der spanischen Eroberer aufgelehnt hatte und dies mit seinem Leben – er wurde auf dem Scheiterhaufen verbrannt – bezahlen musste. Im neuen Kuba des 20. Jahrhunderts genoss jener Siboney ein hohes Ansehen, was sich unter anderem darin äußerte, dass der ehemalige Taino von den Machthabern in den Stand eines Märtyrers erhoben und dementsprechend verehrt wurde.

Als ›El Siboney‹ getauft, sollte also diese einzige Havanna-Marke fortan den Ruhm kubanischer Zigarrenmacherkunst in alle Welt tragen. Das ehrgeizige Vorhaben ging gründlich daneben – die Absatzzahlen der exportierten *Habanos*, vertreten ja allein durch die ›Siboney‹, gingen rapide zurück. Die Einsicht, hier etwas falsch gemacht zu haben, kam relativ rasch, ja, sie kam erstaunlich rasch, denn nach kommunistischem Verständnis kann eigentlich nicht sein, was nicht sein darf. Darüber hinaus handelten die Kubaner auch schnell: Sie holten sich mit Zino Davidoff einen der ganz Großen der Zigarrenwelt ins Land, der aus der verfahrenen Situation seine Schlüsse ziehen und Ratschläge erteilen sollte, wie sich die Tabakindustrie aus dieser verqueren Lage befreien und in ein besseres Fahrwasser geleitet werden könnte.

Davidoff brauchte nicht lange zu überlegen – er setzte auf die altehrwürdigen Marken, die nach der Kubanischen Revolution in der Versenkung verschwunden waren. Dabei dachte er vor allem an die Aura, die Marken wie ›Bolívar‹ und ›Hoyo de Monterrey‹ umgaben, dachte an den Mythos, mit dem Marken wie ›Montecristo‹ und ›Partagás‹ – um nur einige zu nennen – verbunden waren. Die Kubaner folgten dem Rat des gebürtigen Ukrainers – und sie hatten gut daran getan, was an den wieder steigenden Exportzahlen für Havannas nachzuvollziehen war.

Zwar registrierten die staatlichen Stellen mit Wohlwollen den vermehrten Absatz der ›Bolívars‹ und ›Montecristos‹ wie den der übrigen Marken, doch so ganz glücklich waren sie wohl dennoch nicht mit dieser Situation. Absatzerfolge mit Havannas, deren Ursprung sowie deren Aufschwung in jener Zeit zu suchen sind, als General Batista auf Kuba regierte und der Kapitalismus seine Blüten trieb? Ganz abgesehen von der Epoche des spanischen Kolonialismus, denn auch im 19. Jahrhundert hatten nicht wenige *Marcas del Habano* ihre Geburtsstunde, um in der Folgezeit die Zigarrenwelt zu erobern …

Es kam eine seltsame Symbiose zustande: Der dem Wesen des Kommunismus innewohnende Drang nach internationaler Anerkennung sollte sich mit dem nationalen Stolz vermischen, der dann einsetzt, wenn Angehörige des betreffenden Volkes etwas Außergewöhnliches leisten. In diesem Falle musste am Ende eine Havanna-Marke stehen, deren Formate als das Beste angesehen werden sollten, was je eine Zigarrenfabrik verlassen hatte. Die Idee der ›Cohiba‹ war geboren …

Es war kein Geringerer als Che Guevara, Weggefährte Castros zu Zeiten des revolutionären Kampfes und strategischer Kopf der Guerilla-Bewegung, der vom *Máximo Líder* den Auftrag erhielt, die »Operation Cohiba« zu einem guten Ende zu führen. Der argentinische Arzt, wie Castro *Aficionado* aus Leidenschaft, seit 1961 Minister für Industrie, nachdem er die ersten Jahre nach der Machtergreifung der Nationalbank Kubas vorsaß, ging die Aufgabe mit Verve an. Die *Vegueros* mussten die besten Tabake aus der Vuelta Abajo liefern, und nur hoch qualifizierte *Tabacaleros* wurden für die einzelnen Stufen der weiteren Produktionsgänge ausgesucht. Als dann die ersten ›Cohibas‹ in Gestalt der drei Formate ›Corona Especiales‹, ›Lanceros‹ und ›Panetelas‹ (sie erhielten die

Großvolumige Formate der Standardserie ›Clasica‹ der Marke ›Cohiba‹

Handelsname (Vitola de salida) sowie Produktionsname (Vitola de galera)	**Länge** in Millimetern (in)	**Ringmaß** (bzw. Durchmesser in mm)	International entsprechende **Bezeichnung**	**Stärke**[1] und **Aroma**[2]
Esplendidos Julieta No. 2	178 (7)	47 (18,7)	Churchill	5 • • • •
Robustos Robusto	124 (4⅞)	50 (19,8)	Robusto	4 • • • •

[1] Stärke der Zigarre: 1 = sehr mild; 2 = mild; 3 = mittel (–); 4 = mittel (+); 5 = ausgeprägt; 6 = sehr ausgeprägt
[2] Aroma-Entfaltung: • = verhalten; • • = angenehm bis präsent; • • • = sehr präsent; • • • • = überaus präsent

Vitolas de galera ›El Laguito No. 1‹, ›El Laguito No. 2‹ und ›El Laguito No. 3‹) ihre Fertigungsstätte verließen, war das Resultat überwältigend – die Mannschaft um Che Guevara hatte ganze Arbeit geleistet. *Comandante* Castro war jedenfalls mehr als zufrieden: Er erklärte die ›Lanceros‹ gleich zu seinen Lieblingszigarren und verfügte des Weiteren, dass die beiden anderen Formate fortan ausschließlich als Geschenke für Staatsgäste Verwendung finden würden – und natürlich jene ›Lanceros‹, die von dem reich bemessenen Kontingent des Vielrauchers übrig bleiben sollten.

Die Fertigstellung der ersten ›Cohibas‹ fand im Jahre 1966 statt. Zu dieser Zeit weilte Che Guevara schon seit über einem Jahr im Kongo, um hier mit einigen Dutzend kubanischen Mitstreitern

Der Name ›Cohiba‹ ist der Sprache der Taino-Indianer entlehnt, der Ureinwohner Kubas. Er soll, wie überwiegend behauptet wird, das Wort für ›Zigarre‹ gewesen sein. Ob das so zutrifft, mag bezweifelt werden, denn die »Gebilde«, welche die Tainos rauchten, hatten mit den Zigarren heutiger Form wenig gemein. Allerdings ist es gut möglich, dass sie ihre »rauchenden Kolben« so nannten. Dagegen ist die wiederholt zu lesende Aussage, ›Cohiba‹ sei die Taino-Bezeichnung für ›Tabak‹ gewesen, eher unwahrscheinlich.

und zusammen mit der dortigen Unabhängigkeitsbewegung den Kampf gegen den Imperialismus auf afrikanischem Boden fortzuführen. Das Vorhaben scheiterte, worauf sich der Revolutionär nach kurzem Zwischenaufenthalt auf Kuba nach Bolivien aufmachte, um in dem Andenland eine Guerilla aufzubauen. Doch auch dieser Versuch, seine Idee von der Revolution über die Grenzen Kubas hinauszutragen, scheiterte – Ernesto Guevara de la Serna, eines der großen Idole der nachfolgenden Studentenbewegung, wurde gefangen genommen und Anfang Oktober 1967 von bolivianischen Militärs ermordet.

Che Guevara als »Patron der Cohiba« – ist diese Überlieferung, wie das im Zusammenhang mit großen Havanna-Marken häufig der Fall ist, im Bereich der Legenden anzusiedeln? Besteht jene Geschichte mehr aus Dichtung als aus Wahrheit? Ist vielleicht andererseits an ihr viel Wahres dran? Wie das so oft bei solchen Erzählungen ist, so wird es sich auch hier verhalten: Im Laufe der Zeit gesellen sich von Überlieferung zu Überlieferung subjektiv geprägte Vorstellungen und Wünsche der Erzählenden um einen wahren Kern, besonders dann, wenn sich einer der Hauptakteure überaus großer Beliebtheit erfreut. Da Che Guevara noch heute auf Kuba ein Idol der Massen ist, ja geradezu als Ikone verehrt wird, werden diejenigen, die eine Überlieferung weitererzählen, in der er die Hauptrolle spielt, es mit der objektiven Wahrheit nicht ganz so genau nehmen. Sie werden vielmehr jene Geschichte mit subjektiven Wahrheiten anreichern, fiktive Begebenheiten hinzufügen, die sich durchaus so hätten zutragen können, eben weil sie dem Bild und der Handlungsweise des Hauptakteurs entsprechen. Che Guevara wird bestimmt bei der »Operation Cohiba« involviert gewesen sein, denn er machte stets die Sache der kleinen Leute auch zu seiner Sache, doch auf welche Weise und in welchem Maße er sich wie stark an dem Unternehmen beteiligt hat, das wird wohl ein Geheimnis bleiben …

Der Auftraggeber, Fidel Castro, wusste dagegen etwas ganz anderes zu berichten, als er anlässlich der Dreißig-Jahr-Feier zur

Mittelvolumiges Format der Standardserie ›Clasica‹ der Marke ›Cohiba‹

Handelsname (Vitola de salida) sowie Produktionsname (Vitola de galera)	**Länge** in Millimetern (in)	**Ringmaß** (bzw. Durchmesser in mm)	International entsprechende **Bezeichnung**	**Stärke**[1] und **Aroma**[2]
Coronas Corona	142 (5⅝)	42 (16,7)	Corona	4 •••

[1] Stärke der Zigarre: 1 = sehr mild; 2 = mild; 3 = mittel (–); 4 = mittel (+); 5 = ausgeprägt; 6 = sehr ausgeprägt
[2] Aroma-Entfaltung: • = verhalten; • • = angenehm bis präsent; • • • = sehr präsent; • • • • = überaus präsent

Geburtsstunde der ›Cohiba‹, die, etwas verspätet, Ende Februar 1997 im weltberühmten ›Cabaret Tropicana‹ stattfand, Folgendes zum Besten gab: »Ich werde jetzt etwas über die ›Cohiba‹ erzählen. Irgendwann bemerkte ich, dass einer meiner Leibwächter stets eine sehr aromatische Zigarre rauchte. Er erzählte mir, es sei keine spezielle Marke – er habe sie von einem Freund, der Zigarren mache und ihm immer welche gebe. Ich probierte die Zigarre und fand sie so gut, dass ich sagte: ›Lass uns zu deinem Freund gehen.‹ Wir trafen ihn und fragten, wie er diese Zigarre herstelle. Dann errichteten wir eine Werkstatt in ›El Laguito‹, und er erläuterte uns seine Tabakmischung. So erzählte er uns, welche Blätter von welchen Plantagen er verwendete, welche Deckblätter und so weiter. Wir fanden ein paar Zigarrenmacher, gaben ihnen das nötige Material, und so wurde die Fabrikation aufgenommen … Ich wollte auch Arbeitsplätze für Frauen schaffen, und so wird die Fabrik vor allem von ihnen betrieben. Mittlerweile ist die ›Cohiba‹ in aller Welt bekannt … Das Ganze liegt jetzt dreißig Jahre zurück.«

In der Tat arbeiten auch heute noch überwiegend Frauen in der mittlerweile legendären Fabrik ›El Laguito‹, die in Miramar liegt, einem Vorort von La Habana, in dem zahlreiche herrschaftliche Häuser und vornehm anmutende Villen stehen, von denen die meisten im Kolonialstil errichtet sind – und somit eine Zeit wach werden lassen, in der Lebemänner und Leute von Adel, Fürsten und Fabrikbesitzer das kulturelle (Nacht-)Leben der kubanischen Hauptstadt prägten.

Kleinvolumige Formate der Standardserie ›Clasica‹ der Marke ›Cohiba‹

Handelsname (Vitola de salida) sowie Produktionsname (Vitola de galera)	**Länge** in Millimetern (in)	**Ringmaß** (bzw. Durchmesser in mm)	International entsprechende **Bezeichnung**	**Stärke**[1] und **Aroma**[2]
Exquisitos Seoane	125 (4 7/8)	36 (14,3)	Short Panatela	3 •••
Panetelas Laguito No. 3	115 (4 1/2)	26 (10,3)	Cigarillo	4 •••

[1] Stärke der Zigarre: 1 = sehr mild; 2 = mild; 3 = mittel (–); 4 = mittel (+); 5 = ausgeprägt; 6 = sehr ausgeprägt
[2] Aroma-Entfaltung: • = verhalten; • • = angenehm bis präsent; • • • = sehr präsent; • • • • = überaus präsent

Seit 1994 hat auch eine Frau in ›El Laguito‹ das Sagen: Emilia Tamayo ist dafür verantwortlich, dass die *Aficionados* in aller Herren Länder – einige wenige ausgenommen, wie etwa die Vereinigten Staaten – ihre ›Cohibas‹ in der Qualität genießen, die sie von den Havannas mit Weltruf auch mit Recht erwarten.

Die resolute, doch stets zuvorkommende Dame glaubt, dass es sich bei dem Freund des besagten Leibwächters – und somit dem »Vater der Cohiba« – um Eduardo Ribera handeln muss, da er es war, der in den ersten Jahren von ›El Laguito‹ für die Produktion der drei ›Cohiba‹-Formate verantwortlich zeichnete.

Der bis zu seiner »Entdeckung« durch Fidel Castro nur einigen wenigen bekannte Zigarrenmacher trat dann 1968 die Leitung der Fabrik an Avelino Lara ab, dem es vorbehalten sein sollte, die damals schon legendäre Marke zu weiteren Höhepunkten zu führen. Unter seiner Leitung entstanden gegen Ende der achtziger Jahre die Formate ›Coronas‹, ›Esplendidos‹ (eine ›Julieta No. 2‹ bzw. ›Churchill‹) und ›Robustos‹. Mit den drei schon bestehenden Formaten präsentierte sich nun ein halbes Dutzend, das zahlreiche Raucherherzen höher schlagen ließ: Der ausgewogene, dabei mittelkräftige Geschmack, verbunden mit einer intensiven Aroma-Entfaltung, machte die ›Cohibas‹ zu begehrten Objekten derjenigen Havannophilen, die schon auf einige rauchige Erfahrungen mit den Produkten von der größten Karibikinsel zurückblicken konnten. Die etwas später hinzukommenden ›Exquisitos‹ (eine

Schmallange Formate der Standardserie ›Clasica‹ der Marke ›Cohiba‹

Handelsname (Vitola de salida) sowie Produktionsname (Vitola de galera)	**Länge** in Millimetern (in)	**Ringmaß** (bzw. Durchmesser in mm)	International entsprechende **Bezeichnung**	**Stärke**[1] und **Aroma**[2]
Coronas Especiales Laguito No. 2	152 (6)	38 (15,1)	Panatela	4 • • •
Lanceros Laguito No. 1	192 (7½)	38 (15,1)	Long Panatela	4 • • • •

[1] Stärke der Zigarre: 1 = sehr mild; 2 = mild; 3 = mittel (–); 4 = mittel (+); 5 = ausgeprägt; 6 = sehr ausgeprägt
[2] Aroma-Entfaltung: • = verhalten; • • = angenehm bis präsent; • • • = sehr präsent; • • • • = überaus präsent

›Seoane‹ bzw. ›Small Panatela‹), ebenfalls hervorragende Zigarren, kommen dagegen etwas milder im Geschmack daher als ihre Vettern und sind daher durchaus für (etwas fortgeschrittene) Anfänger geeignet.

Der mittlerweile zu einer lebenden Legende gewordene Avelino Lara wartete zu Beginn der neunziger Jahre mit einer nochmaligen Produkterweiterung auf. In Erinnerung an den ersten Besuch von Europäern im Jahre 1492 schuf er die Serie ›Linea 1492‹ bzw. ›Siglo‹, welche die bisherige Standardserie, auch ›Clasica‹ genannt, um fünf Formate erweiterte. »Ergänzte« ist eigentlich das passendere Wort, da die ›Siglos‹ mit ihrem vollmundigen Geschmack und ihren würzigen Aromen insgesamt noch eine Idee stärker sind als die Zigarren der Standardserie.

Eine Erweiterung wird die Serie ›Siglo‹, so der allgemein gebräuchliche Ausdruck für die Serie ›Linea 1492‹, wohl frühestens gegen Ende des 21. Jahrhunderts erfahren, dann nämlich, wenn der Beginn der Neuzeit, die ja für die Alte Welt bekanntlich mit der Entdeckung Amerikas begann, sechs Jahrhunderte zurückliegen wird. Dieses neue Format wird dann vermutlich ›Siglo VI‹ getauft, wobei die Ordnungsziffer an jene Anzahl der Jahrhunderte erinnern soll, die seit der denkwürdigen Reise des Christoph Columbus vergangen sind. Das spanische Wort *Siglo* heißt nämlich nichts anderes als »Jahrhundert«, und so steht auch jedes der fünf Formate der 1992 erschienenen Serie für eines der besagten

Großvolumige Formate der Serie ›Linea 1492‹ der Marke ›Cohiba‹

Handelsname (Vitola de salida) sowie Produktionsname (Vitola de galera)	**Länge** in Millimetern (in)	**Ringmaß** (bzw. Durchmesser in mm)	International entsprechende **Bezeichnung**	**Stärke**[1] und **Aroma**[2]
Siglo III Corona Grande	155 (6⅛)	42 (16,7)	Long Corona	4 • • •
Siglo IV Corona Gorda	143 (5⅝)	46 (18,3)	Grand Corona	5 • • • •
Siglo V Dalia	170 (6¾)	43 (17,1)	Lonsdale	5 • • • •

[1] Stärke der Zigarre: 1 = sehr mild; 2 = mild; 3 = mittel (–); 4 = mittel (+); 5 = ausgeprägt; 6 = sehr ausgeprägt
[2] Aroma-Entfaltung: • = verhalten; • • = angenehm bis präsent; • • • = sehr präsent; • • • • = überaus präsent

Säkula. Dabei decken die *Vitolas*, angefangen bei der ›Siglo I‹, einer ›Perla‹ bzw. ›Petit Corona‹, über die ›Siglo IV‹, einer ›Corona Gorda‹ bzw. ›Grand Corona‹, bis zu der ›Siglo V‹, einer ›Dalia‹ bzw. ›Lonsdale‹, eine recht passable Bandbreite in Bezug auf die Formate ab, wodurch es dem Anhänger dieser Serie möglich ist, je nach Situation, Stimmung und/oder vorhandener Zeit nach jener ›Siglo‹ zu greifen, die ihm ein ungetrübtes Rauchvergnügen bescheren kann.

Besagtes Rauchvergnügen ist in Sachen ›Cohiba‹ nun schon seit geraumer Zeit gegeben, genauer gesagt seit 1982, als die Zigarren anlässlich der *Copa del mundo*, der Fußballweltmeisterschaft in Spanien, auch für den normalsterblichen *Aficionado* erstmals zu kaufen waren. War die Zahl der zu erwerbenden ›Cohibas‹ zu Beginn noch relativ bescheiden, so stieg sie schon Mitte der achtziger Jahre um einiges, als nämlich Fidel Castro auf Anraten seines Arztes das Rauchen aufgegeben hatte. Mittlerweile sind die begehrten *Habanos* in ausreichender Zahl vorhanden und weltweit vertreten. Wie beliebt sie sind, zeigen beispielsweise ihre Verkaufszahlen in Deutschland. Obwohl die ›Cohiba‹ die teuerste Havanna-Marke ist, sind ihre Zigarren nach denen der Marken ›Quintero‹, ›Montecristo‹ und ›Romeo y Julieta‹ diejenigen kubanischen, nach denen am meisten verlangt wird.

Mittelvolumiges Format der Serie ›Linea 1492‹ der Marke ›Cohiba‹

Handelsname (Vitola de salida) sowie Produktions-name (Vitola de galera)	**Länge** in Millimetern (in)	**Ringmaß** (bzw. Durch-messer in mm)	International entsprechende **Bezeichnung**	**Stärke**[1] und **Aroma**[2]
Siglo II Mareva	129 (5⅛)	42 (16,7)	Petit Corona	4 •••

[1] Stärke der Zigarre: 1 = sehr mild; 2 = mild; 3 = mittel (–); 4 = mittel (+); 5 = ausgeprägt; 6 = sehr ausgeprägt
[2] Aroma-Entfaltung: • = verhalten; • • = angenehm bis präsent; • • • = sehr präsent; • • • • = überaus präsent

Das muss natürlich seine Gründe haben. Ein kurzer Streifzug durch die Bereiche Aufzucht, Fermentation und Verarbeitung mag genügen, um deutlich zu machen, welch enormer Aufwand getrieben wird, damit die ›Cohibas‹ zum Schluss ihre angestrebte (und vorgegebene) Qualität aufweisen. Zunächst einmal sind nur die zehn besten Tabakplantagen in der Vuelta Abajo es wert, Blätter für die ›Cohibas‹ zu liefern. Zu gegebener Zeit wird jede der zehn *Vegas* von hochkarätigen Tabakexperten aufgesucht, wobei sie die Felder genauestens in Augenschein nehmen und schließlich bestimmen, welche für das Pflanzen der jeweiligen Blattarten am geeignetsten erscheinen. Sobald die Erntezeit beginnt, suchen die *Vegueros* die ersten beiden zuvor festgelegten Plantagen auf, um hier ausschließlich Deckblätter zu ernten. Die nächsten zwei *Vegas*, die zur Ernte freigegeben werden, liefern dann vorwiegend Umblätter, während die Tabakbauern auf den restlichen sechs Feldern ausschließlich die Blätter für die Einlage ernten: *Ligero, Seco, Volado* (→ Tabakpflanzen). Nach der Trocknung der Blätter erfolgt die biochemische Behandlung. Sie unterscheidet sich von der üblichen *Fermentación* dadurch, dass man sowohl die *Ligero*- als auch die *Seco*-Blätter dreimal fermentiert. Auf diese Weise erreicht man eine sehr hohe Ausgewogenheit des Tabaks: Haben die Tabakblätter schon in den ersten beiden Phasen Bitterstoffe und Nikotin verloren, so verstärkt jene dritte *Fermentación* diesen Prozess noch, wodurch die ›Cohibas‹ etwas an Stärke verlieren, nicht jedoch das Aroma. Am Ende des gesamten Herstellungsprozesses warten nun die besten *Torcedoras* in der *Fábrica* ›El Laguito‹ sowie die besten

Kleinvolumiges Format der Serie ›Linea 1492‹ der Marke ›Cohiba‹

Handelsname (Vitola de salida) sowie Produktionsname (Vitola de galera)	**Länge** in Millimetern (in)	**Ringmaß** (bzw. Durchmesser in mm)	International entsprechende **Bezeichnung**	**Stärke**[1] und **Aroma**[2]
Siglo I Perla	102 (4)	40 (15,9)	Petit Corona	4 • • •

[1] Stärke der Zigarre: 1 = sehr mild; 2 = mild; 3 = mittel (–); 4 = mittel (+); 5 = ausgeprägt; 6 = sehr ausgeprägt
[2] Aroma-Entfaltung: • = verhalten; • • = angenehm bis präsent; • • • = sehr präsent; • • • • = überaus präsent

Torcedores in den Produktionsstätten von ›H. Upmann‹ und ›Partagás‹ darauf (denn in diesen *Fábricas* werden ebenfalls einige Formate der Vorzeige-Havanna hergestellt), die ihnen zugewiesenen Blätter zu bearbeiten, um hieraus die verschiedenen Gesichter der ›Cohiba‹ entstehen zu lassen.

Dass die ›Cohiba‹ heute – neben der ›Montecristo‹ – weltweit die wohl berühmteste Havanna-Marke ist, haben seinerzeit, zu Beginn der sechziger Jahre, viele Experten nicht für möglich gehalten. Überzeugt, etwas Besonderes zu schaffen, waren damals wohl nur die *Vegueros*, die bei der »Operation Cohiba« mitwirken durften. Vielleicht haben sie während dieser Zeit des Öfteren an eines der Worte ihres *Comandante* Che Guevara gedacht, das da heißt: »Seid realistisch, versucht das Unmögliche!«

COROJO → TABAKPFLANZEN

CRiOLLO → TABAKPFLANZEN

CUABA

London ist wohl kaum als Nabel der Havanna-Welt anzusehen, doch von der britischen Hauptstadt aus sind im Laufe der Zeit schon einige Anregungen an die Adresse der kubanischen Zigarrenhersteller gegangen, welche dann die jeweiligen Vorschläge genauestens prüften. Eingedenk des Umstands, dass sich schon so manche Umsetzung, die auf eine derartige Empfehlung zurückzuführen war, als positiv für die dortige Tabakindustrie herausgestellt hat, ist es auch nachzuvollziehen, warum die Kubaner nicht gleich abwinken, wenn sie ein Signal aus dem Vereinigten Königreich erhalten.

So auch im Fall der ›Cuaba‹. Kein Geringerer als Simon Chase, Marketing-Direktor des britischen Tabakhandelsunternehmens ›Hunters & Frankau‹, dessen Wort in der Welt der Zigarre, insbesondere der Havannas, etwas gilt, erinnerte sich vor geraumer Zeit an jene *Figurados*, die sich zu Beginn des zurückliegenden Jahrhunderts über ein, zwei Dezennien unter den Zigarrenliebhabern großer Beliebtheit erfreuten. Gemeint sind die *Torpedos*, eine ganz besondere Form unter den *Figurados:* Anfangend beim spitzen Zigarrenkopf, verläuft solch eine Zigarre bis zum ersten Drittel stark konisch, um dann, die konische Form beibehaltend, nur unmerklich breiter zu werden, bevor sie sich im letzten Teil, zum Brandende hin, wieder verjüngt, wobei ihre Form an eine kurze Pyramide erinnert (→ Figurados).

Die *Cubierta* der ›Cuaba‹ ist in der Tradition der im 19. Jahrhundert gefertigten Lithographien gehalten

Simon Chase unterbreitete den Verantwortlichen auf Kuba seine Idee, jenes *Figurado*-Format wieder aufleben zu lassen. Die fanden diesen Vorschlag nicht nur überdenkenswert, sondern aus-

Großvolumiges Format der Marke ›Cuaba‹

Handelsname (Vitola de salida) sowie Produktionsname (Vitola de galera)	**Länge** in Millimetern (in)	**Ringmaß** (bzw. Durchmesser in mm)	International entsprechende **Bezeichnung**	**Stärke**[1] und **Aroma**[2]
Exclusivos Exquisito	145 (5¾)	45 (17,9)	Torpedo (Grand Corona)	3 • • •

[1] Stärke der Zigarre: 1 = sehr mild; 2 = mild; 3 = mittel (–); 4 = mittel (+); 5 = ausgeprägt; 6 = sehr ausgeprägt
[2] Aroma-Entfaltung: • = verhalten; • • = angenehm bis präsent; • • • = sehr präsent; • • • • = überaus präsent

Mittelvolumige Formate der Marke ›Cuaba‹

Handelsname (Vitola de salida) sowie Produktionsname (Vitola de galera)	**Länge** in Millimetern (in)	**Ringmaß** (bzw. Durchmesser in mm)	International entsprechende **Bezeichnung**	**Stärke**[1] und **Aroma**[2]
Generosos Generoso	132 (5¼)	42 (16,7)	Torpedo (Petit Corona)	2 • • •
Tradicionales Favorito	120 (4¾)	42 (16,7)	Torpedo (Petit Corona)	2 • • •

[1] Stärke der Zigarre: 1 = sehr mild; 2 = mild; 3 = mittel (–); 4 = mittel (+); 5 = ausgeprägt; 6 = sehr ausgeprägt
[2] Aroma-Entfaltung: • = verhalten; • • = angenehm bis präsent; • • • = sehr präsent; • • • • = überaus präsent

gesprochen gut, hatten aber ein Problem: Im Mutterland der Zigarre gab es nur wenige Zigarrenroller, welche sich auf die Herstellung eines solchen Formats verstanden. Jedenfalls war die Zahl der in Frage kommenden *Torcedores* zu gering, um damit eine zufrieden stellende Produktion aufzubauen, vor allem auch aufrechtzuerhalten und demnach für eine ausreichende Exportmenge zu sorgen. Es kam jedoch Hilfe, und zwar in Gestalt des Chefrollers der Fabrik ›Romeo y Julieta‹, der zunächst einmal fünfzehn erfahrene *Torcedores* in die Kunst einweihte, solche *Figurados* zu rollen.

Das Logo der recht jungen Marke ›Cuaba‹

Inzwischen haben die relativ milden, dennoch durchaus aromareichen ›Cubas‹ Einzug in die Humidore zahlreicher *Aficionados* gehalten, denn mit den Jahren konnten die Kubaner die Produktion dieser außergewöhnlichen *Habanos* – und das bezieht sich

Kleinvolumiges Format der Marke ›Cuaba‹

Handelsname (Vitola de salida) sowie Produktionsname (Vitola de galera)	**Länge** in Millimetern (in)	**Ringmaß** (bzw. Durchmesser in mm)	International entsprechende **Bezeichnung**	**Stärke**[1] und **Aroma**[2]
Divinos Petit Bouquet	101 (4)	43 (17,1)	Torpedo (Petit Corona)	3 • •

[1] Stärke der Zigarre: 1 = sehr mild; 2 = mild; 3 = mittel (–); 4 = mittel (+); 5 = ausgeprägt; 6 = sehr ausgeprägt
[2] Aroma-Entfaltung: • = verhalten; • • = angenehm bis präsent; • • • = sehr präsent; • • • • = überaus präsent

nicht nur auf ihre Form – kontinuierlich steigern und so die Nachfrage in Sachen ›Cuabas‹ befriedigen (wenn auch noch der eine oder andere Engpass bisweilen vorkommen mag).

Es gibt nicht wenige, die an der stark martialisch klingenden Bezeichnung *Torpedo* Anstoß nehmen und lieber den Ausdruck *Perfecto* für diese *Figurado*-Form verwenden. Welchen Begriff der einzelne Zigarrenfreund hier gebraucht, sollte seiner ureigenen Entscheidung überlassen werden, zumal beide Namen durchaus ihre Berechtigung haben. So lässt es sich zum einen nicht leugnen, dass die Form einer *Torpedo* unzweifelhaft eine frappierende Ähnlichkeit mit einem Unterwassergeschoss hat, und so weist eine *Perfecto* mit großer Deutlichkeit darauf hin, dass die Herstellung dieses Formats eine große »Perfektion« verlangt, um letztendlich auch das Ergebnis als »perfekt« bezeichnen zu können.

Bleibt noch zu erwähnen, dass die ›Cuabas‹ im Jahre 1996 in London während einer Galaveranstaltung der (Zigarre rauchenden) Öffentlichkeit präsentiert wurden. Somit war dies nach dreißig Jahren die erste Havanna-Marke, welche die Kubaner nach der ›Cohiba‹ kreierten, sieht man einmal von der Einführung der Serie ›Linea 1492‹ (bzw. ›Siglo‹) ab, jener Tochter der Erfolgsmarke ›Cohiba‹, die vier Jahre zuvor stattfand, wobei dieses Ereignis ebenfalls in der britischen Hauptstadt vonstatten ging. Bisweilen ist London eben doch der Nabel der Havanna-Welt …

Unverwechselbar: Die *Torpedo*-Form ist allen ›Cuabas‹ eigen

DECKBLATT

Zunächst gilt es etwas vorauszuschicken: Entgegen einer immer noch weit verbreiteten Meinung hat das Deckblatt zwar Einfluss auf den Geschmack einer Havanna, doch ist der eher gering einzustufen. Für diese Aufgabe ist vorrangig die → Einlage verantwortlich. Die primäre Aufgabe des Deckblatts ist eine ganz andere: Sie besteht darin, für ein gutes Aussehen der Zigarre zu sorgen. Deswegen widmen sich auch die *Tabacaleros* während der Aufzucht und der Weiterverarbeitung mit großer Sorgfalt jenen Tabakblättern, die einmal das Gesicht einer Havanna ausmachen.

Das heißt andererseits nicht, dass die Aufmerksamkeit bei den Blättern für die Einlage und das → Umblatt geringer ist, als das beim Deckblatt, der *Capa*, der Fall ist. Der Unterschied zwischen den erstgenannten Blattsorten und der *Capa* ist bei Aufzucht und Weiterverarbeitung vor allem am Grad des Aufwands festzumachen, der hier von den zahlreichen *Vegueros* betrieben wird (→ Tabakpflanzen). So sind Deckblätter fein, nahezu zerbrechlich, weshalb ihnen allergrößte Sorgfalt gewidmet werden muss.

Während bei Um- und Einlageblättern auf eine gute Blattstruktur geachtet werden muss, die Blattfarbe jedoch nur eine untergeordnete Rolle spielt, ist gerade sie ein Kriterium, die bei den *Capas* von äußerst hoher Wichtigkeit ist. Außerdem soll ein Deckblatt eine feinädrige Struktur aufweisen und hat recht dünn und biegsam zu sein – eine der Voraussetzungen für einen positiven Abbrand während des Rauchens. Darüber hinaus muss es aber auch eine sehr feste Konsistenz aufweisen, damit beim späteren Rollen der Zigarre – wobei sich die *Capa* spiralförmig vom Brandende zum Zigarrenkopf hin winden sollte – keine großen Probleme entstehen. Schließlich hat das Blatt einiges auszuhalten, wenn es der *Torcedor* um die Puppe wickelt. »Puppe« ist übrigens ein anderer Ausdruck für »Wickel«.

Übt das Deckblatt keinen wesentlichen Einfluss auf den Geschmack bzw. Körper, also auf die Stärke einer Havanna aus, so erfüllt es, neben seiner Funktion im optischen Bereich, dennoch eine wesentliche Aufgabe: Während des Rauchens ist es die *Capa*, die als Geschmacks- und Aromaträger fungiert. Um dieser Aufgabe gerecht zu werden, muss sie mit dem übrigen Teil der Zigarre, also dem Wickel, gut harmonieren, um die Geschmacks- und Aromastoffe transportieren zu können. Außerdem kann das Deckblatt mitunter die Hälfte der gesamten Aromastoffe einer Havanna in sich tragen, dann nämlich, wenn sich die Puppe hier etwas zurückhält.

So wichtig die Ebenmäßigkeit einer *Capa* für das gute Gesamtbild einer Havanna ist, so unwichtig ist die Farbe des Deckblatts in Bezug auf ihre Stärke. Zumeist herrscht in diesem Punkt die Auffassung vor, ein helles »Havanna-Gesicht« lasse auf eine milde Zigarre schließen, die dann umso stärker werde, je dunkler das Deckblatt sei. Das ist auch nicht selten der Fall, wobei dieses Paradoxon wiederum damit zu erklären ist, dass viele Zigarrenmacher um diese Meinung wissen und somit »Dienst am Kunden« betreiben. Doch es muss nochmals betont werden: Eine objektive Einschätzung der Stärke lässt sich aus der Farbe des Deckblatts nicht ableiten. Daran sollte sich ein Zigarrenliebhaber beim Kauf seiner *Habanos* erinnern, will er nicht eine Enttäuschung über sich ergehen lassen müssen, wenn er zum Beispiel nach den Mühen des Tages zu der Havanna seiner Wahl greift, um eine Phase des entspannenden Genusses einzuleiten …

Wie schon angedeutet, sieht das Ganze etwas anders im Bereich der Aroma-Entfaltung aus. Hier gilt: Je dunkler ein Deckblatt ist,

> »Ein paar helle Flecken, manchmal hervorgerufen durch Morgentau, der auf dem heranwachsenden Blatt in der Sonne trocknete, hat keinerlei Einfluss auf den Geschmack.«
>
> Alfred H. Dunhill, großer Zigarrenkenner und Schöpfer einer Nobelmarke, zum Wesen des Deckblatts

Die Deckblatt-Farben

International gängige Bezeichnung	Farbbestimmung bzw. Farbskala sowie Ernte- und Reifeangaben	Die Havanna-Deckblätter
Claro Claro[1]	Mitunter ein relativ dunkles Blond. Ansonsten gelbgrün bis olivgrün, auch ein stark grünliches Hellbraun. Frühe Ernte, kurze Trocknungsphase, dabei mitunter Hitzezufuhr.	Es kommt so gut wie nicht vor, dass Havanna-Deckblätter solch einen hellen Farbton aufweisen.
Claro[2]	Ein blasses Braun, bisweilen mit einem Stich ins Gelbliche. Im Schatten gezogen, Ernte meist kurz vor Ende der Reife, luftgetrocknet.	Ein Farbton, der recht selten bei Havanna-Deckblättern anzutreffen ist.
Colorado Claro	Hell- bis goldbraun. Die Fermentierung richtet sich danach, wie lange die Blätter der Sonne ausgesetzt gewesen sind.	Dieser Farbton findet sich relativ häufig bei Havanna-Deckblättern.
Colorado[3]	Ein leicht »schwankendes« Mittelbraun, das sehr oft eine rötliche Schattierung aufweist.	Der am häufigsten verbreitete Farbton bei Havanna-Deckblättern.
Colorado Maduro	Ein sattes Braun, welches dadurch erzielt wird, dass die Blätter erst dann geerntet werden, wenn sie voll ausgereift sind.	Eigentlich ein recht seltener Farbton bei Havanna-Deckblättern, ist er in letzter Zeit des Öfteren anzutreffen.
Maduro[4]	Ein dunkles Braun, oft etwas »fettig« wirkend. Recht lange der Sonne ausgesetzt, wobei die Blätter meist vom oberen Teil der Pflanze stammen.	Bis vor kurzem sehr selten bei Havanna-Deckblättern zu sehen, ist hier mittlerweile die Nachfrage gestiegen – und wird zunehmend befriedigt.
Oscuro[5]	Bei einem tiefen Braun beginnend, präsentieren sich die Blätter, die oft ölig wirken, bisweilen schwarz. Recht intensive Sonnenbestrahlung.	Ein Havanna-Deckblatt, das solch einen Farbton aufweist, ist so gut wie nicht anzutreffen.

Weitere Bezeichnungen: 1) AMS, Candela, Clarissimo, Doble Claro, Double Claro, Jade; 2) Natural; 3) EMS; 4) SMS; 5) Negro.

umso mehr Sonne hat es mitbekommen – und umso mehr ätherische Öle hat es entwickelt. Deswegen geben die dunkleren *Capas* in aller Regel ein süßlicheres Aroma ab als ihre blasseren Artgenossen. Die Betonung liegt hier auf »süßlicher«, nicht auf »süß«, denn »süß« schmeckt keine Havanna. Für das Süße ist auf Kuba das Zuckerrohr zuständig.

Ein letztes Wort zu den Deckblatt-Farben. In den kubanischen *Fábricas* gibt es den *Escogedor.* Das ist der *Tabacalero*, der den ganzen Tag über nichts anderes tut, als die Zigarren – die darauf warten, nach ihrer langen Reise durch die verschiedenen Abteilungen endlich verpackt zu werden – nach ihren Farbtönen zu sortieren. Solch ein *Escogedor* ist in der Lage, unter bis zu neunzig (!) Farbnuancen zu unterscheiden. Es heißt zwar, dass es schon *Tabacaleros* gegeben hat, die weit über hundert Farbtöne bestimmen konnten, doch scheint das ein Fall zu sein, der ins Reich der Legenden gehört. Entweder hat hier ein Geschichtenerzähler maßlos übertrieben, was ja in Bezug auf die Havanna und ihren Dunstkreis des Öfteren geschieht, oder der Übermensch, von dem hier die Rede ist, muss zuvor recht intensiv dem Zuckerrohrschnaps, auch »Rum« genannt, zugesprochen haben, so dass es ihm vergönnt war, einzelne Farbtöne doppelt zu sehen.

Selbst wenn ein Normalsterblicher solch einen Zustand anstreben und ihn auch erreichen sollte, so wird es ihm nicht vergönnt sein, auch nur annähernd so viele Farbnuancen auszumachen, die ein *Escogedor* während seiner täglichen Arbeit bestimmen kann. Deshalb sind für den »Otto Normalraucher« in der Tabelle auf Seite 60 nur sieben Deckblatt-Farben aufgeführt. Gleichwohl reichen sie in aller Regel aus, ihm ein durchaus brauchbares Raster an die Hand zu geben, das es ihm ermöglicht, die Farbnuancen, welche er wahrnimmt, auch entsprechend zuzuordnen.

Apropos Tabelle: Hier finden sich die Kürzel AMS, EMS und SMS. Sie stehen für ›American Market Selection‹, ›English Market Selection‹ sowie ›Spanish Market Selection‹ und weisen darauf hin, dass die jeweiligen Deckblatt-Farben in früherer Zeit in den betreffenden Ländern bevorzugt verlangt worden sind.

DIPLOMÁTICOS

Wer nicht gerade in der deutschen Hauptstadt lebt oder gar an der Grenze zu Polen beheimatet ist, sondern mehr im südwestlichen

Großvolumige Formate der Marke ›Diplomáticos‹

Handelsname (Vitola de salida) sowie Produktionsname (Vitola de galera)	**Länge** in Millimetern (in)	**Ringmaß** (bzw. Durchmesser in mm)	International entsprechende **Bezeichnung**	**Stärke**[1] und **Aroma**[2]
Diplomáticos No. 1 Cervante	165 (6½)	42 (16,7)	Lonsdale	3 • •
Diplomáticos No. 2 Pirámide	156 (6⅛)	52 (20,6)	Pyramid (Toro)	5 • • •

[1] Stärke der Zigarre: 1 = sehr mild; 2 = mild; 3 = mittel (–); 4 = mittel (+); 5 = ausgeprägt; 6 = sehr ausgeprägt
[2] Aroma-Entfaltung: • = verhalten; • • = angenehm bis präsent; • • • = sehr präsent; • • • • = überaus präsent

Mittelvolumige Formate der Marke ›Diplomáticos‹

Handelsname (Vitola de salida) sowie Produktionsname (Vitola de galera)	**Länge** in Millimetern (in)	**Ringmaß** (bzw. Durchmesser in mm)	International entsprechende **Bezeichnung**	**Stärke**[1] und **Aroma**[2]
Diplomáticos No. 3 Corona	142 (5⅝)	42 (16,7)	Corona	3 • •
Diplomáticos No. 4 Mareva	129 (5⅛)	42 (16,7)	Petit Corona	3 • •

[1] Stärke der Zigarre: 1 = sehr mild; 2 = mild; 3 = mittel (–); 4 = mittel (+); 5 = ausgeprägt; 6 = sehr ausgeprägt
[2] Aroma-Entfaltung: • = verhalten; • • = angenehm bis präsent; • • • = sehr präsent; • • • • = überaus präsent

Teil der Bundesrepublik sein Zuhause hat, dazu ein Liebhaber relativ vollmundiger Havannas ist, der sollte sich nicht scheuen, des Öfteren die französische Grenze zu überqueren, um in dem Land der gehobenen Esskultur etwas zum Rauchen zu erwerben, so beispielsweise eine Kiste ›Diplomáticos‹. Leider werden diese Havannas im deutschsprachigen Raum nicht angeboten.

Hinter der ›Diplomáticos‹ verbirgt sich eine Marke, die Anfang der siebziger Jahre speziell für den französischen Markt entwickelt

Kleinvolumiges Format der Marke ›Diplomáticos‹

Handelsname (Vitola de salida) sowie Produktions-name (Vitola de galera)	**Länge** in Millimetern (in)	**Ringmaß** (bzw. Durch-messer in mm)	International entsprechende **Bezeichnung**	**Stärke**[1] und **Aroma**[2]
Diplomáticos No. 5 Perla	102 (4)	40 (15,9)	Petit Corona	4 •

[1] Stärke der Zigarre: 1 = sehr mild; 2 = mild; 3 = mittel (–); 4 = mittel (+); 5 = ausgeprägt; 6 = sehr ausgeprägt
[2] Aroma-Entfaltung: • = verhalten; • • = angenehm bis präsent; • • • = sehr präsent; • • • • = überaus präsent

Schmallange Formate der Marke ›Diplomáticos‹

Handelsname (Vitola de salida) sowie Produktions-name (Vitola de galera)	**Länge** in Millimetern (in)	**Ringmaß** (bzw. Durch-messer in mm)	International entsprechende **Bezeichnung**	**Stärke**[1] und **Aroma**[2]
Diplomáticos No. 6 Laguito No. 1	192 (7½)	38 (15,1)	Long Panatela	3 • •
Diplomáticos No. 7 Laguito No. 2	152 (6)	38 (15,1)	Panatela	3 • •

[1] Stärke der Zigarre: 1 = sehr mild; 2 = mild; 3 = mittel (–); 4 = mittel (+); 5 = ausgeprägt; 6 = sehr ausgeprägt
[2] Aroma-Entfaltung: • = verhalten; • • = angenehm bis präsent; • • • = sehr präsent; • • • • = überaus präsent

worden ist – und zudem eine Havanna, die als Untermarke der ›Montecristo‹ gilt. Das offenbart sich vor allem an den Formaten: Die *Vitolas* ›No. 1‹ bis ›No. 5‹ sind identisch mit denen der ›Montecristo‹ gleicher Bezeichnung, während die ›No. 6‹ der *Vitola* ›Montecristo Especiales No. 1‹ und die ›No. 7‹ der *Vitola* ›Montecristo Especiales No. 2‹ entspricht. Diese Gemeinsamkeit bezieht sich jedoch nur auf die Format-Maße, nicht jedoch auf Eigenschaften und Machart der Zigarren, da die ›Montecristos‹ insgesamt mit einem etwas stärkeren Geschmack aufwarten.

Zum Schluss noch ein Tipp der merkantilen Art: Der Kauf einer Kiste ›Diplomáticos‹ muss sich nicht auf eine Kiste beschränken. Auf die Frage des Verkäufers, ob es etwas mehr sein könnte, sollte ein zustimmendes Nicken erfolgen, denn diese Havanna-Marke gehört zu denen, die nicht nur relativ günstig beim Kauf sind, sondern ein wirklich gutes Preis-Leistungs-Verhältnis haben – eines, das von vielen anderen Marken nicht erreicht wird.

DUPLIKATE

Eine Klarstellung vorweg: Hier ist nicht von Fälschungen die Rede. In Bezug auf Zigarrenmarken verbergen sich hinter dem Begriff »Duplikate« Produkte, die nicht im Bereich der Illegalität

Bauchbinde der ›La Flor de Henry Clay‹. Einstmals gehörte die ›Henry Clay‹ zu den beliebtesten Havannas

angesiedelt sind. Gleichwohl ist es für einen *Aficionado* ärgerlich, wenn er beispielsweise in einem Duty-free-Shop steht und eine Auswahl von verschiedenen Zigarrenmarken vor sich sieht, die alle kubanischen Ursprungs sind, die darüber hinaus auch Namen von bekannten aktuellen Havannas tragen, die aber nicht in jedem Fall etwas mit Havannas zu tun haben. Da sind dann etwa Kisten mit ›Belindas‹ zu sehen, mit ›Bolívars‹, mit ›H. Upmanns‹, welche zum einen kubanische *Fábricas* verlassen haben, zum anderen jedoch aus Ländern wie der Dominikanischen Republik und Honduras stammen. Hinzu kommt, dass sich die Kisten verschiedener Herkunft nicht selten noch zum Verwechseln ähnlich sind. Ein Schelm, der Böses dabei denkt …

Dieser verwirrende Zustand basiert auf einem Urteil des Internationalen Gerichtshofs in Den Haag, das Mitte der siebziger Jahre im Namen der Völkergemeinschaft verkündet worden ist. Damit gaben die Richter den Klägern, Exil-Kubanern, recht, die als Besitzer ihrer ehemals auf Kuba ansässigen Firmen dort Marken wie ›Montecristo‹ und ›Por Larrañaga‹ herstellten und in aller Regel auch die Rechte an diesen Marken besaßen. Auf jene Namen kam es ihnen an, und so wollten sie das Feld der Rechtsunsicherheit in einen Raum verwandelt wissen, in dem dieser Zustand nicht mehr herrschen sollte, zumal schon damals Irritationen bestanden, da es zum Zeitpunkt des Urteilsspruchs schon einige Duplikat-Marken gab, beispielsweise die seit 1969 in Honduras hergestellte ›Punch‹.

So haben wir heute die Situation, dass von vielen alteingesessenen Havanna-Marken Duplikate auf dem Markt sind und dass die Situation noch bedeutend unübersichtlicher ist als die in der Mitte der siebziger Jahre. Es besteht hier faktisch ein Zustand, der mit allem und jedem zu tun hat, nur nicht mit Marken- und Rechtssicherheit.

Bei Namen wie den oben angeführten ist das ja noch nachzuvollziehen, doch warum es auch die ›Cohiba‹ in gleich zweifacher Ausführung gibt, erstaunt ein wenig. Vermutlich gab es hier irgendwelche Gesetzeslücken, und einige gewiefte Anwälte konnten in diesem Fall mit juristischen Spitzfindigkeiten dem US-Unternehmen ›General Cigar Company‹ dazu verhelfen, den Namen für ein Produkt zu verwenden, das es seit mehr als zwanzig Jahren in der Dominikanischen Republik herstellen lässt, zunächst exklusiv für ›Alfred Dunhill‹, dann, ab 1997, nach einer Erweiterung des Sortiments, ganz unexklusiv für jeden, der diese Zigarren verkaufen will – wenn er das denn kann. Gott sei Dank besteht nämlich ein »Gentlemen's Agreement« zwischen den Kubanern und den einzelnen US-Anbietern, dass in den Ländern, in denen Havanna-Marken angeboten werden, das jeweilige Pendant nicht

Die drei Lieblings-Havannas von Michael Blumendeller, Vertriebsleiter der ›5th Avenue Products‹, dem offiziellen Importeur der ›Habanos‹-Produkte für Deutschland:

Hoyo de Monterrey Double Coronas, H. Upmann Magnum 46, Punch Super Selection No. 1

Duplikate sowie ehemalige Havanna-Marken

Marken und eventuell dazugehörige Serien	Herstellungsländer	Marken und eventuell dazugehörige Serien	Herstellungsländer
Bauza	Dom. Republik	La Corona	Dom. Republik
Belinda	Honduras	La Flor de Cano	Dom. Republik
Bolívar	Dom. Republik	La Gloria Cubana	Dom. Rep./USA
Cabaños	Dom. Republik	La Gloria Cubana Seleccion d'Oro	Dom. Republik
Calixto López	Philippinen	Montecristo	Dom. Republik
Cifuentes	Jamaika	Montecristo Cigare des Artes	Dom. Republik
Cohiba	Dom. Republik	Partagás	Dom. Republik
El Rey del Mundo	Honduras	Por Larrañaga	Dom. Republik
Fonseca	Dom. Republik	Punch	Honduras
Fonseca Vintage Selection	Dom. Republik	Quintero	Honduras
Henry Clay	Dom. Republik	Rafael Gonzales	Honduras
Henry Clay Habano 2000	Dom. Republik	Ramón Allones	Dom. Republik
Hoyo de Monterrey	Honduras	Romeo y Julieta 1875	Dom. Republik
Hoyo de Monterrey Excalibur[1]	Honduras	Romeo y Julieta Vintage	Dom. Republik
H. Upmann	Dom. Republik	Saint Luis Rey	Honduras
H. Upmann Cabinet Selection	Dom. Republik	Saint Luis Rey Reserva Especial	Honduras
H. Upmann Chairman's Reserve	Dom. Republik	Trinidad y Hermano	Dom. Republik
H. Upmann Special Selection	Dom. Republik	Troya	Dom. Republik
H. Upmann 2000	Dom. Republik	Villar y Villar	Nicaragua
Jose L. Piedra	Nicaragua		

[1] Einzige Duplikat-Marke, die unter dem Namen ›Excalibur‹ in Ländern zu kaufen ist, in denen auch kubanische ›Hoyo de Monterreys‹ angeboten werden.

in den Verkauf gelangt. Das trifft natürlich nicht auf die eingangs erwähnten Duty-free-Shops zu, für die bestimmte Auflagen nicht gelten, an die sich der Handel in den einzelnen Ländern zu halten hat.

Selbstredend hätte der kubanische Staat im Fall der ›Cohiba‹ klagen können, da er es ja war, der diese Marke unter Einbeziehung offizieller Stellen entwickeln ließ, doch Rechtsstreitigkeiten ziehen sich oft über Jahre hin und kosten eine Menge Geld – und das ist bei den Kubanern nicht gerade üppig vorhanden. Interessant ist auch, dass die Rechte, welche sich die Exil-Kubaner seinerzeit erstreiten konnten, im Laufe der Zeit allesamt von US-Unternehmen erworben worden sind. Einigen dieser Kubaner ist es jedoch erlaubt, in den jeweiligen Fabrikationsstätten die Produktion der Zigarren zu leiten, an denen sie einstmals die Rechte besaßen. Welch wundersame Fügungen diese Welt doch manchmal bereithält …

Damit nicht genug, finden sich in den Regalen der Zigarrenhändler Marken, die einstmals als Havannas weltweiten Ruf genossen, nun aber nicht mehr auf Kuba hergestellt werden, sondern meist aus anderen Ländern des karibischen Raums stammen (→ Große Marken). So waren beispielsweise auf den Zigarrenkisten der Marke ›Cifuentes‹ noch bis vor wenigen Jahren all die Aufkleber und Stempel angebracht, die auf ihre kubanische Herkunft hinwiesen, heute aber im Sortiment von ›Habanos S.A.‹ nicht mehr aufgeführt sind. Schließlich kann der interessierte Zigarrenliebhaber noch auf Marken treffen, die mit Bezeichnungen wie ›Cubador‹, ›Cubana Fina‹, ›Havana Republic‹, ›Havana Reserve‹, ›La Trinidad‹ und ›Lusitania‹ – um nur einige zu nennen – Assoziationen an das »braune Gold« hervorrufen, das auf Kuba gewonnen und weiterverarbeitet wird. Die Erwartungen jedoch, welche die letztgenannten Marken bei Zigarrenliebhabern eventuell schüren, werden in aller Regel schwer enttäuscht.

Ein Maya-Wort kommt in Mode

Der Begriff *Ciqar* bzw. *Ciquar* stammt von den Maya. Hieraus wurde bald das Wort ›Cigar‹, im Deutschen dann ›Cigarre‹, schließlich ›Zigarre‹. Umfassend – und dabei sehr weit ausholend – übersetzten Europäer seinerzeit den Begriff folgendermaßen: »Etwas Brennbares, das gut schmeckt und gut riecht.«

EINLAGE

Sie haben eine Einheit zu bilden und kommen ohne die jeweils anderen Komponenten nicht aus: Gemeint sind Deckblatt, Umblatt und Einlage, *Capa, Capote und Tripa*, wobei Letztere, die Einlage, das Kernstück einer jeden Zigarre bildet, also auch einer Havanna. Dieser Hinweis zielt nicht nur auf die Lage der *Tripa* ab, sondern, mehr noch, auf den Stellenwert, den sie unter den drei genannten Komponenten einnimmt.

Da dem Deckblatt in den Augen vieler *Aficionados* besondere Aufmerksamkeit zuteil wird, was ja in der Natur der Sache liegt, da es das einzig sichtbare Blatt der Zigarre ist, geraten darüber die so wichtigen Funktionen der Einlage nicht selten an den äußeren Rand des Interesses. Das geschieht zu Unrecht, denn die *Tripa* ist für den Geschmack einer Havanna in einem sehr hohen Maße verantwortlich. Dieses hohe Maß kann einen Anteil von bis zu zwei Dritteln an all denjenigen Komponenten haben, die besagten Geschmack ausmachen.

Hierfür ist insbesondere der in der Sonne gezogene *Criollo* verantwortlich. Weil er bedeutend mehr Aroma und Körper entwickelt als der im Schatten gezogene *Corojo*, verwenden die *Ligadores* nahezu ausschließlich die Blätter jenes *Tabaco del sol* für die Einlage-Mischung (→ Tabakpflanzen).

Wie der Ausdruck *Tripa* vermuten lässt, kann eine Havanna in der Einlage aus bis zu drei Blättern bestehen. Das ist bei den großvolumigen Formaten stets der Fall, in aller Regel auch bei den schmallangen, und selbst die größeren der mittelvolumigen Formate weisen drei Blätter in der Einlage auf. Die kleineren hingegen müssen sich mit zwei Blättern begnügen, während die ganz kleinen Formate lediglich mit einem Blatt vorlieb zu nehmen haben. Das erklärt auch, warum bei den kleineren Formaten – im Gegensatz zu den größeren und ganz großen – nicht eine umwerfende Aroma- und Körperfülle erwartet werden kann, obwohl es auch hier Ausnahmen von der Regel gibt, wie das etwa die ›Montecristo Joyitas‹, die ›Ramón Allones Petit Coronas‹ und die ›Punch Royal Selection No. 12‹ beweisen. Doch häufig halten sich die kleineren Formate hinsichtlich Aroma und Körper etwas zurück. Das muss beileibe kein Nachteil sein, kann sogar seine Vorteile haben, so etwa für den Anfänger, der die Welt der Havannas betreten will und dem dadurch der Einstieg in diese Welt er›leicht‹ert wird (→ Aroma; → Stärke).

Fehlt bei den kleineren *Vitolas* häufig der *Ligero*, greifen die *Ligadores* bei der Komposition der jeweiligen Einlage-Mischungen auf alle drei Tabaksorten zurück: *Ligero*, *Seco* und *Volado* (→ Tabakpflanzen). Das ist natürlich der Grund, warum sich hier eine bedeutend breitere Palette von Möglichkeiten auftut, um den jeweiligen *Vitolas* ihren ganz eigenen Charakter zu verleihen.

Bei der Bildung dieses Charakters, den eine jede Havanna in sich trägt, hat also gerade die Einlage-Mischung einen bedeutenden Anteil. Unterstützt wird sie dabei von Um- und Deckblatt, und so haben die drei Komponenten *Capa*, *Capote* und *Tripa* miteinander zu harmonieren, da bekanntlich ohne »Mannschaft« auch der beste »Sturmführer« nichts wert ist.

EL REY DEL MUNDO

Logo der ›El Rey del Mundo‹

›Der König der Welt‹ – so lautet die deutsche Entsprechung des Namens dieser alteingesessenen Havanna-Marke, deren Zigarren wohl erstmals 1882 ihre Produktionsstätte verließen. Manche Quellen verlegen die Geburtsstunde der ›El Rey del Mundo‹ in das Jahr 1848, doch ist das eher unwahrscheinlich, da gegen Ende der fünfziger Jahre die Zigarrenfabrik ›Antonio Allones‹ noch nicht bestand, jenes Unternehmen, das als Taufpate dieser Marke gilt.

1882 – das war zu einer Zeit, als der erste große Havanna-Boom, der im letzten Viertel des 19. Jahrhunderts in voller Blüte stand, das geschäftliche Leben in der Hauptstadt Kubas nachhaltig

mitprägte. So verließen allein von den ›El Reys‹ schon wenige Jahre nach ihrer Einführung bis zu achttausend Zigarren pro Tag die *Fábrica*, welche sich schließlich nach der Marke nannte, die hier weit vor allen anderen *Habanos* rangierte und den Großteil der Produktion ausmachte: ›Fábrica de Tabacos Rey del Mundo Cigar‹.

Verhaltene Bescheidenheit: Die *Vista* der Marke, deren Name gewichtig daherkommt

Sieht man einmal von der zwischenzeitlichen Einstellung der Produktion zu jener Zeit ab, als in den Irrungen und Wirrungen der Kubanischen Revolution die Zigarrenindustrie der Insel wenig Erbauendes zustande brachte (→ Cohiba), so gehörten die ›Könige der Welt‹ auch im 20. Jahrhundert zu den *Habanos*, die auf einen treuen Kundenkreis zählen konnten – jedenfalls bis weit in die siebziger Jahre hinein. In den nachfolgenden Dezennien konnten die ›El Reys‹ dann nicht mehr das Produktionsniveau halten, auf dem sie zuvor angesiedelt waren. Das ist schade, denn mit ihren nahezu durchgängig sehr mild schmeckenden Formaten – die ›Elegantes‹ vielleicht ausgenommen – sind

Großvolumige Formate der Marke ›El Rey del Mundo‹

Handelsname (Vitola de salida) sowie Produktions-name (Vitola de galera)	**Länge** in Millimetern (in)	**Ringmaß** (bzw. Durch-messer in mm)	International entsprechende **Bezeichnung**	**Stärke**[1] und **Aroma**[2]
Gran Coronas Corona Gorda	143 (5⅝)	46 (18,3)	Grand Corona	1 •
Lonsdales Cervante	165 (6½)	42 (16,7)	Lonsdale	2 • • •
Tainos Julieta No. 2	178 (7)	47 (18,7)	Churchill	2 • • •

[1] Stärke der Zigarre: 1 = sehr mild; 2 = mild; 3 = mittel (–); 4 = mittel (+); 5 = ausgeprägt; 6 = sehr ausgeprägt
[2] Aroma-Entfaltung: • = verhalten; • • = angenehm bis präsent; • • • = sehr präsent; • • • • = überaus präsent

Mittelvolumige Formate der Marke ›El Rey del Mundo‹

Handelsname (Vitola de salida) sowie Produktions-name (Vitola de galera)	**Länge** in Millimetern (in)	**Ringmaß** (bzw. Durch-messer in mm)	International entsprechende **Bezeichnung**	**Stärke**[1] und **Aroma**[2]
Choix Suprême Hermoso No. 4	127 (5)	48 (19,1)	Robusto	2 • •
Coronas de Luxe Corona	142 (5⅝)	42 (16,7)	Corona	2 • •
Isabel Carlota	143 (5⅝)	35 (13,9)	Panatela	2 • •
Lunch Clubs Franciscano	116 (4⅝)	40 (15,9)	Petit Corona	2 • •
Petit Coronas Mareva	129 (5⅛)	42 (16,7)	Petit Corona	2 • •
Petit Lonsdales Mareva	129 (5⅛)	42 (16,7)	Petit Corona	1 • •

[1] Stärke der Zigarre: 1 = sehr mild; 2 = mild; 3 = mittel (–); 4 = mittel (+); 5 = ausgeprägt; 6 = sehr ausgeprägt
[2] Aroma-Entfaltung: • = verhalten; • • = angenehm bis präsent; • • • = sehr präsent; • • • • = überaus präsent

diese *Habanos* wie geschaffen für Anfänger, also für diejenigen, die gerade dabei sind, die Havannas zu entdecken.

Liegt das womöglich an den etwas dunkleren *Capas*, welche die ›Weltkönige‹ aufweisen und auf diese Weise so manchem Zigarrenliebhaber suggerieren, hier handele es sich um Havannas, die recht stark im Geschmack sind? Solcher Eindruck ist in diesem

Kleinvolumige Formate der Marke ›El Rey del Mundo‹

Handelsname (Vitola de salida) sowie Produktionsname (Vitola de galera)	**Länge** in Millimetern (in)	**Ringmaß** (bzw. Durchmesser in mm)	International entsprechende **Bezeichnung**	**Stärke**[1] und **Aroma**[2]
Demi Tasse Entreacto	100 (3⅞)	30 (11,9)	Small Panatela	1 •
Señoritas Mini Panetela	115 (4½)	26 (10,3)	Cigarillo	2 •
Variedales (Cello) Chico	106 (4⅛)	29 (11,5)	Small Panatela	2 • •

[1] Stärke der Zigarre: 1 = sehr mild; 2 = mild; 3 = mittel (–); 4 = mittel (+); 5 = ausgeprägt; 6 = sehr ausgeprägt
[2] Aroma-Entfaltung: • = verhalten; • • = angenehm bis präsent; • • • = sehr präsent; • • • • = überaus präsent

Schmallange Formate der Marke ›El Rey del Mundo‹

Handelsname (Vitola de salida) sowie Produktionsname (Vitola de galera)	**Länge** in Millimetern (in)	**Ringmaß** (bzw. Durchmesser in mm)	International entsprechende **Bezeichnung**	**Stärke**[1] und **Aroma**[2]
Elegantes Panetela Larga	175 (6⅞)	28 (11,1)	Slim Panatela	3 • •
Grandes de España Delicado	192 (7½)	38 (15,1)	Long Panatela	2 • •
Panetelas Largas Panetela Larga	175 (6⅞)	28 (11,1)	Slim Panatela	2 • • •

[1] Stärke der Zigarre: 1 = sehr mild; 2 = mild; 3 = mittel (–); 4 = mittel (+); 5 = ausgeprägt; 6 = sehr ausgeprägt
[2] Aroma-Entfaltung: • = verhalten; • • = angenehm bis präsent; • • • = sehr präsent; • • • • = überaus präsent

Fall unangebracht, denn die Deckblatt-Farben lassen keine genauen Rückschlüsse auf die Stärke des Körpers einer Havanna zu (→ Deckblatt). Daher sollten sich Anfänger, die um die zahlreichen Eigenarten, welche die Zigarren aus Kuba nun einmal »auszeichnen«, nicht wissen (können), bei den ›El Reys‹ nicht von dem äußerlichen Signal »Deckblatt-Farbe« irritieren lassen und die wirklich gut gemachten Havannas bei einem der nächsten Besuche ihres Zigarrengeschäfts in die engere Wahl einbeziehen.

EL SIBONEY → WEITERE MARKEN

ERNTE (UND TROCKNUNG)

Sobald die obersten Blätter der Tabakpflanzen im wahrsten und doppelte(n) Sinne des Wortes reif sind, beginnen die *Vegueros* mit der Ernte. Das geschieht nicht irgendwann, sondern nach einer genau festgelegten Zahl von Tagen, die seit der Aussaat der Setzlinge auf das Tabakfeld ins Land gegangen sind. Im Falle des *Corojo*, der für die Deckblätter bestimmt ist, beginnt die Ernte mit dem 47. und im Falle des für die Um- und Einlageblätter vorgesehenen *Criollo* mit dem 48. Tag (→ Tabakpflanzen). Abgeschlossen wird das Ganze bei beiden Pflanzenarten mit Ende des 85. Tages, denn die Ernte wird nicht mit einem Mal vollzogen, sondern erstreckt sich über mehrere Etappen, »Schnitte« genannt. Zunächst werden die untersten Blätter, die des *Libre de pie*, abgeerntet, während die obersten, die der *Corona*, am Ende des Erntevorgangs an die Reihe kommen. Die einzelnen Schnitte, *Cortes*, erfolgen, je nach Witterung, im Abstand von durchschnittlich einer Woche, um es so den jeweiligen Blattarten zu ermöglichen, ihren vollen Reifegrad zu erreichen.

Zu den einzelnen Erntetagen ist noch anzumerken, dass sich die gesamten Angaben auf normale Witterungsverhältnisse beziehen. Unvorhergesehene Wettereinflüsse, wie etwa starke Regengüsse oder übermäßige Sonnenbestrahlung, können natürlich das Wachstum der Pflanzen beeinflussen und für eine leicht abweichende Zeitabfolge sorgen.

Sind die einzelnen Blattarten geerntet, gelangen sie unverzüglich in die Tabakhäuser. In jenen *Casas del tabaco*, die unmittelbar

Die drei Lieblings-Havannas von Archi W. Bechlenberg, Herausgeber des Internet-Magazins *www.zigarrenwelt.de:*

Hoyo de Monterrey Epicure No. 2, Partagás Lusitanias, Partagás Serie D No. 4

Wenn die Götter Feuer machen …

Wann genau die erste Zigarre geraucht wurde, ist nicht zu sagen. Fest steht nur: Lange vor Columbus kannten Maya und Azteken die *Ciqar* bzw. *Ciquar*, die als »Vorfahr« der heutigen Zigarre gilt. Fest steht auch: Die älteste Art, den Rauch des Tabaks zu inhalieren, ist das Zigarrenrauchen.

Jenes Rauchen der *Ciq(u)ar* war in erster Linie den vorkolumbischen Priestern vorbehalten, die sich durch den Rauch in Trance versetzten und so ihren Göttern näher waren. Für den Ursprung der *Ciq(u)ar* hatten die Maya folgende Erklärung: »Die Zigarre haben die Götter erfunden, um sich selbst den ganz besonderen Genuss am Tabakgeschmack zu schenken. Jedes Mal, wenn es blitzt und donnert, schlagen die Götter Feuer, um sich eine Zigarre anzuzünden.«

am Rand der einzelnen Tabakfelder stehen, erfolgt die so wichtige Lufttrocknung. Sie ist deshalb so wichtig, weil hierdurch den Blättern das vorhandene Wasser vollständig entzogen wird. Das geschieht nicht von heute auf morgen, sondern kann bis zu fünfzig Tage dauern. Während dieses Zeitraums nehmen die Trockenstangen – an ihnen sind vor Beginn des Vorgangs, je nach Blattart, zwischen hundert *(Centro ligero)* und hundertvierzig *(Corona)* Blätter befestigt worden – verschiedene Positionen ein. Durch das mehrmalige Umhängen dieser Stangen *(Cujes* bzw. *Poles)* erreichen die *Vegueros* nicht nur eine ausgewogene Temperatur der Blätter, sondern sorgen so auch für einen gleichmäßigen Entzug der Feuchtigkeit. Darüber hinaus wechseln die Blätter aufgrund natürlicher Oxidation ihre Farbe: Sind sie am Anfang grün, nehmen sie, je höher sie zu hängen kommen, verschiedene Gelbtöne an, bis schließlich ein Goldbraun signalisiert, dass diese Phase der Umwandlung zu ihrem Ende gelangt ist. Nun kann eine andere Phase beginnen – die der → Fermentation.

FÁBRICAS (UND FABRICACIÓN)

Wenn in diesem Buch von *Fábricas* die Rede ist, so sind natürlich stets jene *Manufacturas* gemeint, in denen auf Kuba Zigarren hergestellt werden. Mittlerweile gibt es rund sechzig *Fábricas*, die über die ganze Insel verteilt sind und in denen *Puros* hergestellt werden. Das spanische Wort bezeichnet zunächst nichts anderes als »Zigarre«, und somit kann ein *Puro* eine *Habano*, aber auch eine *Doméstico* bzw. eine *Tabaco* sein, wie die Kubaner ihre »Zigarre« nennen, während für sie eine »Zigarette« ein *Cigarro* ist. Da machen es uns die Spanier leichter, denn für sie ist ein Cigarro das, was sie für uns ist: eine »Zigarre«.

Der Begriff *Puro* hat aber noch eine andere Bedeutung. So wird eine Zigarre genannt, deren Bestandteile, also *Capa*, *Capote* und *Tripa*, aus ein und demselben Land stammen. Das ist natürlich für alle Zigarren selbstverständlich, die auf Kuba hergestellt werden. Nur noch Mexiko kann auf eine ähnliche Tradition verweisen, da dort viele Zigarren gefertigt werden, deren Einlage sowie deren Um- und Deckblätter allesamt aus dem Land der Azteken stammen. In neuerer Zeit stellt man auch in Honduras und in Nicaragua *Puros* her, während die Dominikanische Republik in dieser Beziehung noch in den Kinderschuhen steckt.

Der Unterschied zwischen einer *Doméstico* – das Wort leitet sich aus dem gleichnamigen spanischen Adjektiv ab und wird mit »häuslich« übersetzt – und einer *Habano* hängt mit den Anbaugebieten zusammen (→ Regionen). Während die Blätter für eine *Doméstico* aus allen Regionen stammen können, darf, streng

Die drei Lieblings-Havannas von Helmut Jahn, Besitzer des Tabak- und Zigarrenhauses ›Hugo Jahn‹ in Solingen:

Bolívar Petit Coronas Cabinet Selection, Hoyo de Monterrey Epicure No. 1, Vegas Robaina Unicos 52.

genommen, eine *Habano* nur aus Tabaken bestehen, die ohne Ausnahme in der Vuelta Abajo angebaut, eine Langblatt-Füllung (Longfiller) haben sowie ausschließlich von Hand gemacht worden sind (→ Havanna-Zigarren).

Da es, wie angedeutet, noch andere Regionen auf Kuba gibt, in denen (kein schlechter) Tabak für Zigarren angebaut wird, und die Nachfrage in Bezug auf *Domésticos* befriedigt werden muss, existieren neben den alteingesessenen *Fábricas* auch noch zahlreiche andere *Manufacturas*. Letzterer Ausdruck entspricht nicht ganz den Gegebenheiten, denn in vielen *Fábricas* werden eine Reihe von Formaten maschinell gefertigt. Gleichwohl werden in diesem Buch alle *Puros*, welche die Insel als Exportware verlassen, als *Habanos* bezeichnet, selbst wenn ihre jeweilige Kiste nicht mit dem Prägestempel *Totalmente a mano* versehen ist, selbst wenn die Füllung aus Kurzblatt besteht (Shortfiller), und selbst wenn die Tabake nicht ausschließlich aus der Vuelta Abajo stammen, sondern beispielsweise aus den Regionen Partidos oder Remedios. Zum einen werden die Tabakpflanzen und -blätter in letzteren Gebieten hinsichtlich Anbau und Weiterverarbeitung ebenso pfleglich behandelt, wie das in der Vuelta Abajo geschieht, und zum anderen gehören

Ein Bericht weckt Begehrlichkeiten ...

Es war in den Jahren 1298 und 1299, als ein venezianischer Reisender und Abenteurer als genuesischer Gefangener einem Mithäftling jene Eindrücke diktierte, die er auf seinen ausgedehnten Reisen nach Zentralasien und Nordchina (1271–75) sowie seinen Missionen für den mächtigen Mongolenherrscher Khubilai (1275–92) erlebt und erfahren hatte.

Mit diesem erzählenden Bericht weckte Marco Polo (1254–1324) das Interesse der Alten Welt an Asien – was letztendlich zur Entdeckung der beiden Amerika (und des Tabaks) führte ...

Wenn es darum ging, die Bedeutung der eigenen Marke zu betonen, sollten die Motive mitunter herkulische Assoziationen hervorrufen

die kubanischen Zigarrentabake insgesamt zum Besten, was es in dieser Hinsicht auf der Welt gibt. Hier nun zwischen »Havannas« und »Nicht-Havannas« zu unterscheiden, grenzt an Haarspalterei. Es sollte der Hinweis genügen, dass es kubanische *Puros* gibt, die ausschließlich bzw. überwiegend handgemacht, und solche, die ausschließlich bzw. überwiegend maschinell gefertigt sind.

Häufig ist es sogar angebrachter, auf eine maschinell gefertigte Havanna zurückzugreifen und nicht auf eine handgemachte (→ Havanna-Zigarren). Das kann etwa dann der Fall sein, wenn ein *Aficionado* eine Zigarre »zwischendurch« rauchen will und nicht die Zeit hat, ihr die Aufmerksamkeit zu widmen, die eine handgemachte normalerweise erfordert. Auch jemand, der gerade

Die ersten europäischen Zigarrenraucher

Der genuesische Seefahrer Christoph Columbus (1451–1506) ging auf seiner ersten Expeditionsfahrt in spanischen Diensten am 12. Oktober 1492 vor einer zur Bahama-Gruppe gehörenden Insel vor Anker. Er war vor Guanahaní gelandet, die er »San Salvador« nannte, und hatte, wenn auch versehentlich, die beiden Amerika entdeckt.

Fünfzehn Tage darauf, am 27. Oktober, segelte er mit seinen Schiffen ›Santa Maria‹, ›Pinta‹ und ›Niña‹ in die schützenden Gewässer der Bahia de Gibara der Insel Colba, wie die Eingeborenen die größte der dortigen Inseln nannten. Columbus war der Meinung, auf Zipangu gestoßen zu sein, jenes legendenumwobene Japan, das dem von Marco Polo beschriebenen Reich des Großkhans vorgelagert sein musste. Doch es war nicht Japan, auf das er gestoßen war, sondern, wie gesagt, Colba, das heutige Kuba.

Zwei Matrosen, Rodrigo de Jerez und Luis de Torres, die der Atlantik-Überquerer für eine erste Erkundung des Eilands an Land geschickt hatte, trafen dabei auf Eingeborene, die seltsame Stäbe aus getrockneten Blättern herstellten, um sie dann an der einen Seite »in Brand zu setzen« und an der anderen den durch das Anzünden entstandenen Rauch zu inhalieren. Die beiden Spanier waren somit die ersten Europäer, die mit dem Tabakrauchen und – wenn auch sehr entfernt – mit einer »Zigarre« Bekanntschaft machten.

Auf den Geschmack gekommen, frönte Rodrigo de Jerez nach seiner Rückkehr auch in Spanien dem Zigarrerauchen. Das sahen die Oberen gar nicht gerne, und schon bald wurde er der Hexerei angeklagt und landete schließlich im Kerker.

Ob da vielleicht ein Geschichtenerzähler den Matrosen zum ersten »Märtyrer« in Sachen Zigarre machen wollte?

erst die Welt der Havanna kennen lernt, ist mit einer maschinell gefertigten Zigarre meist besser bedient, weil sie zum einen leichter zu rauchen ist als eine handgemachte, zum anderen relativ preiswert ist, so dass der »Havanna-Einstieg« auch in dieser Hinsicht erleichtert wird. So sind zum Beispiel die maschinell gefertigten ›Josés L. Piedra‹ recht problemlos zu handhaben und warten mit Tabaken auf, die weit mehr als Mittelmaß darstellen. Wie gut die Zigarren dieser Marke gerade von Anfängern angenommen werden, spiegelt sich beispielsweise in den jährlichen Anstiegen bei den Verkaufszahlen wider, welche die ›Piedras‹ in Deutschland zu verzeichnen haben – die Wachstumsquote erreicht zwar nicht jedes Jahr den zweistelligen Prozentbereich, kommt aber stets nahe an die 10-Prozent-Marke heran.

Der Hintergrund, der kurz zuvor beschrieben worden ist, weist auf den Umstand hin, dass nicht alle *Fábricas* auf Kuba *Habanos* herstellen, da ja auch der einheimische Markt bedient werden will – und der ist nicht klein: Auf der größten Karibikinsel ist die Zahl der *Domésticos*, also der *Puros*, welche die Kubaner rauchen, im Gegensatz zu den *Habanos* (jenen Zigarren für den Rest der Welt) mehr als doppelt so hoch. Dabei exportierte der Inselstaat im Jahre 2000 rund 120 Millionen Havannas! Diese Zahl macht deutlich, warum in den meisten der rund sechzig *Fábricas* auch Zigarren für den einheimischen Markt gefertigt werden. Die Betonung liegt hier auf »auch«, denn nur ganz wenige dieser Fertigungsstätten beliefern ausschließlich den insularen Markt, während der große Rest sowohl *Habanos* als auch *Domésticos* herstellt. Dagegen produziert man in den alteingesessenen *Fábricas*, die wie ehedem in La Habana stehen, ausschließlich jene *Puros*, auf deren Behältnisse die verschiedenen Aufkleber, Siegel und Stempel zu sehen sind, welche die Echtheit der *Habanos* garantieren (→ Zigarrenkisten).

Die angesprochenen alteingesessenen Fabrikationsstätten warten mit Firmennamen auf, die relativ neueren Datums sind – und die vielen Havanna-Liebhabern nur schwer über die Lippen gehen wollen, weil sie nicht mit jener Aura umgeben sind, welche den

Fábricas

Die Fábricas in La Habana

Heutiger Fabrikname	Ehemaliger Fabrikname	Vorrangig hergestellte Marken[1]
Briones Montoto	Romeo y Julieta	Flor de Rafael Gonzales · Quay d'Orsay Romeo y Julieta · Sancho Panza Saint Luis Rey
Carlos Baliño	Rey del Mundo	El Rey del Mundo · La Flor de Cano Los Statos de Luxe
El Laguito	El Laguito[2]	Cohiba · Trinidad
Francisco Pérez Germán	Partagás	Bolívar · La Gloria Cubana · Partagás Por Larrañaga · Ramón Allones
Héroes de Moncada	José L. Piedra	Fonseca · Gispert · José L. Piedra Quintero · Troya
José Martí	H. Upmann	Cuaba · Diplomáticos · H. Upmann Montecristo · Vegas Robaina
Juan Cano Sainz	Por Larrañaga[3]	Montecristo · Sancho Panza
Miguel Fernández Roig	La Corona	Belinda · H. de Cabañas y Carbajal Flor de Juan López · Hoyo de Monterrey Punch · San Cristóbal de La Habana

[1] Die Zuordnungen der Marken zu den einzelnen Fabriken ist etwas problematisch. So werden allein von den ›Montecristos‹ knapp 40 Millionen Zigarren im Jahr hergestellt. Diese Produktionsmenge kann die Stammfabrik, ›H. Upmann‹, gar nicht bewältigen, und so werden ›Montecristos‹ bei ›La Corona‹, ›Partagás‹, ›Por Larrañaga‹ und wahrscheinlich auch bei ›Romeo y Julieta‹ gefertigt. Ähnlich verhält es sich auch bei anderen Marken mit großer Produktionsmenge. Schließlich sei noch angemerkt, dass nicht alle Formate in einer der Fabriken von La Habana gefertigt werden, sondern auch in einigen wenigen, die sich in den Provinzen Pinar del Río und Villa Clara befinden.

[2] ›El Laguito‹ wurde Mitte der sechziger Jahre des 20. Jahrhunderts gegründet, also erst nach der Kubanischen Revolution.

[3] Bei ›Por Larrañaga‹ wird keine Marke exklusiv hergestellt, sondern großvolumige Formate verschiedener Marken, so unter anderem auch die ›Gran Coronas‹ von ›Montecristo‹ und ›Sancho Panza‹.

ehemaligen Namen anhaftet. Gleichwohl ist es Chronistenpflicht, dem Leser die aktuellen Firmenbezeichnungen nicht vorzuenthalten (weshalb sie in der oben stehenden Tabelle auch aufgeführt sind). Genannt werden dort aber auch die zuvor gültigen Namen (die übrigens auch in diesem Buch verwendet werden), weil durch sie Erinnerungen an jene Zeit wach werden, als sich die Havanna auf den Weg machte, die Zigarre als Genussmittel zu etablieren – und somit eine gewisse Vorreiterrolle für die nachfolgenden Premium-Marken spielte.

Zurück zu den *Fábricas* … und hin zu den Problemen, die dort manchmal herrschen. Da sich die insulare Wirtschaft und die damit verbundenen Produktionsabläufe dadurch »auszeichnen«, dass jahrelang Praktiziertes niemals als etwas Etabliertes betrachtet werden kann, sollte man in diesem Zusammenhang das Wort »Kontinuität« tunlichst vermeiden. Oftmals sind es, aus westlicher Sicht gesehen, nur Lappalien, die dazu führen, dass heute ein bestimmter Arbeitsablauf anders aussieht, als er noch gestern vonstatten gegangen ist. So haben beispielsweise die Verantwortlichen von ›Habanos S.A.‹ schon seit geraumer Zeit vor, die gesamten *Vitolas* der ›Cohiba‹ in ›El Laguito‹ fertigen zu lassen. Doch wann letztlich auch die Formate, die zurzeit bei ›H. Upmann‹ und ›Partagás‹ hergestellt werden, unter der Obhut von Emilia Tamayo von ihren besten *Torcedoras* gerollt werden – das kann einem kein Verantwortlicher von ›Habanos S.A.‹ sagen. Wenn solch eine Hängepartie schon bei dem Aushängeschild kubanischer Zigarrenmacherkunst zu beobachten ist, bleiben auch andere Marken von ähnlich gelagerten Problemen nicht verschont. Deshalb ist auch jene Spalte in der Tabelle, in der die einzelnen Marken aufgeführt sind, mit Vorsicht zu genießen.

Unregelmäßigkeiten scheinen bei den Kubanern nicht selten den Status der Regelmäßigkeit innezuhaben. Das muss jedoch nichts Schlechtes sein. So passiert es mehr als einmal, dass Formate, die normalerweise als maschinell gefertigte gelten, komplett von Hand hergestellt werden. Doch welche das wann sein werden – nur ein Prophet könnte das beantworten. Die Gründe für derartiges Tun sind vielfältig. Sie hängen zum Beispiel damit zusammen, dass einzelne Langblatt Sorten, die in Art, Farbe und Konsistenz solchen entsprechen, die normalerweise für *Picaduras* (Shortfiller) verwendet werden, in einem weit höheren Maße vorhanden sind, als das ansonsten der Fall ist – also werden aus vorgesehenen *Picaduras* mit einem Mal *Habanos* (folgt man hier einmal der zuvor angesprochenen eng ausgelegten Definition, die eine Zigarre erst in den Stand einer Havanna hebt). Andererseits ist es vielfach der schlichte Mangel, der in den *Fábricas* verwaltet werden muss (→ Kuba). Dann sind Organisationstalent und Flexibilität gefragt, um aus einer unangenehmen Situation das Beste zu machen.

Zurück zu den heute geltenden Firmenbezeichnungen. Ihr Ursprung ist in der Zeit nach der Kubanischen Revolution zu suchen, als unter Fidel Castro die alten Marken abgeschafft und durch wenige Formate einer einzigen ersetzt wurden (→ Cohiba). Im Zuge dieser Entwicklung verloren auch all jene *Fábricas* ihre Namen, die sich meist nach der Marke benannt hatten, die als das Aushängeschild des betreffenden Unternehmens galt. Als dann die Kubaner auf Rat von Zino Davidoff jene Aura, welche die großen Havannas umgab, wieder auferstehen ließen, um somit an die glor-

Man schrieb das Jahr 1676, als die ersten Zigarren in Europa gefertigt wurden. Das geschah in Sevilla, und dort wurden auch mehr als ein halbes Jahrhundert später (1731) die ›Königlichen Zigarren-Manufakturen‹ ins Leben gerufen.

Doch schon wenige Jahrzehnte darauf begann ihr Niedergang. Bei einer Exportsendung aus Kuba stellten die spanischen Zigarrenmacher fest, dass zwar die importierten Tabakblätter die gewohnte Qualität aufwiesen, dass sich aber die fertigen kubanischen Zigarren, welche, in kleiner Zahl, die Reise ebenfalls mitgemacht hatten (und vermutlich als Geschenk vorgesehen waren), in einem weitaus besseren Zustand befanden als diejenigen, die normalhin in den Fabrikhallen von Sevilla gefertigt wurden.

In den Folgejahren verließen dann zahlreiche spanische *Tabacaleros* ihr Heimatland, um sich auf Kuba eine neue Existenz aufzubauen. Die Karibikinsel war nun endgültig zum führenden »Zigarrenland« geworden – zu beobachten an der ständig steigenden Zahl der *Habanos-Fábricas*.

reichen Zeiten der *Habanos* anzuknüpfen, mochte sich die neue Staatsführung nicht auch noch dazu entschließen, den *Fábricas* die historischen Bezeichnungen zurückzugeben. Somit erinnern heute die großen *Manufacturas* in La Habana mit den Schriftzügen auf ihren Briefköpfen an herausragende Persönlichkeiten der kubanischen Geschichte, die sich als Widerstandskämpfer gegen die Fremdherrschaft ihrer Zeit auflehnten sowie als Revolutionäre das verhasste Regime des Generals Batista bekämpften.

Lassen wir also den Kubanern ihre neuen Namen, während wir weiterhin, weil geläufiger, die alten benutzen. Sehen wir Letztere als eine Art Brückenschlag zwischen jener Zeit, in welcher der Ruf der Havanna begründet wurde, und der heutigen, in welcher es gilt, das Ererbte und Übernommene zu bewahren und gleichzeitig weiterzuführen.

FÄLSCHUNGEN

Es geschieht nahezu tagtäglich: Da kehrt ein Mensch, der es gut mit seinem Zigarre rauchenden Freund meint, von einem Karibikurlaub zurück, wählt die Telefonnummer des »Auserwählten« und verkündet ihm mit freudiger Stimme: »Stell dir vor, ich habe dir eine Kiste ›Cohibas‹ aus Kuba mitgebracht … Die war wahnsinnig billig …« Doch wie wenig der Liebhaber erstklassiger *Habanos* an den Überbringer der begehrten Kiste auch entrichten muss: Viel Freude wird wohl bei keiner der ›Cohibas‹ während des Rauchens aufkommen – Frust macht sich da schon eher breit. Der Grund: Der Käufer ist Fälschungen aufgesessen.

Jene *Falsificaciónes* beschränken sich zwar meist auf die Marken, die begehrt und entsprechend teuer sind, also etwa auf ›Cohibas‹ oder ›Montecristos‹, doch werden auch die großvolumigen Formate anderer Marken nahezu an jeder Straßenecke in La Habana sowie dort angeboten, wo mit Sicherheit Touristen anzutreffen sind. Und auf die Frage, warum denn nun die Zigarren so billig seien, kommt mit ebensolcher Sicherheit der Bruder, der Schwie-

Das Garantiesiegel der ›5thAvenue Products‹, des offiziellen Alleinimporteurs von *Habanos* für Deutschland

gervater, der Schwager zweiten Grades oder der Freund eines Freundes ins Spiel – ein jeder arbeitet natürlich in einer der großen *Fábricas* der Hauptstadt als *Torcedor* …

Die preislich günstigen Marken werden dagegen so gut wie nicht angeboten. Das hat weniger mit der damit zusammenhängenden niedrigen Gewinnspanne zu tun, sondern mit dem Bekanntheitsgrad der jeweiligen Marken. Welcher Tourist, der gerade einmal weiß, dass eine Zigarre etwas zum Rauchen ist, bringt den Namen ›Sancho Panza‹ mit einer Havanna in Verbindung? Allenfalls ist ihm, wenn er denn belesener ist als der Durchschnittseuropäer, diese Gestalt aus der Weltliteratur bekannt. Doch die ›Cohiba‹ kennt er schon eher, denn das ist doch die Lieblings-Havanna des bundesdeutschen Kanzlers, oder? Das jedenfalls hat er schon einmal gelesen oder gehört.

Auf Kuba ist also Vorsicht bei fliegenden Händlern geboten, die dem ahnungslosen Touristen beispielsweise versichern wollen, nur bei ihnen könnte er die billigsten ›Cohibas‹ kaufen, die auf der ganzen Insel zu haben seien. Die Welt will nun einmal betrogen werden, und dass in einem armen Land wie Kuba auf diese Weise versucht wird, die Haushaltskasse aufzubessern, sollte jedem einleuchten.

Doch Vorsicht ist nicht nur auf Kuba angebracht, sondern auch in anderen Ländern, und zwar nicht nur in solchen, die man gemeinhin zu denen der Dritten Welt zählt. So gibt es beispielsweise in der Dominikanischen Republik und in Honduras in irgendwelchen Hinterhöfen liegende Werkstätten, deren Arbeiter den ganzen lieben langen Tag nichts anderes zu tun haben, als exklusive ›Davidoffs‹ und hochpreisige Havannas herzustellen. Damit wird dann ein regelrechter Handel betrieben – der sich zudem nicht auf die jeweiligen Länder beschränkt, in denen die Fälschungen hergestellt werden. Die sich von Jahr zu Jahr steigernde »Exportrate« jener *Falsificaciónes* macht mehr als deutlich, wie sich der diesbezügliche Graumarkt inzwischen interna-

Die Handelsgesellschaft ›5thAvenue Products‹, offizieller Alleinimporteur von *Habanos* für Deutschland, beschäftigt sich ständig mit Fälschungen von Havannas und hat einmal eine Liste zusammengestellt, aus der ersichtlich ist, an welchen Merkmalen man *Falsificaciónes* erkennen kann. Die Liste ist erstaunlich umfangreich …

- Fehlende Steuerbanderole
- Fehlender Herstellungscode-Stempel
- Fehlender Innenaufkleber *(Vista)*
- Fehlendes ›5thAvenue‹-Siegel
- Mangelnde Verarbeitung der Kiste (zu kurzer Deckel, Verzahnung)
- Mangelnde Verarbeitung im Inneren (Lackreste)
- Mangelnder Klebstoff am staatlichen Garantiesiegel
- Mangelnder Klebstoff am Innenaufkleber *(Vista)*
- Nicht mehr gebräuchliche Garantiesiegel
- Nicht mehr gebräuchlicher Herstellungscode-Stempel
- Fotokopiertes Garantiesiegel
- Oxidierter Verschluss; Scharniere nicht original
- Schlechte Brandprägung des Logos
- Stilisiertes Tabakblatt an einer der oberen (meist der rechten) Ecke nicht oval ausgeschnitten
- Von keiner Marke existieren noch Kisten mit Glasdeckel
- Zu lange Nägel am Verschluss

ANMERKUNG: Ist nicht ein einziges Merkmal auszumachen, das auf eine Fälschung schließen lässt, sondern fehlt lediglich das ›5thAvenue‹-Siegel, muss es sich nicht um eine *Falsificación* handeln. Eine solche Kiste kann auch aus (Re-)Importbeständen stammen.

tional etabliert hat und welch eine kriminelle Energie hier am Werk ist.

Was ist also zu tun, um von derartigen Fälschungen verschont zu bleiben? Wohl jeder *Aficionado* hat mit der Zeit im eigenen Land den Zigarrenhändler bzw. den Zigarrenversand gefunden, der sein Vertrauen genießt und bei dem bzw. von dem er bedenkenlos seine Ware kauft bzw. bezieht. Im Ausland wiederum sollte er seine Havannas in einer der *Casas* kaufen (→ Anhang; → Las Casas del Habano), die weltweit mittlerweile rund neunzigmal vertreten sind, oder in einem wirklich ausgewiesenen Fachgeschäft.

Sind für einen gestandenen *Habanos-Aficionado* schon die zahlreichen → Duplikate ein Ärgernis, so hat der eigenverantwortliche Erwerb von *Falsificaciónes* wohl eher mit Dummheit zu tun. Getrieben von der Gier, ein besonderes »Schnäppchen zu machen«, überfällt ihn spätestens dann der Katzenjammer, wenn er beispielsweise seine so günstig erworbene ›Trinidad Fundadores‹ wenige Augenblicke nach dem Anzünden mit einem »Die zieht aber verdammt schnell!« verärgert in den Abfalleimer wirft. Dabei warnt doch nahezu jede der zahlreich erscheinenden Publikationen, die dem Thema »Tabak und Zigarren« verpflichtet sind, mindestens einmal im Jahr vor den so weit verbreiteten Fälschungen, erklärt zudem ausführlich, zumeist noch unterstrichen durch anschauliches Bildmaterial, wovon sich eine Fälschung von ihrem originalen Pendant unterscheidet und welche Merkmale bei einer *Falsificación* zu den offensichtlichsten gehören … (→ Zigarrenkisten).

FERMENTATION (DER TABAKBLÄTTER)

Von den *Casas del tabaco* (→ Ernte) gelangen die an der Luft getrockneten Tabakblätter, in Bündeln, *Gavillas*, zusammengepackt, in die Fermentationshäuser, wo sie zu Stapeln, *Pilones*, aufgeschichtet werden, deren Mindesthöhe etwa 60 Zentimeter beträgt und deren nun folgende erste Fermentationsphase bis zu 30 Tage andauern wird. Dabei löst man die *Pilones* auf, sobald ihre Temperatur 35 Grad Celsius übersteigt, um sie danach erneut zu Stapeln übereinander zu schichten. Dadurch erreicht man unter anderem, dass die Farbunterschiede der einzelnen Blätter in ihrer Gesamtheit minimiert werden.

Ist das Hauptziel dieser ersten *Fermentación* die spürbare Reduzierung des Harzgehaltes der Blätter, erfährt der Tabak während der zweiten, stärkeren Fermentationsphase eine chemische Veränderung, welche die Entwicklung seiner Aromen sowie den Abbau restlicher Fremdstoffe fördert (→ Cohiba). Das erreichen die *Tabacaleros*, indem sie die Blätter zu noch größeren Stapeln schichten, als die *Pilones* es sind, und zwar zu den so genannten *Burros*, wodurch eine Temperatur von bis zu 42 Grad Celsius erreicht wird (die allerdings nicht überschritten werden darf).

Nach diesem Prozedere erfolgt für die Blätter eine »Ruhepause«. Gleichwohl dient diese Erholungsphase einem wichtigen Zweck: Auf Belüftungsgestelle gelegt, verlieren sie ihre letzte überschüssige Feuchtigkeit. Danach verpackt man sie in *Tercios* – vorgefertigte Ballen, die aus den Blättern der Königspalme Yagua hergestellt sind.

Nun kommen die Blätter endgültig zur (vorläufigen) Ruhe, denn die *Tercios* verbleiben jetzt in Lagerhäusern, bis sie von den einzelnen *Fábricas* angefordert werden. Das geschieht häufig erst nach mehreren Monaten, mitunter sogar nach einigen Jahren – was der Qualität des Tabaks nur förderlich sein kann. Mit Beginn dieser Ruhephase wird ein Ablagerungsprozess eingeleitet, welcher der Entwicklung und Ausbildung der Aromen zugute kommt. Anzumerken wäre noch, dass der für die Deckblätter bestimmte *Tabaco tapado* zwischen den beiden Fermentationsphasen eine geringfügig andere Behandlung erfährt als der *Tabaco del sol*, der für die Um- und Einlageblätter vorgesehen ist (→ Tabakpflanzen).

Schließlich, nach zahlreichen weiteren »Behandlungen«, gelangen die Blätter zum *Torcedor*, dem es dann obliegt, seinen Beitrag in jener langen Kette zu leisten, an deren Ende der perfekte Rauchgenuss stehen soll (→ Herstellung).

FIGURADOS

Die große Mehrzahl der *Habanos*, also die *Vitolas*, deren Korpus eine durchgängig zylindrische Form aufweist, fällt unter den Sammelbegriff *Parejo*. Dagegen stehen diejenigen *Vitolas*, welche von dieser Form abweichen. Womit wir bei den *Figurados* wären.

Das allgemein wohl bekannteste *Figurado*-Format ist die ›Pirámide‹ bzw. ›Pyramide‹ (deutschsprachiger Begriff) oder ›Pyramid‹ (englischsprachiger Begriff). Während auf internationaler Ebene die Form einer solchen Zigarre recht unterschiedlich ausfallen kann, indem sie etwa vom breiten Brandende an bis zum Kopf gleichmäßig konisch verläuft, beginnt die Pyramide der ›Pirámide‹, vom Zigarrenkopf aus gesehen, erst relativ spät (siehe nebenstehende Abbildung).

Dagegen reichen die *Figurado-Vitolas* ›Campana‹ und ›Especial‹, welche in der Tabelle auf Seite 90 als

Zwei unterschiedliche Köpfe: ›Pirámide‹ (rechts) und ›Campana‹ (ganz rechts) in Originalgröße

›Kurze Pyramide‹ klassifiziert werden, in der Länge nicht an die der »klassischen« Pyramide der Kubaner heran, doch bezieht sich diese Bezeichnung, wie vielleicht anzunehmen ist, nicht auf die Länge, sondern auf den Kopf der Zigarre, dessen konischer Teil ein klein wenig kürzer ist, zudem auch etwas runder ausfällt, als das bei der ›Pirámide‹ der Fall ist. Für solche ›Kurzen Pyramiden‹ gibt es den Ausdruck *Belicoso*, obwohl sich der wiederum eigentlich nur auf jene *Vitolas* bezieht, deren Ringmaß wenigstens 52 beträgt. Damit kann zwar das Format ›Especial‹ nicht dienen, doch da es hierfür keinen Fachausdruck gibt, gebrauchen wir auch in diesem Fall den Begriff *Belicoso*. Verwirrend ist das Ganze ja schon genug.

Drei ›Nattern‹ umschlängeln sich: ›Culebras‹

Neben den vier *Torpedos*, auf die an anderer Stelle ausführlich eingegangen wird (→ Cuaba), muss noch etwas zu denjenigen zwei *Figurados* gesagt werden, deren Format-Bezeichnungen ›Perfecto‹ und ›Taco‹ mit dem Kürzel ›KT‹ versehen sind. Die zwei Buchstaben stehen für ›Kleines Torpedo‹, weil die Charakteristika dieser Formatart nicht so stark ins Auge fallen wie bei den vier *Vitolas* der ›Cuaba‹. Schließlich sei noch auf einen Umstand hingewiesen, der leicht zu Verwirrungen führen kann: Mit dem Begriff ›Perfecto‹ wird zunächst einmal ein kubanisches Format bezeichnet, wäh-

Die Figurado-Formate (in alphabetischer Reihenfolge)

Produktionsname (Vitola de galera)	**Länge** in Millimetern (in)	**Ringmaß** (bzw. Durchmesser in mm)
Campana (KP)[1]	140 (5 ½)	52 (20,6)
Culebra (S)[2]	146 (5 ¾)	39 (15,5)
Especial (KP)[1]	134 (5 ¼)	45 (17,9)
Exquisito (T)[3]	145 (5 ¾)	45 (17,9)
Favorito (T)[3]	120 (4 ¾)	42 (16,7)
Generoso (T)[3]	132 (5 ¼)	42 (16,7)
Perfecto (KT)[4]	127 (5)	44 (17,5)
Petit Bouquet (T)[3]	101 (4)	43 (17,1)
Pirámide (P)[5]	156 (6 ⅛)	52 (20,6)
Taco (KT)[4]	158 (6 ¼)	47 (18,7)

[1] KP = Kurze Pyramide; [2] S = Schlange; [3] T = Torpedo; [4] KT = Kleines Torpedo; [5] P = Pyramide

Die Figurado-Formate (nach Länge aufgelistet)

Produktionsname (Vitola de galera)	**Länge** in Millimetern (in)	**Ringmaß** (bzw. Durchmesser in mm)
Taco (KT)[1]	158 (6 ¼)	47 (18,7)
Pirámide (P)[2]	156 (6 ⅛)	52 (20,6)
Culebra (S)[3]	146 (5 ¾)	39 (15,5)
Exquisito (T)[4]	145 (5 ¾)	45 (17,9)
Campana (KP)[5]	140 (5 ½)	52 (20,6)
Especial (KP)[5]	134 (5 ¼)	45 (17,9)
Generoso (T)[4]	132 (5 ¼)	42 (16,7)
Perfecto (KT)[1]	127 (5)	44 (17,5)
Favorito (T)[4]	120 (4 ¾)	42 (16,7)
Petit Bouquet (T)[4]	101 (4)	43 (17,1)

[1] KT = Kleines Torpedo; [2] P = Pyramide; [3] S = Schlange; [4] T = Torpedo; [5] KP = Kurze Pyramide

rend international für den Ausdruck *Torpedo* häufig der Ausdruck *Perfecto* verwendet wird.

Besondere Beachtung verdient auch das Format *Culebra*. Hier handelt es sich um einen Begriff aus dem Spanischen, der so viel heißt wie »Schlange« bzw. »Natter« oder »Ringelnatter«. Wie die Abbildung auf Seite 89 zeigt, bestätigen die Windungen eines solchen Formats auf anschauliche Weise diesen Ausdruck. Die Abbildung zeigt aber noch etwas Typisches: Bei den *Culebras* handelt es sich stets um drei ineinander verschlungene *Figurados*, die sich somit als Einheit darstellen (die aber tunlichst nicht als Einheit, sondern einzeln geraucht werden sollten).

Die *Culebras* haben ihren Ursprung im 19. Jahrhundert, als die Roller in den spanischen Fabriken angehalten wurden, ihre Tagesration von drei Zigarren durch diese Form zu kennzeichnen, um ihnen somit den Weiterverkauf ihres täglichen Kontingents wenn nicht unmöglich zu machen, so doch zu erschweren.

Die *Figurados*, die insgesamt Zeugnis von einer hohen Zigarrenmacherkunst ablegen, eignen sich übrigens nicht so sehr für den *Aficionado*, der gerade erst die *Habanos* für sich entdeckt hat, da diese Formate nicht leicht zu rauchen sind.

FLOR DE JUAN LÓPEZ

Im letzten Drittel des 19. Jahrhunderts gegründet, präsentiert sich diese alte Marke in einem neuen Gewand. Durften die ›Blumen des Juan López‹ nach ihrer Wiedereinführung in den sechziger Jahren (→ Cohiba) bis zu Beginn des letzten Dezenniums des vorigen Jahrhunderts immer weniger in den *Fábricas* »wachsen«, so »erblühen« sie seit einiger Zeit wieder in ansprechender Zahl.

Das Logo der ›Flor de Juan López‹

Anheimelndes Motiv: Die Lithographie dient als *Cubierta* und als *Vista*

Flor de Juan López

Großvolumige Formate der Marke ›Flor de Juan López‹

Handelsname (Vitola de salida) sowie Produktions-name (Vitola de galera)	**Länge** in Millimetern (in)	**Ringmaß** (bzw. Durch-messer in mm)	International entsprechende **Bezeichnung**	**Stärke**[1] und **Aroma**[2]
Selección No. 1 Corona Gorda	143 ($5\frac{5}{8}$)	46 (18,3)	Grand Corona	3 • • •
Selección No. 2 Robusto	124 ($4\frac{7}{8}$)	50 (19,8)	Robusto	3 • • •

[1] Stärke der Zigarre: 1 = sehr mild; 2 = mild; 3 = mittel (–); 4 = mittel (+); 5 = ausgeprägt; 6 = sehr ausgeprägt
[2] Aroma-Entfaltung: • = verhalten; • • = angenehm bis präsent; • • • = sehr präsent; • • • • = überaus präsent

Mittelvolumige Formate der Marke ›Flor de Juan López‹

Handelsname (Vitola de salida) sowie Produktions-name (Vitola de galera)	**Länge** in Millimetern (in)	**Ringmaß** (bzw. Durch-messer in mm)	International entsprechende **Bezeichnung**	**Stärke**[1] und **Aroma**[2]
Coronas Corona	142 ($5\frac{5}{8}$)	42 (16,7)	Corona	2 • •
Patricias Franciscano	116 ($4\frac{5}{8}$)	40 (15,9)	Petit Corona	2 • •
Petit Coronas Mareva	129 ($5\frac{1}{8}$)	42 (16,7)	Petit Corona	2 • •

[1] Stärke der Zigarre: 1 = sehr mild; 2 = mild; 3 = mittel (–); 4 = mittel (+); 5 = ausgeprägt; 6 = sehr ausgeprägt
[2] Aroma-Entfaltung: • = verhalten; • • = angenehm bis präsent; • • • = sehr präsent; • • • • = überaus präsent

Kleinvolumiges Format der Marke ›Flor de Juan López‹

Handelsname (Vitola de salida) sowie Produktions-name (Vitola de galera)	**Länge** in Millimetern (in)	**Ringmaß** (bzw. Durch-messer in mm)	International entsprechende **Bezeichnung**	**Stärke**[1] und **Aroma**[2]
Panetelas Superbas Placera	125 ($4\frac{7}{8}$)	34 (13,5)	Small Panatela	2 • • •

[1] Stärke der Zigarre: 1 = sehr mild; 2 = mild; 3 = mittel (–); 4 = mittel (+); 5 = ausgeprägt; 6 = sehr ausgeprägt
[2] Aroma-Entfaltung: • = verhalten; • • = angenehm bis präsent; • • • = sehr präsent; • • • • = überaus präsent

Ausschließlich alle Formate, auch die großvolumigen, eignen sich hervorragend für Anfänger, da sie recht mild sind, dabei auch mit einer ansprechenden Aromabreite aufwarten. Außerdem gehören sie zu den Havannas, die einem Preissegment angehören, das unmittelbar über dem niedrigsten angesiedelt ist, also den Einstieg in die Welt der *Habanos* erleichtern. Somit warten die ›Flores de Juan López‹, deren Formate ausnahmslos von Hand gemacht und einfach zu rauchen sind, mit einem Preis-Leistungs-Verhältnis auf, das wohl dafür mitverantwortlich ist, warum sich diese Zigarren gegenüber den übrigen Marken des Havanna-Sortiments in letzter Zeit so gut behaupten.

FLOR DE RAFAEL GONZÁLEZ

Auf jeder Kiste ›Flor de Rafael González‹, die heute Kuba verlässt, ist in englischer Sprache ein Hinweis angebracht. Er lautet: »These cigars have been manufactured from a secret blend of pure Vuelta Abajo tobaccos selected by the Marquez Rafael Gonzalez, Grandee of Spain. For more than 20 years this blend has existed. In order that the connoissœur may fully appreciate the perfect fragance they should be smoked either within one month of the date of shipment from Havana or should be carefully matured for about one year.« Zu Deutsch: »Diese Zigarren, eine Geheimmischung, wurden hergestellt aus reinen Tabaken der Vuelta Abajo, ausgewählt von Marquez Rafael Gonzalez, Grande von Spanien. Seit

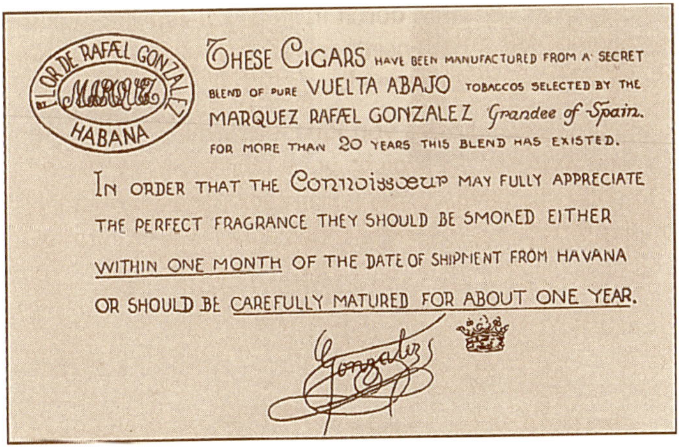
FLOR DE RAFAEL GONZALEZ
MARQUEZ
HABANA

THESE CIGARS HAVE BEEN MANUFACTURED FROM A SECRET BLEND OF PURE VUELTA ABAJO TOBACCOS SELECTED BY THE MARQUEZ RAFAEL GONZALEZ *Grandee of Spain.* FOR MORE THAN 20 YEARS THIS BLEND HAS EXISTED.

IN ORDER THAT THE CONNOISSOEUR MAY FULLY APPRECIATE THE PERFECT FRAGRANCE THEY SHOULD BE SMOKED EITHER WITHIN ONE MONTH OF THE DATE OF SHIPMENT FROM HAVANA OR SHOULD BE CAREFULLY MATURED FOR ABOUT ONE YEAR.

Gonzalez

Dieser Hinweis ist auf jeder Zigarrenkiste der ›Flor de Rafael González‹ als *Cubierta* angebracht

Großvolumige Formate der Marke ›Flor de Rafael González‹

Handelsname (Vitola de salida) sowie Produktionsname (Vitola de galera)	**Länge** in Millimetern (in)	**Ringmaß** (bzw. Durchmesser in mm)	International entsprechende **Bezeichnung**	**Stärke**[1] und **Aroma**[2]
Coronas Extra Corona Gorda	143 (5 5/8)	46 (18,3)	Grand Corona	3 • •
Lonsdales Cervante	165 (6 1/2)	42 (16,7)	Lonsdale	4 • • •

[1] Stärke der Zigarre: 1 = sehr mild; 2 = mild; 3 = mittel (–); 4 = mittel (+); 5 = ausgeprägt; 6 = sehr ausgeprägt
[2] Aroma-Entfaltung: • = verhalten; • • = angenehm bis präsent; • • • = sehr präsent; • • • • = überaus präsent

mehr als 20 Jahren besteht diese Marke. Um den vollen Genuss ihres perfekten Aromas würdigen zu können, sollte der Connaisseur sie entweder innerhalb eines Monats nach dem Tag der Verschiffung aus Havanna rauchen oder sie ungefähr ein Jahr lang sorgfältig lagern.«

War hier vielleicht Wirtschaftsspionage im Spiel? Da die Tabakmischung auf einem Geheimrezept basiert, das Jahre zuvor von einem spanischen Adligen entwickelt worden war, scheint die Frage, ob hier kriminelle Energie eingesetzt wurde, um an jene gewiss außergewöhnliche Mischung zu gelangen, durchaus berechtigt. Doch das wollen wir den beiden Engländern, welche die ›Rafael González‹ auf den Markt brachten, nicht unterstellen. Es wird sich wohl alles ganz legal abgespielt haben. George Samuel und Frank Warwick hießen die zwei Briten, und 1928 – andere Quellen sprechen von 1920 – sollen sich die ›Blumen des Rafael González‹ zum ersten Mal in voller Blüte der Öffentlichkeit gezeigt haben. Die Öffentlichkeit – das war vornehmlich die des Vereinigten Königreichs, denn dorthin vor allem wurden diese *Habanos* geliefert.

Das Logo der noch »jungen« Marke

Mit Beginn der dreißiger Jahre ging ein beachtlicher Teil der Lieferung jener ›Blumen‹, die in den Hallen der ›Rey del Mundo Cigar Company‹ das Licht der Welt erblickten, an einen speziellen

Mittelvolumige Formate der Marke ›Flor de Rafael González‹

Handelsname (Vitola de salida) sowie Produktionsname (Vitola de galera)	**Länge** in Millimetern (in)	**Ringmaß** (bzw. Durchmesser in mm)	International entsprechende **Bezeichnung**	**Stärke**[1] und **Aroma**[2]
Panetelas Extra Veguerito	127 (5)	37 (14,7)	Short Panatela	2 • •
Petit Coronas Mareva	129 (5 ⅛)	42 (16,7)	Petit Corona	2 • •
Petit Lonsdales Mareva	129 (5 ⅛)	42 (16,7)	Petit Corona	3 • •
Très Petit Lonsdales Franciscano	116 (4⅝)	40 (15,9)	Petit Corona	3 • •

[1] Stärke der Zigarre: 1 = sehr mild; 2 = mild; 3 = mittel (–); 4 = mittel (+); 5 = ausgeprägt; 6 = sehr ausgeprägt
[2] Aroma-Entfaltung: • = verhalten; • • = angenehm bis präsent; • • • = sehr präsent; • • • • = überaus präsent

Adressaten. Sein Name: Earl of Lonsdale. Die zahlreichen Havanna-Gebinde, mit denen der Adlige im fernen Europa bedacht wurde, stellten an die *Obreros*, die Arbeiter, die für den Versand in der *Fábrica* zuständig waren, nur geringe Anforderungen, handelte es sich bei den Zigarren, welche die kubanische Hauptstadt in Richtung Großbritannien verließen, doch stets um ein und dasselbe Format.

Dagegen brauchten die *Torcedores* zu Beginn eine gewisse Einarbeitungszeit, um dieses Format zu rollen, denn bis dato gab es ein solches noch nicht. Aber da der Earl of Lonsdale seinerzeit der größte Kunde der *Fábrica* in der Calle Padre Varela No. 852 von La Habana war, folgte man seinen präzisen Vorstellungen, was die Länge und das Ringmaß der *Vitola* betraf: Exakt 6 ½ Inches hatte es lang zu sein, dazu einen *Cepo* von 42 zu haben – das Format ›Lonsdale‹ war geboren. Noch heute greifen zahlreiche *Aficionados* auf dieses beliebte Format zurück, das in aller Regel einen gut einstündigen Rauchgenuss verspricht. Die zuvor erwähnten Maße finden sich heute noch identisch bei der kubanischen ›Cervante‹ wieder, und auch die ›Dalia‹ ist eine *Vitola de galera*, die sich innerhalb der Toleranzmaße des international gebräuchlichen Formats ›Lonsdale‹ bewegt.

Flor de Rafael González

Kleinvolumige Formate der Marke ›Flor de Rafael González‹

Handelsname (Vitola de salida) sowie Produktionsname (Vitola de galera)	**Länge** in Millimetern (in)	**Ringmaß** (bzw. Durchmesser in mm)	International entsprechende **Bezeichnung**	**Stärke**[1] und **Aroma**[2]
Cigarritos Mini Panatela	115 (4½)	26 (10,3)	Cigarillo	2 •
Demi Tasse Entreacto	100 (3⅞)	30 (11,9)	Small Panatela	2 • •
Panetelas Panetela	117 (4⅝)	34 (13,5)	Small Panatela	2 •

[1] Stärke der Zigarre: 1 = sehr mild; 2 = mild; 3 = mittel (–); 4 = mittel (+); 5 = ausgeprägt; 6 = sehr ausgeprägt
[2] Aroma-Entfaltung: • = verhalten; • • = angenehm bis präsent; • • • = sehr präsent; • • • • = überaus präsent

Versteht es sich nahezu von selbst, dass alle diese Zigarren eine Bauchbinde mit dem Porträt des britischen Adligen trugen, so war damals auch auf jeder Kiste ›Flor de Rafael González‹ ein Antlitz jenes hochwohlgeborenen Mitglieds des britischen Empire zu sehen. Nach dem Porträt sucht man heute vergebens, während sich, wie anfangs erwähnt, der Hinweis nicht übersehen lässt.

Der hat wie ehedem seine Berechtigung. Wer nicht unbedingt auf »frische« *Habanos* »steht«, der sollte ihnen noch einige Zeit der Ruhe gewähren, da die Zigarren nach dem Verpacken noch einen leichten Reifungsprozess in den Kisten durchmachen, während dem sie, vornehmlich im Spätsommer, natürliche Öle absondern, was wiederum im Hinblick auf den Rauchgenuss nur förderlich sein kann.

Von welch genauer Art die Geschmacksnuancen jener Zigarren seinerzeit waren, die ob ihrer Qualität von vielen damaligen Havanna-Liebhabern geschätzt wurden, lässt sich nicht mehr sagen – wohl aber dies: Die ›Flores de Rafael González‹ zeugen auch heute noch von der hohen Fertigkeit kubanischer Zigarrenmacher, sind sie doch in Geschmack und Aroma harmonisch aufeinander abgestimmt und sprechen auch diejenigen an, welche noch wenig Erfahrung mit den Zigarren von der karibischen Zuckerrohr- und Tabakinsel haben. Jedenfalls bereiten die relativ

Schmallanges Format der Marke ›Flor de Rafael González‹

Handelsname (Vitola de salida) sowie Produktionsname (Vitola de galera)	**Länge** in Millimetern (in)	**Ringmaß** (bzw. Durchmesser in mm)	International entsprechende **Bezeichnung**	**Stärke**[1] und **Aroma**[2]
Slenderellas Panetela Larga	175 (6⅞)	28 (11,1)	Slim Panatela	2 • •

[1] Stärke der Zigarre: 1 = sehr mild; 2 = mild; 3 = mittel (–); 4 = mittel (+); 5 = ausgeprägt; 6 = sehr ausgeprägt
[2] Aroma-Entfaltung: • = verhalten; • • = angenehm bis präsent; • • • = sehr präsent; • • • • = überaus präsent

milden ›González-Blumen‹ dem *Aficionado* beim Rauchen so gut wie keine Probleme – was sich vor allem im Abbrand zeigt, der meist mühelos vonstatten geht.

FONSECA

›Fonsecas‹ fallen direkt ins Auge, obwohl die Zigarren an sich nicht zu sehen sind. Der Grund: Sie alle sind in ein weißes, seidiges Japanpapier eingehüllt, um sie vor Beschädigung und Austrocknung zu schützen.

Schon bald nachdem Francisco E. Fonseca in seiner neu gegründeten Zigarrenfabrik 1891 die Produktion von Havannas aufnahm, galt der unabhängige Unternehmer im Zusammenhang mit der Präsentation seiner Produkte als Enfant terrible. Die Verpackungen für seine *Habanos* konnten nicht luxuriös genug sein, und mochte die Branche diese Leidenschaft auch manchmal als Spleen abtun, so staunte sie nicht schlecht, als der Tüftler in Sachen Produktpräsentation eine Metallhülse für die Einzelverpackung von Zigarren vorstellte, die als Vorläufer der heutigen Tubos gilt.

Das Logo der ›Fonseca‹

Natürlich mussten die Produkte das halten, was die aufwendigen Verpackungsarten versprachen. Das taten sie auch, denn mit seinem Produktionsleiter Mecallin konnte er einen Zigarrenma-

Das Porträt des Gründers findet sich auf jeder *Vista*

cher für sich gewinnen, der bis heute zu den Besten seiner Zunft gezählt wird.

Überhaupt war Francisco E. Fonseca ein sehr rühriger Unternehmer, was die Vermarktung seiner Produkte anbetraf. Das Wort »Marketing« war damals zwar noch nicht bekannt, doch was er an Aktivitäten in dieser Hinsicht an den Tag legte, wurde dem Begriff im heutigen Sinne mehr als gerecht. So traf er im Rauchsalon seiner späteren Fabrik, gelegen in der Calle Galiano No. 62, regelmäßig mit Zigarrenliebhabern zusammen, um deren Geschmacksvorstellungen zu erkunden sowie deren Ideen und Wünsche anzuhören und diese, wenn es denn machbar und sinnvoll war, auch umzusetzen. Kundenpflege nennt man so etwas heute.

Mittlerweile sind die ›Fonsecas‹ etwas in Vergessenheit geraten. Gleichwohl haben sie ihre Anhänger, denn sie kommen den *Aficio-*

Die Metallhülsen für die Einzelverpackung von Zigarren, die auf einer Idee Francisco E. Fonsecas beruhen, wurden erst geraume Zeit später »weiterentwickelt«. Zu Beginn der dreißiger Jahre präsentierten die Verantwortlichen von ›H. Upmann‹ einen ›Tubo‹ aus Aluminium, der nicht, wie bei den ›Fonsecas‹, mit Seidenpapier ausgelegt war – ein dünnes Blatt aus Zedernholz umhüllte nun die Zigarren. Noch heute »beherbergen« solche ›Tubos‹ etliche Havannas, so etwa, neben einigen Formaten von ›H. Upmann‹, Zigarren von ›Hoyo de Monterrey‹, ›Partagás‹, ›Punch‹ und ›Romeo y Julieta‹.

Großvolumiges Format der Marke ›Fonseca‹

Handelsname (Vitola de salida) sowie Produktionsname (Vitola de galera)	**Länge** in Millimetern (in)	**Ringmaß** (bzw. Durchmesser in mm)	International entsprechende **Bezeichnung**	**Stärke**[1] und **Aroma**[2]
Fonseca No. 1 Cazador	162 (6⅜)	44 (17,5)	Long Corona	2 • •

[1] Stärke der Zigarre: 1 = sehr mild; 2 = mild; 3 = mittel (–); 4 = mittel (+); 5 = ausgeprägt; 6 = sehr ausgeprägt
[2] Aroma-Entfaltung: • = verhalten; • • = angenehm bis präsent; • • • = sehr präsent; • • • • = überaus präsent

Mittelvolumige Formate der Marke ›Fonseca‹

Handelsname (Vitola de salida) sowie Produktionsname (Vitola de galera)	**Länge** in Millimetern (in)	**Ringmaß** (bzw. Durchmesser in mm)	International entsprechende **Bezeichnung**	**Stärke**[1] und **Aroma**[2]
Cosaco Cosaco	135 (5¼)	42 (16,7)	Corona	2 •
Delicias Standard	123 (4⅞)	40 (15,9)	Petit Corona	2 • •
Invictos Especial	133 (5¼)	45 (17,9)	Pyramid (Corona Extra)	3 • •

[1] Stärke der Zigarre: 1 = sehr mild; 2 = mild; 3 = mittel (–); 4 = mittel (+); 5 = ausgeprägt; 6 = sehr ausgeprägt
[2] Aroma-Entfaltung: • = verhalten; • • = angenehm bis präsent; • • • = sehr präsent; • • • • = überaus präsent

Kleinvolumiges Format der Marke ›Fonseca‹

Handelsname (Vitola de salida) sowie Produktionsname (Vitola de galera)	**Länge** in Millimetern (in)	**Ringmaß** (bzw. Durchmesser in mm)	International entsprechende **Bezeichnung**	**Stärke**[1] und **Aroma**[2]
K.D.T. Cadetes Cadete	114 (4½)	36 (14,3)	Short Panatela	3 • •

[1] Stärke der Zigarre: 1 = sehr mild; 2 = mild; 3 = mittel (–); 4 = mittel (+); 5 = ausgeprägt; 6 = sehr ausgeprägt
[2] Aroma-Entfaltung: • = verhalten; • • = angenehm bis präsent; • • • = sehr präsent; • • • • = überaus präsent

nados entgegen, die relativ mild schmeckende und – vor allem aufgrund eines guten Brandverhaltens – einfach zu rauchende *Habanos* bevorzugen. Auch Havannophile, die des Abends oder nach einer guten Mahlzeit ansonsten gerne nach einer eher kräftig schmeckenden Zigarre greifen, rauchen hin und wieder eine ›Fonseca‹, ist sie doch für diejenigen, die »starken Tobak« bevorzugen, eine ideale »Zwischendurch-Havanna«.

FORMATE

Charakteristisch: Der kleine Zopf am Zigarrenkopf ist den *Vitolas de galera* ›El Laguito No. 1‹ und ›El Laguito No. 2‹ vorbehalten

Auf den ersten Blick scheint es sich bei den Havanna-Formaten um einen wahren Dschungel zu handeln. In den letzten Jahren sind noch weitere hinzugekommen, und so gibt es mittlerweile rund achtzig davon, während man bei den international gebräuchlichen Formaten mit gut zwanzig auskommt. Doch während bei Letzteren die Bandbreite eines jeden Formats außerordentlich viele Möglichkeiten in Bezug auf Länge und Ringmaß zulässt, sind die *Habanos-Vitolas* genau festgelegt, gewähren also keinen Spielraum hinsichtlich Länge und *Cepo* (→ Ringmaße). Selbst dann, wenn zwei Formate dieselbe Länge aufweisen und sich im Ringmaß nur unwesentlich unterscheiden, warten die Kubaner mit zwei *Vitolas* auf. Das ist etwa der Fall bei den Formaten ›Corona Gorda‹ und ›Francisco‹, die beide dieselbe Länge haben und beim *Cepo* geringfügig voneinander abweichen.

Bisweilen sind sogar zwei *Vitolas* in ihren Ausmaßen identisch, festzustellen etwa bei den Formaten ›Mareva‹ und ›Petit Corona‹. Gleichwohl handelt es sich hier (meist) um verschiedene Formate, denn ›Marevas‹ sind stets handgemacht und ›Petit Coronas‹ in der Regel maschinell gefertigt. Die kleine Einschränkung beim letzteren Format rührt daher, dass auch schon mal ›Petit Coronas‹ von Hand gemacht werden. Aber das ist eine Geschichte für sich (→ Fábricas).

Ähnlich, und zwar in Bezug auf die Größe, verhält es sich bei den Formaten ›Laguito No. 1‹ und ›Delicado‹. Wie ihr Vorgängerpaar, so sind auch diese beiden *Vitolas* in Länge und *Cepo* identisch, doch besteht zwischen ihnen ein feiner Unterschied: Während bei Ersterer am Zigarrenkopf ein kleiner Zopf zu sehen ist, so etwa bei der ›Cohiba Lanceros‹, fehlt er beispielsweise bei der ›Partagás Serie du Connaisseur No. 1‹, eine der wenigen *Vitolas de salida*, deren *Vitola de galera* eben eine ›Delicado‹ ist.

Zu denjenigen *Vitolas*, die in den letzten Jahren hinzugekommen sind, zählen vor allem jene *Figurado*-Formate der ›Cuabas‹, welche die *Torpedo*-Form nach einem wahren Dornröschenschlaf wieder auferstehen ließen (→ Cuaba; → Figurados). Hinzugekommen sind auch nahezu alle *Vitolas*, die mit den im neuen Gewand erschienenen ›Josés L. Piedra‹ an die rauchende Öffentlichkeit getreten sind (→ Josés L. Piedra).

Grundsätzlich wird unterschieden zwischen dem Handels- und dem Produktionsnamen einer Zigarre. Das ist bei den *Habanos* nicht anders als bei anderen Zigarren. So unterscheiden die Kubaner zwischen *Vitolas de galera* und *Vitolas de salida.*

Der wohl berühmteste Havanna-Raucher seiner Zeit war der Prince of Wales, der nachmalige König Edward VII. von England

Das Porträt seiner Mutter zierte ebenfalls eine Bauchbinde. Das hätte sich Queen Victoria, die Zigarrenqualm nicht ausstehen konnte, wohl nicht träumen lassen

Der spanische Begriff *Salida* hat zahlreiche Bedeutungen, so unter anderem »Ausreise« und »Auszug«, kann aber auch, im wirtschaftlichen Bereich, »Absatz« bedeuten. Da *Vitola* für Format steht, bedeutet *Vitola de salida* zunächst einmal »Format des Absatzes«, was dann wiederum zu »Format des Verkaufs« oder »Verkaufsformat« werden kann. In den Format-Tabellen, welche sich in diesem Buch befinden, ist *Vitola de salida* mit »Handelsname« wiedergegeben. Das entspricht zwar nicht der wörtlichen Übersetzung, trifft jedoch recht genau die Anwendung, auf die sich die Bezeichnung *Vitola de salida* bezieht.

Wie schon das Wort *Galera* erahnen lässt, ist hiermit tatsächlich »Galeere« gemeint. Die Übersetzung »Format der Galeere« ist durchaus korrekt, vor allem in Bezug auf den Sinn des Begriffs. Im 19. Jahrhundert war es nämlich gang und gäbe, dass Sträflinge, die im Zuchthaus saßen (»Zuchthaus« ist eine weitere Übersetzung für *Galera*), und solche, die ihre Strafe an Bord einer Galeere

Formate, die ausschließlich von Hand gemacht werden (in alphabetischer Reihenfolge)

Produktionsname (Vitola de galera)	Länge in Millimetern (in)	Ringmaß (bzw. Durchmesser in mm)
Campana	140 (5½)	52 (20,6)
Carlota	143 (5⅝)	35 (13,9)
Carolina	121 (4¾)	26 (10,3)
Cazador	162 (6⅜)	44 (17,5)
Cervante	165 (6½)	42 (16,7)
Corona	142 (5⅝)	42 (16,7)
Corona Gorda	143 (5⅝)	46 (18,3)
Corona Grande	155 (6⅛)	42 (16,7)
Culebra	146 (5¾)	39 (15,5)
Dalia	170 (6¾)	43 (17,1)
Delicado	192 (7½)	38 (15,1)
Delicado Extra	185 (7¼)	36 (14,3)
Entreacto	100 (3⅞)	30 (11,9)
Exquisito	145 (5¾)	45 (17,9)
Favorito	120 (4¾)	42 (16,7)
Francisco	143 (5⅝)	44 (17,5)
Generoso	132 (5¼)	42 (16,7)
Gran Corona	235 (9¼)	47 (18,7)
Hermoso No. 4	127 (5)	48 (19,1)
Julieta No. 2	178 (7)	47 (18,7)
Laguito No. 1	192 (7½)	38 (15,1)
Laguito No. 1 Especial	192 (7½)	40 (15,9)
Laguito No. 2	152 (6)	38 (15,1)
Laguito No. 3[1]	115 (4½)	26 (10,3)
Mareva	129 (5⅛)	42 (16,7)
Ninfa	178 (7)	33 (13,1)
Palmita	152 (6)	32 (12,7)
Panetela	117 (4⅝)	34 (13,5)
Panetela Larga	175 (6⅞)	28 (11,1)
Parejo	166 (6½)	38 (15,1)
Perla	102 (4)	40 (15,9)
Petit Bouquet	101 (4)	43 (17,1)
Pirámide	156 (6⅛)	52 (20,6)
Prominente	194 (7⅝)	49 (19,5)
Robusto	124 (4⅞)	50 (19,8)
Seoane	125 (4⅞)	36 (14,3)

[1] Seit einiger Zeit trifft diese Vitola de galera nur noch auf die Formate der Marken ›Cohiba‹ und ›Montecristo‹ zu. Bei allen anderen Marken heißt die Vitola de galera nun ›Mini Panatela‹ anstatt ›Laguito No. 3‹.

»abruderten«, von den Spaniern, die seinerzeit ja das Sagen auf Kuba hatten, häufig zu Arbeiten in den Zigarrenfabriken abkommandiert wurden. So entspräche die Bezeichnung »Galeeren-Format« oder »Zuchthaus-Format« zwar den historischen Begebenheiten, ließe sich aber, abgesehen von dem Gewöhnungsbedarf eines derartigen Begriffs, auf die heutige Zeit nicht mehr anwenden, obwohl der Raum einer *Fábrica*, in dem die *Torcedores* ihre Arbeit verrichten, auf Kuba nach wie vor *Galera* genannt wird.

Formate, die ausschließlich von Hand gemacht werden (nach Länge aufgelistet)

Produktionsname (Vitola de galera)	Länge in Millimetern (in)	Ringmaß (bzw. Durchmesser in mm)
Gran Corona	235 (9¼)	47 (18,7)
Prominente	194 (7⅝)	49 (19,5)
Laguito No. 1 Especial	192 (7½)	40 (15,9)
Delicado	192 (7½)	38 (15,1)
Laguito No. 1	192 (7½)	38 (15,1)
Delicado Extra	185 (7¼)	36 (14,3)
Julieta No. 2	178 (7)	47 (18,7)
Ninfa	178 (7)	33 (13,1)
Panetela Larga	175 (6⅞)	28 (11,1)
Dalia	170 (6¾)	43 (17,1)
Parejo	166 (6½)	38 (15,1)
Cervante	165 (6½)	42 (16,7)
Cazador	162 (6⅜)	44 (17,5)
Pirámide	156 (6⅛)	52 (20,6)
Corona Grande	155 (6⅛)	42 (16,7)
Laguito No. 2	152 (6)	38 (15,1)
Palmita	152 (6)	32 (12,7)
Culebra	146 (5¾)	39 (15,5)
Exquisito	145 (5¾)	45 (17,9)
Corona Gorda	143 (5⅝)	46 (18,3)
Francisco	143 (5⅝)	44 (17,5)
Carlota	143 (5⅝)	35 (13,9)
Corona	142 (5⅝)	42 (16,7)
Campana	140 (5½)	52 (20,6)
Generoso	132 (5¼)	42 (16,7)
Mareva	129 (5⅛)	42 (16,7)
Hermoso No. 4	127 (5)	48 (19,1)
Seoane	125 (4⅞)	36 (14,3)
Robusto	124 (4⅞)	50 (19,8)
Carolina	121 (4¾)	26 (10,3)
Favorito	120 (4¾)	42 (16,7)
Panetela	117 (4⅝)	34 (13,5)
Laguito No. 3[1]	115 (4½)	26 (10,3)
Perla	102 (4)	40 (15,9)
Petit Bouquet	101 (4)	43 (17,1)
Entreacto	100 (3⅞)	30 (11,9)

[1] Seit einiger Zeit trifft diese Vitola de galera nur noch auf die Formate der Marken ›Cohiba‹ und ›Montecristo‹ zu. Bei allen anderen Marken heißt die Vitola de galera nun ›Mini Panatela‹ anstatt ›Laguito No. 3‹.

Gleichwohl trifft der wenig martialisch anmutende Begriff »Produktionsname« die aktuellen Gegebenheiten schon eher.

Nicht selten sind beispielsweise Bemerkungen folgenden Inhalts zu lesen: Bei den ›Belinda Coronas‹ handele es sich gar nicht um ›Coronas‹, sondern um ›Cremas‹, und die ›H. Upmann Gran Coronas‹ kämen bei weitem nicht an die 235 Millimeter Länge heran, die etwa eine ›Montecristo A‹ aufweise, jene berühmteste Vertreterin des Formats ›Gran Corona‹, sondern messe nur 146

International gebräuchliche Formate (in alphabetischer Reihenfolge)

Produktionsname[1]	Klassische Maße (in Inch)	Klassische Maße (in Millimetern)	Bandbreite der Längenmaße (in Inch)	Bandbreite der Längenmaße (in Millimetern)	Bandbreite der Ringmaße
Churchill	7 x 47	178 x 18,7	6¾ – < 8	171 – 202	46 – 48
Cigarillo	4 x 26	102 x 10,3	5 + < 5	127 + < 127	27 + < 27
Double Corona	7¾ x 49	197 x 19,5	6¾ – < 8	171 – 202	49 + > 49
Giant	9 x 52	229 x 20,6	8 + > 8	203 + > 203	46 + > 46
Giant Corona	7½ x 44	191 x 18,3	7½ + > 7½	191 + > 191	40 – 45
Corona	5½ x 42	140 x 16,7	5¼ – 5¾	133 – 145	40 – 44
Corona Extra	5½ x 46	140 x 18,3	4½ – 5½	114 – 140	45 – 47
Grand Corona	6½ x 46	165 x 18,3	> 5½ – < 6¾	141 – 170	45 – 47
Grand Corona Special	7 x 45	178 x 17,9	6¾ – < 7½	171 – 190	45
Long Corona	6 x 42	152 x 16,7	> 5¾ – < 6½	146 – 164	40 – 44
Long Panatela	7½ x 38	191 x 15,1	7 + > 7	178 + > 178	35 – 39
Lonsdale	6½ x 42	165 x 16,7	6½ – < 7½	165 – 190	40 – 44
Panatela	6 x 38	152 x 15,1	5½ – < 7	140 – 177	35 – 39
Petit Corona	5 x 42	127 x 16,7	3¾ – < 5¼	95 – 132	40 – 44
Robusto	5 x 50	127 x 19,8	4½ – 5½	114 – 140	48 + > 48
Short Panatela	5 x 38	127 x 15,1	3¾ – < 5½	95 – 139	35 – 39
Short Robusto	4 x 48	102 x 19,1	4⅜ + < 4½	113 + < 113	45 + > 45
Slim Panatela	6 x 34	152 x 13,5	5 + > 5	127 + > 127	28 – 34
Small Panatela	5 x 33	127 x 13,1	3¾ – < 5	95 – 126	28 – 34
Toro	6 x 50	152 x 19,8	> 5½ – < 6¾	141 – 170	48 + > 48

[1] Die Formate ›Pyramid‹ und ›Torpedo‹ sind in dieser Tabelle nicht aufgeführt, da es sich hier um ›Figurados‹ handelt, deren jeweilige Kopf- und Brandenden recht unterschiedliche Ringmaße aufweisen können. Darüber hinaus können sich bei beiden Formaten die Längen in einem Rahmen bewegen, der sowohl bei der ›Pyramid‹ als auch beim ›Torpedo‹ sehr breit angelegt ist.

Millimeter. Solche und ähnliche Bemerkungen zeugen von einer hochgradigen Unkenntnis.

Die kubanischen Format-Bezeichnungen sind nun einmal so, wie sie sind – und sie sind auch nicht zu ändern. Deshalb ist es für jeden Zigarrenliebhaber, der ein Tabakgeschäft aufsucht, um eine Kiste *Habanos* zu erwerben, gut zu wissen, dass ein Unterschied

International gebräuchliche Formate (nach Länge aufgelistet)

Produktionsname[1]	Klassische Maße (in Inch)	Klassische Maße (in Millimetern)	Bandbreite der Längenmaße (in Inch)	Bandbreite der Längenmaße (in Millimetern)	Bandbreite der Ringmaße
Giant	9 x 52	229 x 20,6	8 + > 8	203 + > 203	46 + > 46
Double Corona	7¾ x 49	197 x 19,5	6¾ – < 8	171 – 202	49 + > 49
Giant Corona	7½ x 44	191 x 18,3	7½ + > 7½	191 + > 191	40 – 45
Long Panatela	7½ x 38	191 x 15,1	7 + > 7	178 + > 178	35 – 39
Churchill	7 x 47	178 x 18,7	6¾ – < 8	171 – 202	46 – 48
Grand Corona Special	7 x 45	178 x 17,9	6¾ – < 7½	171 – 190	45
Grand Corona	6½ x 46	165 x 18,3	> 5½ – < 6¾	141 – 170	45 – 47
Lonsdale	6½ x 42	165 x 16,7	6½ – < 7½	165 – 190	40 – 44
Toro	6 x 50	152 x 19,8	> 5½ – < 6¾	141 – 170	48 + > 48
Long Corona	6 x 42	152 x 16,7	> 5¾ – < 6½	146 – 164	40 – 44
Panatela	6 x 38	152 x 15,1	5½ – < 7	140 – 177	35 – 39
Slim Panatela	6 x 34	152 x 13,5	5 + > 5	127 + > 127	28 – 34
Corona Extra	5½ x 46	140 x 18,3	4½ – 5½	114 – 140	45 – 47
Corona	5½ x 42	140 x 16,7	5¼ – 5¾	133 – 145	40 – 44
Robusto	5 x 50	127 x 19,8	4½ – 5½	114 – 140	48 + > 48
Petit Corona	5 x 42	127 x 16,7	3¾ – < 5¼	95 – 132	40 – 44
Short Panatela	5 x 38	127 x 15,1	3¾ – < 5½	95 – 139	35 – 39
Small Panatela	5 x 33	127 x 13,1	3¾ – < 5	95 – 126	28 – 34
Short Robusto	4 x 48	102 x 19,1	4⅜ + < 4½	113 + < 113	45 + > 45
Cigarillo	4 x 26	102 x 10,3	5 + < 5	127 + < 127	27 + < 27

[1] Die Formate ›Pyramid‹ und ›Torpedo‹ sind in dieser Tabelle nicht aufgeführt, da es sich hier um ›Figurados‹ handelt, deren jeweilige Kopf- und Brandenden recht unterschiedliche Ringmaße aufweisen können. Darüber hinaus können sich bei beiden Formaten die Längen in einem Rahmen bewegen, der sowohl bei der ›Pyramid‹ als auch beim ›Torpedo‹ sehr breit angelegt ist.

besteht zwischen *Vitolas de salida* und *Vitolas de galera*. Während die Produktionsnamen unabänderlich sind und ihre Zahl begrenzt ist, trifft er bei den Handelsnamen mitunter auf Phantasiebezeichnungen, deren Ursprung beispielsweise in der Reminiszenz an einen berühmten Zigarrenraucher zu suchen ist, dann wieder auf Bezeichnungen, welche auf die Art des Formats Bezug nehmen.

Formate, die überwiegend maschinell gefertigt werden (in alphabetischer Reihenfolge)

Produktionsname (Vitola de galera)	**Länge** in Millimetern (in)	**Ringmaß** (bzw. Durchmesser in mm)
Conchita	127 (5)	35 (13,9)
Conserva	145 (5¾)	44 (17,5)
Crema	140 (5½)	40 (15,9)
Cristal	149 (5⅞)	41 (16,3)
Demi Tasse	100 (3⅞)	32 (12,7)
Demi Tip	125 (4⅞)	29 (11,5)
Especial	134 (5¼)	45 (17,9)
Petit Corona	129 (5⅛)	42 (16,7)
Perfecto	127 (5)	44 (17,5)
Preferido	127 (5)	38 (15,1)
Sports	117 (4⅝)	35 (13,9)
Standard	123 (4⅞)	40 (15,9)
Taco	158 (6¼)	47 (18,7)
Universal	133 (5¼)	38 (15,1)

Formate, die überwiegend maschinell gefertigt werden (nach Länge aufgelistet)

Produktionsname (Vitola de galera)	**Länge** in Millimetern (in)	**Ringmaß** (bzw. Durchmesser in mm)
Taco	158 (6¼)	47 (18,7)
Cristal	149 (5⅞)	41 (16,3)
Conserva	145 (5¾)	44 (17,5)
Crema	140 (5½)	40 (15,9)
Especial	134 (5¼)	45 (17,9)
Universal	133 (5¼)	38 (15,1)
Petit Corona	129 (5⅛)	42 (16,7)
Perfecto	127 (5)	44 (17,5)
Preferido	127 (5)	38 (15,1)
Conchita	127 (5)	35 (13,9)
Demi Tip	125 (4⅞)	29 (11,5)
Standard	123 (4⅞)	40 (15,9)
Sports	117 (4⅝)	35 (13,9)
Demi Tasse	100 (3⅞)	32 (12,7)

Die Erinnerung an einen solchen Zigarrenraucher hält zum Beispiel die ›Romeo y Julieta Prince of Wales‹ aufrecht. Besagte Zigarre, eine ›Julieta No. 2‹, haben ihre Hersteller einst mit jenem Namen versehen, weil sie auf diese Weise einem der berühmtesten Havanna-Konsumenten seiner Zeit eine Ehre erweisen konnten – schließlich bekannte sich der englische König Edward VII. schon als Prince of Wales zu seiner rauchigen Leidenschaft (übrigens sehr zum Leidwesen seiner Mutter, denn die puritanische Queen Victoria konnte Zigarrenrauch nicht ausstehen).

Etwas anders verhält es sich zum Beispiel mit den früher beliebten ›La Escepción de José Gener Longos‹. Hier lässt die *Vitola de salida* ›Longo‹ auf ein Format schließen, welches relativ lang ist. Das entspricht auch den Tatsachen, denn hier handelt es sich um das schmallange Format ›Ninfa‹, das bei einem Ringmaß von lediglich 33 immerhin jene Länge aufweist, die auch einer ›Julieta No. 2‹ eigen ist, nämlich 178 Millimeter.

Warum nun die Verantwortlichen von ›H. Upmann‹ der Zigarre mit der *Vitola de galera* ›Superior‹ die Bezeichnung ›H. Upmann Gran Coronas‹ gegeben haben, entzieht sich dagegen allgemeiner Erkenntnis. Zwar bietet dieser Umstand einigen Raum für Spekulationen, doch führte es zu weit, jeder Spur, die sich hier erkennen ließe, auf gebührende Weise nachzugehen.

Die wenigen Beispiele machen einigermaßen deutlich, wie hilfreich es für den Zigarrenfreund ist, sich mit den unterschiedlichen Bezeichnungen der Havanna-Formate vertraut zu machen. So ist es etwa für den Liebhaber großvolumiger Zigarren gut zu wissen, dass die *Vitola de galera* ›Julieta No. 2‹ der bekannteren Format-Bezeichnung ›Churchill‹ entspricht. Wer also beispielsweise im Internet mit einer von einem Versandhandel angebotenen Kiste ›Punch Churchills‹ liebäugelt, für den ist es gut zu wissen, dass es sich hier bei der *Vitola de galera* um ›Julietas No. 2‹ handelt, sich also auch wirklich ›Churchills‹ in der Kiste befinden. Der Kauf in einem Tabakgeschäft ist dagegen problemloser, da der *Aficionado* in diesem Fall die betreffenden *Habanos* in Augenschein nehmen kann.

Für jemanden, der bestimmte Formatgrößen bevorzugt, ist es also nicht nur hilfreich, über die verschiedenen *Vitolas* Bescheid zu wissen, sondern auch vorteilhafter, nicht nach den *Vitolas de salida* zu gehen, sondern sich an den *Vitolas de galera* zu orientieren.

Die drei Lieblings-Havannas von Hans Bewersdorff, Redakteur der *Welt am Sonntag*, in der in regelmäßigen Abständen eine »Zigarren-Kolumne« von ihm erscheint:

Bolívar Churchill Tubos, Partagás Lusitanias, Punch Super Selection No. 2.

Formate, die überwiegend von Hand gemacht werden (in alphabetischer Reihenfolge)

Produktionsname (Vitola de galera)	Länge in Millimetern (in)	Ringmaß (bzw. Durchmesser in mm)
Belvederes	125 (4⅞)	39 (15,5)
Chico	106 (4⅛)	29 (11,5)
Coronita	117 (4⅝)	40 (15,9)
Delicioso	159 (6¼)	35 (13,9)
Eminente	132 (5¼)	44 (17,5)
Epicure	110 (4⅜)	35 (13,9)
Infante	98 (3⅞)	37 (14,7)
Nacional	140 (5½)	40 (15,9)
Natural	155 (6⅛)	37 (14,7)
Petit	108 (4¼)	31 (12,3)
Petit Cetro	129 (5⅛)	40 (15,9)
Toppers	160 (6¼)	39 (15,5)
Veguerito	127 (5)	37 (14,7)

Formate, die überwiegend von Hand gemacht werden (nach Länge aufgelistet)

Produktionsname (Vitola de galera)	Länge in Millimetern (in)	Ringmaß (bzw. Durchmesser in mm)
Toppers	160 (6¼)	39 (15,5)
Delicioso	159 (6¼)	35 (13,9)
Natural	155 (6⅛)	37 (14,7)
Nacional	140 (5½)	40 (15,9)
Eminente	132 (5¼)	44 (17,5)
Petit Cetro	129 (5⅛)	40 (15,9)
Veguerito	127 (5)	37 (14,7)
Belvederes	125 (4⅞)	39 (15,5)
Coronita	117 (4⅝)	40 (15,9)
Epicure	110 (4⅜)	35 (13,9)
Petit	108 (4¼)	31 (12,3)
Chico	106 (4⅛)	29 (11,5)
Infante	98 (3⅞)	37 (14,7)

Da so mancher *Aficionado* weit gereist und weltgewandt ist, sind die eingängigen Format-Bezeichnungen, die international verwendet werden, in der Regel präsenter als die entsprechenden kubanischen. Somit ist es für den Havanna-Raucher ebenfalls von Vorteil, bei einer kubanischen *Vitola de galera* die jeweilige international gebräuchliche Format-Bezeichnung zu kennen, um auch das Format zu erhalten, das ihm zusagt. Das ist zum Beispiel dann angebracht, wenn ihm ein Freund, der es gut mit ihm meint, ansonsten aber keine Ahnung von Zigarren hat, eine Havanna-Kiste offeriert, die er aus Kuba mitgebracht hat (und die hoffentlich nicht aus einer Fälscherwerkstatt [→ Fälschungen] kommt).

Aus den genannten Gründen findet der Interessierte in den jeweiligen Format-Tabellen dieses Buches zu jeder *Vitola de salida* die zutreffende *Vitola de galera*, darüber hinaus auch die entsprechende Format-Bezeichnung, die international gebräuchlich ist.

Noch ein Wort zu den Tabellen. Bei allen Formaten, die hier aufgelistet sind (Seiten 102 bis 110), handelt es sich um *Vitolas de galera*, also um jene Bezeichnungen, die man in den *Fábricas* verwendet – und die in denjenigen Tabellen, die den jeweiligen Marken zugeordnet sind, unter den fett gedruckten *Vitolas de salida* stehen.

Da sind zunächst die Tabellen mit den Formaten zu erwähnen, die von Hand bzw. überwiegend von Hand gemacht werden. Es kommt zwar vor, dass man Letztere bisweilen maschinell fertigt, doch ist das eher die Ausnahme als die Regel. Aus diesem Grunde ist es ratsam, beim Havanna-Kauf stets auf den Hinweis *Totalmente a mano* zu achten (→ Zigarrenkisten).

Das Gleiche gilt praktisch für die Tabellen, welche die maschinell gefertigten Formate zum Thema haben. Allerdings kommt es bei den Formaten, deren Wickel überwiegend die Maschine fertigt, des Öfteren vor, dass hier *Vitolas* von Hand gemacht werden und sich dann auch der entsprechende Hinweis auf den jeweiligen → Zigarrenkisten wiederfindet. Darüber hinaus kann das sogar auf die Formate zutreffen, die man in aller Regel maschinell fertigt. So kann ein *Aficionado* also durchaus den Glücksfall erleben, dass er etwa auf eine Kiste mit ›Londres‹ trifft, die den Gütestempel *Totalmente a mano* trägt. Bei den Kubanern ist eben vieles möglich, was anderswo als unmöglich gilt.

Seit Januar 2001 gibt es auch noch den Stempel *Hecho a mano*. Hier handelt es sich um so genannte ›Mediumfiller‹, die komplett von Hand gemacht werden. Da jedoch nie vorhergesagt werden kann, ob eine bestimmte *Vitola de galera*, die normalerweise ma-

Die drei Lieblings-Havannas von Manuel García, Vizepräsident der kubanischen ›Habanos S.A.‹:

Cohiba Coronas Especiales, Partagás 8-9-8 Varnished, Partagás Serie D No. 4.

Formate, die ausschließlich maschinell gefertigt werden (in alphabetischer Reihenfolge)

Produktionsname (Vitola de galera)	Länge in Millimetern (in)	Ringmaß (bzw. Durchmesser in mm)
Almuerzo	130 (5⅛)	40 (15,9)
Britanica	137 (5⅜)	46 (18,3)
Cadete	114 (4½)	36 (14,3)
Cosaco	135 (5¼)	42 (16,7)
Franciscano	116 (4⅝)	40 (15,9)
Londres	125 (4⅞)	40 (15,9)
Minuto	110 (4⅜)	42 (16,7)
Palma	170 (6¾)	33 (13,1)
Placera	125 (4⅞)	34 (13,5)
Superior	146 (5¾)	40 (15,9)
Trabuco	110 (4⅜)	38 (15,1)

Formate, die ausschließlich maschinell gefertigt werden (nach Länge aufgelistet)

Produktionsname (Vitola de galera)	Länge in Millimetern (in)	Ringmaß (bzw. Durchmesser in mm)
Palma	170 (6¾)	33 (13,1)
Superior	146 (5¾)	40 (15,9)
Britanica	137 (5⅜)	46 (18,3)
Cosaco	135 (5¼)	42 (16,7)
Almuerzo	130 (5⅛)	40 (15,9)
Londres	125 (4⅞)	40 (15,9)
Placera	125 (4⅞)	34 (13,5)
Franciscano	116 (4⅝)	40 (15,9)
Cadete	114 (4½)	36 (14,3)
Minuto	110 (4⅜)	42 (16,7)
Trabuco	110 (4⅜)	38 (15,1)

schinell gefertigt wird, nun als Mediumfiller daherkommt, kann in den Tabellen auf diesen Seiten nicht auf besagte Herstellungsart explizit verwiesen werden. Weil es sich andererseits bei jenen *Vitolas*, die als handgemachte angegeben sind, ausschließlich um Longfiller handelt und niemals um Mediumfiller, sind Letztgenannte den maschinell gefertigten Formaten zugeordnet (→ Havanna-Zigarren). Deshalb auch hier der Hinweis auf die Stempelaufdrucke, die auf dem Boden einer jeden Havanna-Kiste angebracht sind (→ Zigarrenkisten).

Schließlich sei noch auf die zwei Tabellen mit den international gebräuchlichen Formaten hingewiesen. Da sich viele *Aficionados* nicht mit Format-Namen wie ›Ninfa‹ oder ›Seoane‹ anfreunden mögen, besteht hier die Möglichkeit, diese und andere *Vitolas* jenen Format-Bezeichnungen zuzuordnen, die im Allgemeinen besser bekannt sind als die kubanischen – und wodurch der eingangs erwähnte Dschungel etwas leichter zu durchkämmen ist.

GESCHMACK

»Jeder nach seinem Gusto.« Es könnte auch das spanische Wort *Gusto* durch das deutsche »Geschmack« ersetzt werden, denn die Bedeutung ist die gleiche. Gleich ist innerhalb einer Runde von *Aficionados* jedoch höchst selten die Ansicht über den Geschmack eines bestimmten Formats, auch wenn die verkosteten Havannas aus derselben Kiste hervorgeholt worden sind. Das ist auch gut so, denn wo bliebe die Vielfalt, wenn die Geschmäcker nicht verschieden wären?! Eine »Genussöde« täte sich auf!

Über Geschmack lässt sich bekanntlich nicht streiten – doch dann und wann sind *Aficionados* zu beobachten, die jene Aussage ad absurdum führen und sich ob des Geschmacks einer bestimmten Havanna gar trefflich ihre gegenseitige Unkenntnis von der Zigar-

Bisweilen ist schon mal in Publikationen zu lesen, eine bestimmte Havanna schmecke nach Honig, erinnere an frisches Heu, habe einen schokoladenartigen Nachgeschmack und dergleichen. Solche Aussagen verwirren, denn derartiges Geschmacksempfinden stellt sich, wenn überhaupt, fast ausschließlich bei denjenigen Rauchern ein, die von Berufs wegen tagtäglich mit Zigarren zu tun haben oder über eine Erfahrung im Genuss von Havannas verfügen, die sich mitunter über Jahrzehnte erstreckt. Eine gute Zigarre schmeckt zunächst einmal nach Tabak – und nach sonst nichts. Und Tabak kann zum Beispiel als mild, erdig, voll oder würzig empfunden werden. Selbst Kubaner, die auf Tabakfeldern oder in Zigarrenfabriken groß geworden sind, schütteln den Kopf, wenn sie von Aussagen hören, die beispielsweise mit folgender Einschätzung enden: »... während sich der Honiggeschmack im letzten Drittel regelrecht festsetzt und noch lange nachhält.«

renwelt im Allgemeinen und des betreffenden Formats im Besonderen an den Kopf werfen. Im realen Leben zugängliche Zeitgenossen, scheinen sie von dem Begriff »Toleranz« noch nie etwas vernommen zu haben, und selbst Zerberus, der Furcht erregende Höllenhund der griechischen Unterwelt, würde es dann nicht wagen, bei solch einer Auseinandersetzung Partei zu ergreifen.

Dabei müsste doch jeder erfreut sein über die Geschmacksvielfalt, welche die breite Palette der Havanna-Formate bietet. Diese Palette sollte deshalb zugleich Plattform für einen regen Austausch zwischen Zigarrenliebhabern untereinander sein, denn so manch einer kann seinem Gegenüber bestimmt die eine oder andere Anregung vermitteln, indem er seine Geschmacksempfindung über bestimmte Formate kundtut und somit seinem Raucherkollegen den einen oder anderen Anstoß gibt, über den bisherigen »Geschmackstellerrand« hinauszublicken und sich Neuland auf dem breiten Feld der Havanna zu erschließen.

Eine Anmerkung darf hier nicht fehlen: Wenn in diesem Buch von Geschmack gesprochen wird, so handelt es sich hier nicht um ein Werturteil, sondern »Geschmack« ist dann als Synonym für den Körperreichtum bzw. die → Stärke einer Havanna-Marke bzw. eines -Formats anzusehen, sagt also nichts über die Qualität einer Zigarre aus und weist schon gar nicht auf ein Genussempfinden hin, das sich bei diesem oder jenem Format so und nicht anders einzustellen hat.

GEWICHT

In einigen Publikationen sind bei den *Habanos-Vitolas* nicht nur Länge und Ringmaß, sondern ist auch das Gewicht angegeben. So sollte beispielsweise eine ›Mareva‹ bzw. ›Petit Corona‹ 8,14 Gramm und eine ›Gran Corona‹ – als größtes Format – 18,63 Gramm wiegen. Die betreffenden Grammangaben mögen zwar eines von mehreren Kriterien sein, um eine echte von einer gefälschten Havanna unterscheiden zu können, doch wenn der jeweilige »Prüfer« ein äußerst penibler Mensch ist und er es bis auf die letzte Stelle hinter dem Komma genau nimmt, wird er mindestens bei jeder zweiten Zigarre eine Grammangabe erhalten, die nicht mit der vorgegebenen übereinstimmt.

Der Hauptgrund: *Torcedores* sind keine Maschinen. Die Handgriffe der einzelnen Zigarrenroller mögen zwar – um beim Beispiel der ›Gran Corona‹ zu bleiben – bei der Herstellung dieses Formats in Zahl und Ausführung gleich sein, absolut identisch sind sie jedoch nicht. So wird vielleicht der eine seine ›Gran Corona‹ eine Idee fester rollen als sein Kollege vier Tische weiter, und der Dritte wird, eventuell seinen Rauchgewohnheiten entsprechend, seine ›Gran Corona‹ einen Hauch leichter rollen als sein Kollege neben ihm. Des Weiteren besteht ein Unterschied zwischen einer frisch gerollten Zigarre sowie einer, die schon mehrere Jahre in einem Humidor gelagert und somit einen gewissen Reifungsprozess durchgemacht hat. All das wirkt sich (minimal) auf das Gewicht aus. Und: Allein die Differenz zwischen einer Luftfeuchtigkeit von beispielsweise 68 Prozent und 72 Prozent führt zu einer (geringen) unterschiedlichen Konsistenz bei ein und demselben Zigarrenformat – und somit zu einem minimal voneinander abweichenden Gewicht, auch wenn sich solche Differenz lediglich im Bereich eines Zehntelgramms bewegen wird. Doch da ein Zehntelgramm lediglich eine andere Messeinheit ist, als es zehn Hundertstelgramm sind, erscheint es einleuchtend, warum eine Gewichtsangabe in Gramm mit zwei Stellen hinter dem Komma eher zur Verwirrung bei der Qualitätsprüfung einer Havanna führt. Deshalb sind auch die oben angeführten zwei Gewichtsangaben die einzigen, die in diesem Buch zu finden sind.

Fazit: Auch in Zukunft braucht der sachverständige *Aficionado* den Gang zum Zigarrenladen nicht in Begleitung einer Briefwaage anzutreten, um sich als Havanna-Fachmann zu erkennen zu geben.

GROSSE MARKEN (VON EINST)

Durch sie und mit ihnen ist ein Großteil Havanna-Geschichte geschrieben worden – manchmal waren sie nur eine Begebenheit am Rande, doch mitunter haben sie sich mit Getöse aus dem Zigarren-Olymp verabschiedet und ihr Reich in einer anderen Region auf dieser Erde abgesteckt. Die Rede ist von den Marken, die einstmals zur Familie der *Habanos* gehörten.

Angefangen hat das im Jahre 1810. Es war ein gewisser Bernardino Rencurrel, der im besagten Jahr das Registerbüro für Warenzeichen in La Habana aufsuchte, um dort den Namen einer Zigarrenmarke eintragen zu lassen. Fortan trugen die Havannas den Namen ihres Schöpfers, eines anerkannten Tabakpflanzers und Zigarrenmachers. Wie viele und wie lange Señor Rencurrel von jenen *Habanos* gefertigt und verkauft hat, entzieht sich allgemeiner Kenntnis. Jedenfalls waren die ›Rencurrels‹ irgendwann Geschichte.

Auf die zweite Marke, die sich im Warenregister von La Habana findet, trifft das nur bedingt zu. Ebenfalls 1810 gegründet, erfuhr sie 1895 eine Namensänderung: Als ›H. de Cabañas y Carbajal‹ hat sie seither zahlreiche Hochs und Tiefs mitgemacht, und ob sie in einigen Jahren ihr zweihundertjähriges Bestehen feiern kann, ist schwer vorherzusagen (→ Weitere Marken).

Wenn das erste Dezennium des 21. Jahrhunderts zu Ende geht, wird auf jeden Fall nicht mehr die ›Calixto López‹ als Havanna-Marke genannt werden. Sie gehörte über einen langen Zeitraum zu den führenden *Habanos*, aber auch zu jenen, deren Produktion nach der Kubanischen Revolution nicht mehr aufgenommen wurde (→ Cohiba). Ihr Gründungsjahr, 1881, fiel übrigens in die Zeit, als in La Habana ein Treiben zu beobachten war, das in etwa mit der Stimmung verglichen werden kann, die gut drei Jahrzehnte zuvor in Kalifornien herrschte. War es im nachmaligen 31. Staat der USA der Goldrausch, der Abenteurer, Glücksritter, Hasardeure und Spekulanten in Scharen an die amerikanische

Westküste trieb, so lockte Kuba mit seinem »braunen Gold«. Hauptanziehungspunkt war die Metropole der Insel, La Habana, und es verging nicht ein Monat, in dem nicht die Produktion von gleich mehreren neuen Marken aufgenommen wurde.

Spätestens zu Beginn der zwanziger Jahre des vorigen Jahrhunderts, als infolge des Ersten Weltkriegs eine weltweite Wirtschaftsrezession einsetzte, erfolgte dann ein großer Schnitt: Bald waren Hunderte von Marken nicht mehr in den Regalen der Tabakwarenhändler zu sehen, und nur diejenigen Havannas, denen Qualität bescheinigt wurde und die einen dementsprechend klangvollen Namen hatten, blieben noch auf dem Markt. Und wenn deren Eigentümer Konkurs anmelden mussten, so gab es noch genügend Konsortien und Unternehmer, welche über ausreichend Kapital verfügten, um große Marken aufzukaufen. Die ›Calixto López‹ überlebte seinerzeit – ein Umstand, der für das Ansehen dieser ehemals großen Marke spricht. Heute gibt es immer noch Zigarren mit diesem klangvollen Namen, doch die im philippinischen Manila hergestellten ›Calixto López‹ genießen bei weitem nicht mehr die Aufmerksamkeit, welche einst die Havannas gleichen Namens bei den Zigarrenliebhabern in aller Welt hatten.

Ein ganz eigenartiges Schicksal musste dagegen die ›Bauza‹ erleben. Auch sie gehörte einst, ebenso wie die ›Calixto López‹, zum Kreis der führenden *Habanos.* Doch während viele große Namen nach der Kubanischen Revolution allmählich in Vergessenheit gerieten, gehörte die ›Bauza‹ den Marken an, welche die kubanische Zigarrenindustrie wieder nach vorne bringen sollten – angesichts ihres Gründungsjahrs (1868) und ihres Ansehens durchaus nachvollziehbar. Auch als 1980 eine ›Bauza‹ aus der Dominikanischen Republik auf den Markt kam (→ Duplikate), hielten die Kubaner die Produktion ihrer ›Bauza‹ aufrecht. Erst zu Beginn der neunziger Jahre ging die Fertigung zurück, ehe sie dann bald ganz eingestellt wurde.

Gegen Ende dieses Jahrzehnts tauchte dann die ›Bauza‹ wieder auf, und zwar vornehmlich in den *Casas del Habano* auf Kuba (→ Las Casas del Habano). Doch handelte es sich dabei gar nicht um Formate dieser altehrwürdigen Marke, sondern um Zigarren anderer Marken, die von den Qualitätsprüfern beanstandet worden waren. Da es sich aber nur um Mängel handelte, die sich nicht auf Machart und Brandverhalten bezogen, sondern um solche, die eher optischer Natur waren (Farbnuancen etc.), wurden auf einmal ›Bolívars‹, ›Cohibas‹ und ›H. Upmanns‹, ›Montecristos‹, ›Punchs‹ und ›Romeos y Julieta‹ zu ›Bauzas‹. Vielleicht wollten die Kubaner auf diese Weise die Rechte an der Marke aufrechterhalten, doch schon bald nach Beginn des Versuchs blieb es denn auch dabei, und somit sind die ›Bauzas‹, die echten wie die unechten, ebenfalls nur noch Geschichte.

Aus besagter »Goldgräberzeit« stammten auch zahlreiche Marken, die auf Don Gustavo zurückgehen. Der Begründer der → Bauchbinde, mit bürgerlichem Namen Gustav Bock Müller, ließ während dieser Zeit etliche Havannas entwickeln, von denen die bekannteste wohl die ›El Aguila de Oro‹ war, so benannt nach der ersten *Fábrica*, die der gebürtige Deutsche gegen Ende der fünfziger Jahre des 19. Jahrhunderts mit einem Teilhaber gegründet hatte. Der ›Goldadler‹ war – zwar nicht immer golden – auch auf den *Anillos* zu sehen, welche den Zigarren anderer Marken Bocks ein interessantes Gesicht gaben.

Lange nach dem Tod des einfallsreichen Fabrikanten gab es noch Bock-Zigarren zu kaufen. Hergestellt wurden sie in der Calle Agramonte No. 106 in La Habana. Dort war der Sitz der ›Tabacalera Cubana‹, lange Zeit die größte *Fábrica* in Kubas Hauptstadt. Noch in den Jahren vor dem Zweiten Weltkrieg verließen Tag für

Tag Tausende *Habanos* von mehr als neunzig (!) Marken die Produktionsstätten dieser altehrwürdigen Fabrik. Darunter waren so bekannte Namen wie ›La Flor de Cuba‹, ›La Flor de Henry Clay‹ und ›A. de Villar y Villar‹ (→ Duplikate), um nur einige zu nennen, aber auch solche, die heute in Vergessenheit geraten sind, wie etwa ›El Pueble‹, ›La Rosa de Santiago‹, ›Lords of England‹, ›The Derby‹ und ›Waldorf Astoria‹. Nach dem Zweiten Weltkrieg hieß die *Fábrica* dann ›Henry Clay‹, während heute ›La Corona‹ dort zu finden ist, mit jährlich rund 17 Millionen gefertigter *Habanos* die größte *Fábrica* des Landes.

Nur ein geringer Teil dessen, was in der Calle Agramonte die Produktionshallen verließ, wurde in der Calle Padre Valera No. 152 gefertigt. Dort ist heute, wenn auch offiziell unter einem anderen Namen (→ Fábricas), die ›Romeo y Julieta‹-Fabrik zu finden, in der seinerzeit natürlich in erster Linie die *Habanos* gleichen Namens von den *Torcedores* gerollt wurden, aber auch die der ›Maria Guerrero‹ – eine Marke, deren Produktion man erst vor einigen Jahren einstellte. Sie war übrigens eine von rund dreihundert (!) Marken, die vor dem Zweiten Weltkrieg in mehr als dreißig *Fábricas* hergestellt wurden, die allein in La Habana angesiedelt waren.

Eine weitere bedeutende *Fábrica* war in der Calle Industria No. 520 zu finden. Hier, im Herzen der Altstadt von La Habana, wurden vornehmlich die Zigarren der Marken ›Cifuentes‹, ›Partagás‹ und ›Ramón Allones‹ produziert (→ Partagás). Die beiden Letzteren gehören noch heute zu den bekanntesten *Habanos*, während die Zigarren des Ramón Cifuentes, einer der größten Zigarrenmacher des 20. Jahrhunderts, heute nicht mehr in den Angebotslisten von ›Habanos S.A.‹ aufgeführt sind und auf Jamaika hergestellt werden (→ Duplikate). Schade drum, denn auch die Marke ›Cifuentes‹ – die Produktion wurde erst mit Beginn der neunziger Jahre eingestellt – war bei Havannophilen in aller Welt hoch angesehen.

Einen guten Klang hatten auch die Namen ›Davidoff‹ und ›Dunhill‹. Sie schrieben ein ganz eigenes Kapitel der Havanna-Historie. Nachdem die Kubaner dem großen Connaisseur Zino Davidoff den Vorschlag unterbreitet hatten, auf Kuba Havannas unter seinem Namen herstellen zu lassen, ließ sich das der Kosmopolit in Sachen Zigarren nicht zweimal sagen (→ Hoyo de Monterrey). In der Folgezeit gab es dann *Habanos* von ›Davidoff‹, deren Erwähnung noch heute bei alten Havanna-Liebhabern dazu führt, dass ihr Speichelfluss augenblicklich angeregt wird. Jedenfalls gehörten die kubanischen ›Davidoffs‹, hergestellt in seiner geliebten Fabrik ›Fernandéz, Palicio y Cia.‹, mit zum Feinsten, was, in Zigarrenkisten verpackt, die Karibikinsel jemals verließ, und viele sehen in der ›Davidoff Château Dom Pérignon‹ die beste Zigarre, die jemals hergestellt worden ist.

Leider dauerte die Liaison zwischen den Kubanern und dem Schweizer nur zwei Dezennien. Im Jahre 1988 beendeten sie ihre Zusammenarbeit. Die Gründe hierfür sind bis heute nicht eindeutig zu verifizieren. Aus kubanischer Sicht lag es an Davidoff, der versucht habe, auf jeden einzelnen Arbeitsschritt einzuwirken, während der so Gescholtene der Meinung war, er habe lediglich seine Vorstellungen äußern, nicht jedoch irgendeinen entscheidenden Einfluss auf irgendeinen Arbeitsgang ausüben dürfen, wodurch es schließlich zu Problemen hinsichtlich der Qualität gekommen sei. Meist ist in solch einem Fall die Wahrheit eine andere. Es werden wohl Meinungsverschiedenheiten über das Eigentum an dem Warenzeichen ›Davidoff‹ gewesen sein, die zu diesem Bruch führten. Gleichwohl ist es müßig, darüber zu spekulieren, denn es ist Fakt, dass es keine kubanischen ›Davidoffs‹ mehr gibt. Seit langem werden die Zigarren mit dem berühmten Namen in der Dominikanischen Republik hergestellt, wozu sich Zino Davidoff und Dr. Ernst Schneider nach der Trennung entschlossen hatten. Der Letztgenannte, Leiter der in Basel ansässigen ›Oettinger-Gruppe‹, einem Handelsunternehmen im Bereich Tabakwaren – Dr. Ernst Schneider also, langjähriger Freund und Vertrauter Zino Davidoffs, hatte 1970 das Geschäft des gebürtigen Ukrainers übernommen und machte in der Folgezeit ›Davidoff‹ – über den Bereich »Zigarren« hinaus – durch geschicktes Marketing zu einer der, was das Exquisite betrifft, ganz großen Marken dieser Welt. Und nach wie vor gehören die ›Davidoffs‹ zu jenen Zigarren, welche auf der »Premium-Pyramide« ganz weit oben angesiedelt sind. Das darf selbst in einem Buch, das die Havanna zum Thema hat, nicht verschwiegen werden.

> »Ich hatte eine gute Ehe mit Kuba. Sie dauerte viele Jahre. Aber dann war es Zeit für eine Veränderung. Ich fand eine jüngere, schlankere Lady – also habe ich mich neu verheiratet.«
>
> Zino Davidoff, über lange Jahre der größte Havanna-Händler weltweit und rund zwei Dezennien Havanna-Produzent, zu seinem Bruch mit der damaligen staatlichen Gesellschaft ›Cubatabaco‹

Entwicklung und Ende der ›Dunhill‹-Havannas verliefen ähnlich wie bei ›Davidoff‹. Auch die englische Nobelmarke startete 1968 auf Kuba mit der Produktion von Havannas, und unter dem Label ›Dunhill‹ gehörten diese *Habanos* ebenfalls zu den gefragteren unter den Zigarren, die auf Kuba hergestellt wurden, wobei der Hauptabsatzmarkt, wen wundert's, Großbritannien war. Hieß bei den ›Davidoffs‹ die Fertigungsstätte ›Hoyo de Monterrey‹ (vormals ›Fernandéz, Palicio y Cia.‹), so waren es bei den ›Dunhills‹ die *Tabacaleros* von ›Romeo y Julieta‹, welche für die Qualität der ›Dunhills‹ die Verantwortung trugen. Von dieser Qualität konnten sich die Havanna-Liebhaber nur bis Ende der achtziger Jahre überzeugen, denn kurz nach dem Bruch zwischen den Kubanern und Schweizern kündigten unter ähnlichen Begleitumständen auch Kubaner und Briten ihre Zusammenarbeit auf. Sucht der Interessierte heute nach dem Herstellungsland der Premium-Zigarren, die den Namen ›Dunhill‹ tragen, so wird er auf zwei Ländernamen stoßen: Dominikanische Republik und Honduras.

›Davidoff‹ und ›Dunhill‹ gehören somit weiterhin zu den gefragteren Produkten bei den Zigarrenfreunden, während an die Zeiten vor und zwischen den Weltkriegen und an die Zeit vor der Kubanischen Revolution neben den Marken, die noch existieren, vor allem diejenigen *Marcas del Habano* erinnern, welche diese Zeiten nicht überlebt haben. Von vielen jener Marken, die einst einen Großteil der Zigarrenwelt beherrschten und die mit der Aura des Außergewöhnlichen behaftet waren, sind nur die Namen geblieben ...

HAVANNA-ZIGARREN

Der Definition einer »echten« Havanna sind enge Grenzen gesetzt. Obwohl auch an anderer Stelle darauf eingegangen wird (→ Fábricas), sei es hier ebenfalls gesagt: Die Definition sieht vor, dass eine derartige kubanische Zigarre als Longfiller ausnahmslos handgerollt sein muss, wobei die verwendeten Tabake nur aus der Vuelta Abajo stammen dürfen.

Auf ähnliche Weise werden Premium-Zigarren definiert. Auch sie haben aus einem Langblatt-Wickel nebst dazugehörigem Deckblatt zu bestehen, müssen ebenfalls komplett per Hand hergestellt sein und als drittes Qualitätsmerkmal das Etikett ›100 Prozent Tabak‹ aufweisen.

Das alles mag dazu dienen, für den *Aficionado* gute von weniger guten Zigarren unterscheidbar zu machen. Das Ganze kann aber auch jenen Schuss auslösen, der nach hinten losgeht. Was ist denn mit den »Premium-Zigarren«, deren Tabakmischung alles andere als wohlschmeckend ist und die zwar handgemacht, aber aufgrund ihrer Ausführung und Machart weit unter etlichen maschinell gefertigten Zigarren anzusiedeln sind? Es bleiben nach wie vor Premium-Zigarren! Wo viel Licht ist, ist eben meist auch viel Schatten, und somit kann sich ein gut gemeinter Qualitätshinweis mitunter selbst ad absurdum führen.

An diesem Punkt taucht meist die Frage auf, ob man denn einer maschinell gefertigten eine handgemachte Zigarre bevorzugen soll. Wirklich gute Premium-Zigarren – und davon gibt es eine ganze Menge – bürgen normalerweise für einen ungetrübten Rauchgenuss, und auf die Havannas bezogen, kann es auch hier nur heißen: Eine handgemachte Longfiller-Havanna ist einer maschinell gefertigten immer vorzuziehen – wenn denn beim *Aficionado* das Genusserlebnis die absolute Priorität hat. Wobei anzumerken ist, dass es sich bei der kubanischen Exportware nie um solche Zigarren handelt, die komplett maschinell gefertigt sind. Stets dienen die letzten Handgriffe eines *Torcedor* dem »Anbrin-

Long-, Medium- und Shortfiller auf Kuba[1]

Klassifikation	Einlage	Auswirkungen auf das Rauchen
Longfiller Bezeichnung bei Havannas: **Totalmente a mano**	Die Einlage besteht aus drei Blättern hochwertigen Tabaks, bei kleinvolumigen Formaten meist aus zwei, wobei die Zigarre komplett per Hand hergestellt wird.	Die Räume zwischen den gestreckten Blättern bilden über die gesamte Länge der Zigarre durchgängig Luftkanäle und lassen so einen gleichmäßigen Zug zu. Dabei hält sich die Asche relativ lang.
Mediumfiller Bezeichnung bei Havannas: **Hecho a mano**	Die Einlage besteht aus abgerissenen Blattteilen zum Teil hochwertigen Tabaks, während für das Umblatt gestreckte Blatthälften genommen werden. Zigarren solchen Typs werden komplett von Hand hergestellt.	Da hier keine durchgängigen Kanäle bestehen, sucht sich der Rauch seinen Weg durch die vergleichsweise großen Windungen der einzelnen Blattteile. Die Länge der Asche ist etwas geringer als bei Longfiller-Zigarren.
Shortfiller Bezeichnung bei Havannas: **Hecho en Cuba**	Im Gegensatz zum Mediumfiller wird der Einlage-Tabak maschinell zerkleinert. Hierbei handelt es sich zum einen um Tabakreste, die bei der Verarbeitung von Longfillern anfallen, also um guten bis sehr guten Tabak, zum anderen um solchen, der nicht an die Longfiller-Qualität heranreicht. Bei Zigarren solchen Typs wird nur der Wickel maschinell gefertigt.	Shortfiller scheinen mitunter ausgewogener als Mediumfiller. Ursache sind die recht kleinen Tabakpartikel, die sich homogener mischen lassen als Blattteile. Außerdem wirken Shortfiller vergleichsweise leichter. Auch das liegt an den kleinen Partikeln, die als eine Art Filter fungieren, weshalb solche Zigarren zum Schluss hin oft bitter schmecken. Shortfiller weisen bei der Asche die geringste Länge auf.

[1] In anderen Ländern wird mitunter zwischen Long- und Mediumfillern nicht mehr unterschieden. Hier werden schon mal Mediumfiller als Longfiller bezeichnet, um so in den Stand der ›Premium-Zigarren‹ zu gelangen. Das ist jedoch von Marke zu Marke verschieden, und eine generelle Aussage lässt sich diesbezüglich nicht machen. Seriöse Anbieter kennzeichnen ihre Marken diesbezüglich.

gen« des Deckblatts, das heißt: Die *Capa* wird von Hand über den Wickel gerollt – sei es nun eine Longfiller- oder eine Shortfiller-Zigarre.

Mittlerweile wird auf Kuba noch eine weitere Herstellungsmethode praktiziert – womit wir bei den engen Grenzen sind, die deshalb nie rigide gezogen werden sollten, weil durch etwas Neues auch einer neuen Definition Raum gegeben werden muss: Seit Januar 2001 gibt es nicht nur die Stempel bzw. die Hinweise *Totalmente a mano* und *Hecho en Cuba*, sondern auch *Hecho a mano*. Bei Zigarren, deren Herstellung sich auf den letzteren Begriff bezieht, handelt es sich um so genannte ›Mediumfiller‹, das heißt, dass hierbei längere Tabakstücke als jene verwendet werden, die man für Shortfiller, und kürzere, die man für Longfiller gebraucht (siehe auch Tabelle auf Seite 122).

Bis Ende 2000 unterschieden sich die *Habanos* lediglich zwischen handgemachten und maschinell gefertigten Zigarren. Alles, was nicht den Kriterien einer Longfiller-Havanna entsprach, zählte demnach zur Kategorie ›maschinell gefertigt‹. Obwohl die kubanischen Mediumfiller ebenfalls komplett per Hand hergestellt werden, sind sie eher den Shortfillern als den Longfillern verwandt. Aus diesem Grund werden sie auch in den Tabellen auf den Seiten 106 bis 110 zu den maschinell gefertigten Formaten gezählt. Das ist auch deswegen sinnvoll, weil man selbst auf Kuba nicht vorhersagen kann, welche *Vitola* in nächster Zeit denn nun aus den kleinen Tabakpartikeln (Shortfiller) oder den etwas größeren Blattteilen (Mediumfiller) hergestellt werden wird.

Da bei der weiter oben gestellten (und allgemein gehaltenen) Frage noch andere Faktoren hineinspielen, soll die Tabelle auf Seite 124 einen Überblick darüber verschaffen, welche Kriterien bei der Wahl zwischen Long- und Shortfiller – neuerdings auch Mediumfiller – eine Rolle spielen können. Beide Tabellen machen unter anderem aber auch deutlich, dass es durchaus Situationen geben kann, in denen sich der Einzelne für eine bestimmte Zigarre und somit eventuell für einen Rauchgenuss entscheidet, der von dem, dem er normalerweise frönt, etwas abweicht, also eine Alternative wählt. Mit dem Zigarrenrauchen verhält es sich nämlich nicht anders als mit vielen weiteren Dingen des täglichen Lebens: Manchmal kann es, ja muss es auch einmal etwas anderes sein als Kaviar – um einen Buchtitel von Johannes Mario Simmel abgewandelt zu gebrauchen.

Vor- und Nachteile von handgemachten und maschinell gefertigten Zigarren

Machart	Vorteile	Nachteile
Totalmente a mano[1]	Hochwertiges Deckblatt. Hochwertige Tabake. Optisch ansprechende Zigarren. Gutes Zug- und Brandverhalten.	In der Regel ziemlich teuer. Empfindliches Deckblatt. Teilweise schwankende Rollqualität. Ist ein Blatt von minderer Qualität, so beeinträchtigt das den Genuss über die gesamte Zigarrenlänge. Aufwendige Lagerung. Oftmals ist eine lange Zeit erforderlich, bis die Zigarren ihren geschmacklichen Zenit erreicht haben.
Hecho a mano[2]	Preisgünstig. Gutes Preis-Leistungs-Verhältnis. Einfache, aber konstante Qualität. Kann sofort geraucht werden.	Hin und wieder nur mittelmäßige Tabake. Optisch nicht immer ansprechende Zigarren. Geschmacklich teilweise nur bedingt ansprechend.
Totalmente a máquina[3]	Sehr preisgünstig. Teilweise äußerst gutes Preis-Leistungs-Verhältnis. Einfache Lagerung. Klimatisierung nicht unbedingt erforderlich. Kann sofort geraucht werden. Durch »robustes« Deckblatt meist problemlos zu transportieren.	Teilweise einfache Tabake. Optisch eher »rustikale« Zigarren. Geschmacklich manchmal recht aggressiv.

[1] Totalmente a mano = Komplett von Hand gemacht.
[2] Hecho a mano = Hierzu zählen auch die Havannas, die unter die Herstellungsart ›Hecho en Cuba‹ fallen, also nur teilweise maschinell gefertigt sind. Beide Zigarrentypen gleichen sich sehr stark und haben bedeutend mehr Gemeinsamkeiten als etwa Havannas, welche die Bezeichnung ›Totalmente a mano‹ und ›Hecho a mano‹ tragen. Obwohl auch Mediumfiller komplett von Hand gemacht sind, ist der wesentliche Unterschied zu den Longfillern bei der Blattart zu suchen.
[3] Totalmente a máquina = Hier wird die Zigarre komplett maschinell gefertigt. Auf Kuba wendet man diese Herstellungsart nicht an.

Noch ein Wort zur »Definition« einer Havanna: Penibel abgesteckte bzw. gezogene Grenzen lassen, in welchen Bereichen auch immer, naturgemäß wenig Spielraum und engen vorhandenes Kreativitätspotenzial ein. Darüber hinaus schaffen sie Situationen wie die eingangs beschriebene, die mitunter mehr schaden als nutzen. Außerdem: Der *Aficionado* selbst entscheidet letztendlich, welche Zigarren er bevorzugt raucht, und unter »seinen« persönlichen »Premiums« können demnach durchaus auch solche *Habanos* sein, die jener eng gefassten Definition nicht genügen. Ein gestandener

Zigarrenkenner kümmert sich um so etwas herzlich wenig. Und weil das so ist, lässt das, bezogen auf die kubanischen Exportzigarren, nur den Schluss zu: Jede von ihnen wird als ›Havanna‹ anerkannt und auch so behandelt – jedenfalls in diesem Buch.

H. DE CABAÑAS Y CARBAJAL → WEITERE MARKEN

HERSTELLUNG (UND »BILDUNG«)

Bevor der *Torcedor*, allgemein der wohl bekannteste aller *Tabacaleros*, seine Arbeit beginnt und aus *Tripa*, *Capote* und *Capa* ein bestimmtes Format rollt, durchlaufen die Tabakblätter, nachdem sie als *Tercios* in der Zigarrenfabrik eingetroffen sind (→ Fermentation), zuvor noch einige andere Abteilungen.

Die als *Capas* vorgesehenen Blätter werden zunächst befeuchtet, um sie dann, nachdem man ihnen die jeweilige Mittelrippe entfernt hat, nach Größe, Struktur und Farbe zu sortieren. Dagegen kommen die Blätter, welche später den Wickel bilden, nicht mit Wasser in Berührung, da sie noch eine gewisse Zeit des Reifens benötigen. So beträgt beispielsweise für Blätter der Sorte *Volado* die Reifezeit etwa ein Jahr, während bei denjenigen der Sorte

> Wie hoch der Aufwand bei der Behandlung der Tabakblätter während der gesamten Zeit ist, wird deutlich, wenn man einmal den Fokus auf die Befeuchtung der *Capas* richtet: Sie werden nicht mal eben mit Wasser bespritzt, sondern in den ersten kühlen Morgenstunden befeuchtet, worauf man das überschüssige Wasser abschüttelt, um schließlich die Blätter die darauf folgende Nacht über aufzuhängen. Nur dieses aufwendige Prozedere führt dazu, dass sich die Feuchtigkeit gleichmäßig verteilt.

Ligero mit wenigstens zwei Jahren gerechnet werden muss (→ Tabakpflanzen).

Wann nun die einzelnen Phasen als beendet gelten, entscheidet der Mischmeister, der *Ligador*, welcher über die ganze Zeit hinweg die Entwicklung der verschiedenen Blattsorten kontrolliert. Erst wenn er die jeweiligen Blattsorten für im wahrsten Sinne des Wortes »reif« hält, werden sie der Mischabteilung, der *Barajita*, zugeführt. Nun befinden sie sich im »Heiligtum« einer jeden *Fábrica*, führt man hier doch unter strengsten Sicherheitsvorkehrungen den Mischprozess durch, wobei die Tabakkomposition für jedes Format einer jeden Marke sorgsam gehüteten Geheimrezepten folgt. Nur so viel lässt sich aus dem Geschmack einer *Habano* ableiten: Schmeckt sie relativ stark, so überwiegt der Anteil des *Ligero*, ist hingegen der Körper recht mild, so enthält die Zigarre mehr *Seco*.

Erst jetzt beginnt die Arbeit des *Torcedor*. Nachdem er eine Tabakmischung für fünfzig Formate erhalten und sich auf seinem Tisch die einzelnen Blätter nach *Tripa*, *Capote* und *Capa* geordnet und zurechtgelegt hat, rollt er auf der *Tabla*, einem rechteckigen Holzbrett, die Einlage in das Umblatt und bildet daraus den Wickel. Im Anschluss schneidet er sich mit seiner *Chaveta*, einer oval verlaufenden großflächigen Klinge, das vorgesehene Deckblatt auf die benötigte Größe zurecht, um es nun langsam über den Wickel, die *Bonche*, zu rollen, wobei er während dieses Vorgangs den noch unfertigen Zigarrenkörper durch starken und weniger starken Druck seiner Finger in eine ebenmäßige Form bringt. Danach schneidet er sich von dem übrig gebliebenen Deckblatt ein kleines Stück ab und formt daraus die Kappe, die er mit einem winzigen Tropfen geruchlosen Pflanzenleims, ›Tragant‹ genannt, am Zigarrenkopf anbringt. Dieser Vorgang wiederholt sich bei einem erfahrenen *Torcedor* bis zu hundertfünfzigmal am Tag, vorausgesetzt, es handelt sich um ein »normales« Format, beispielsweise um eine ›Corona‹. Bei schwierig zu rollenden *Figurados* sowie bei den recht großen Formaten ist die Stückzahl, auf die ein *Torcedor* am Tag kommt, natürlich eine geringere.

Bevor nun die *Habanos* ihre Heimat verlassen, sind noch in weiteren Abteilungen manche Handgriffe erforderlich, ehe sie ihre Reise antreten können (→ Kontrolle).

Die Arbeitsplätze der Zigarrenroller befinden sich in einer großen Halle, der *Galera* (→ Formate). Dort steht auch der Stuhl einer wahren Institution in den *Fábricas* auf Kuba: der des *Lector*. Dieser Mann geht seiner Tätigkeit in der wahrsten Bedeutung dieses lateinischen Wortes nach: Als (Vor-)Leser bringt er den rund zweihundert *Torcedores* – eine durchaus realistische Zahl für die alteingesessenen Zigarrenfabriken in La Habana – während der Arbeitszeit Werke großer Klassiker und zeitgenössischer Autoren nahe, übermittelt ihnen die neuesten Nachrichten, welche die *Granma* bereithält, die Parteizeitung der ›Partido Cominista de Cuba‹, und wenn er eine Lesepause einlegt, dann ertönt aus den Lautsprechern der Radioanlage Musik, auch solche westlicher Herkunft.

Der *Lector* hat in den kubanischen Zigarrenfabriken eine lange Tradition. Es soll, so die Überlieferung, zu Beginn des Jahres 1866

In früherer Zeit betitelte man die *Torcedores* in den *Habanos-Fábricas* als »Intellektuelle des Proletariats«. Das trifft vor allem auf die Zeit des 19. Jahrhunderts zu, galt aber darüber hinaus bis zur Kubanischen Revolution. Eine ihrer vorrangigsten Aufgaben sah die neue Staatsführung unter Castro in der Durchführung einer umfassenden Bildungsreform. Oberstes Ziel war dabei die Abschaffung des weit verbreiteten Analphabetentums. Heute gilt Kuba weltweit als eines der Länder, das in diesem Punkt eine der niedrigsten Raten aufweist. Doch auch vor diesem Hintergrund gelten die *Torcedores* wie ehedem als die »belesensten« Arbeiter der gesamten werktätigen Bevölkerung der Karibikinsel.

gewesen sein, als in der *Galera* der *Fábrica* von ›Partagás‹ solch eine »Gestalt« auftauchte, um den *Torcedores* Romane von großen Schriftstellern zu Gehör zu bringen. So erfuhren die Zigarrenroller im 19. Jahrhundert, was beispielsweise Charles Dickens, Victor Hugo und Alexander Puschkin ihren Lesern mit Romanen wie *Oliver Twist*, *Les Misérables* und *Pique Dame* vermitteln wollten, und so konnten sie im 20. Jahrhundert nachvollziehen, warum etwa die US-Amerikaner William Faulkner und Ernest Hemingway den Nobelpreis für Literatur zugesprochen bekommen hatten.

Vor etlichen Jahren gingen einige *Fábricas* dazu über, die *Lectores* durch Radios zu ersetzen. Doch die blechern klingenden Apparate konnten die Vorleser, diese lieb gewordene »Institution«, nie ablösen – und so teilen sich heute Mensch und Maschine jene »Arbeit«, die der musikalischen Unterhaltung und der literarischen Weiterbildung der *Torcedores* in den kubanischen *Habanos-Fábricas* dient.

HERSTELLUNGSCODES → ZIGARRENKISTEN

HOYO DE MONTERREY

Seine eigene Marke, ›La Escepción de José Gener‹, wird schon seit einigen Jahren so gut wie nicht mehr hergestellt (→ Weitere Marken), doch der Name »José Gener«, einer der ganz Großen der kubanischen Zigarrenwelt des 19. Jahrhunderts, lebt in zahlreichen Logos sowie *Bofetóns*, *Cubiertas* und *Vistas* weiter, jenen farbenfrohen → Lithographien, die so typisch für die kubanischen → Zigarrenkisten sind. Gemeint sind die Kisten der Marke ›Hoyo de Monterrey‹, die auf José Gener zurückgehen.

Angefangen hat das alles in dem Flecken San Juan y Martínez Monterrey, gelegen in der Vuelta Abajo. Eine Inschrift, angebracht an einem schmiedeeisernen Tor, weist auf das Jahr hin: »Hoyo de Monterrey. José Gener. 1860«. Dieser Inschrift ist auch noch etwas anderes zu entnehmen: Hinter besagtem Tor befand sich die *Vega*, nach der die seit ihrer Gründung sehr beliebte Havanna-Marke benannt ist.

Seit jeher lieben die *Vegueros* Tabakfelder, die Bodensenken aufweisen, weil sie den Ablauf überschüssigen Wassers auf natürliche Weise begünstigen – und Wasser gibt es in der Provinz Pinar del Río reichlich, insbesondere im kubanischen Sommer, wenn lang andauernde Regengüsse die Felder der Vuelta Abajo regelrecht überschwemmen. Da sind solche Bodensenken bzw. »Gruben«, denn nichts anderes bedeutet der Plural von *Hoyo*, sehr von Vorteil. Demnach bezeichnet der Name ›Hoyo de Monterrey‹ eine Grube bzw. Gruben, die unweit des Örtchens Monterrey zu finden sind, wobei für das Wort »Grube« auch der Begriff »Senke« stehen kann.

Das Logo der ›Hoyo de Monterrey‹ dient auch als *Vista*

Fünf Jahre nach Inbetriebnahme der besagten *Vega*, also 1865, kamen die ersten ›Hoyos de Monterrey‹ auf den Markt, nachdem José Gener die Zigarrenfabrik ›La Escepción‹ hatte bauen lassen. So jedenfalls lautet die allgemeine Lesart. Im Laufe der Jahre stiegen dann die ›Hoyos‹ zu den bekanntesten und beliebtesten *Habanos* auf.

Der Erfolg der Marke lag nicht zuletzt an dem guten geschäftlichen Gespür des gebürtigen Katalanen. Das kam nicht von ungefähr, denn was das Kaufmännische betraf, konnte sich José Gener bei seinen Aktivitäten stets der materiellen Hilfe seiner Familie und seiner nahen Verwandtschaft gewiss sein, wovon auch die kurz aufeinander folgenden Unternehmensgründungen zeugen, die, nachdem sich ›La Escepción‹ etabliert hatte, in den Jahren darauf zu verzeichnen waren und die sich an den Firmennamen dokumentieren lassen: ›José Gener y Miguel‹, ›José Gener y Ca.‹, schließlich ›José Gener y Batet‹. Diese Unternehmensfolge lässt vermuten, dass es sich hier jeweils um Neugründungen ein und derselben Firma handelte, was wiederum den Schluss zulässt, dass dies aus steuerlichen Gründen geschah. Jedenfalls war José Gener

ein geschäftstüchtiger Zigarrenmacher und -fabrikant, und als er schließlich im Jahre 1900 starb, hinterließ er ein gut florierendes Unternehmen.

Im Zuge dieser Geschäftstätigkeit lässt es sich nicht mehr lückenlos nachvollziehen, wann und unter welchem genau zu definierenden Namen José Gener seine einzelnen Marken gründete. So sind in den Quellen nicht nur die Marken ›La Escepción de José Gener‹ und ›Hoyo de Monterrey‹ zu finden, sondern der Interessierte stößt auch auf Marken, die von den genannten etwas abweichen: ›Gener‹, ›José Gener‹ und ›La Escepción‹ ist da ebenfalls zu lesen. Gut möglich, dass diese verwirrende Ähnlichkeit dazu beigetragen hat, dass die Gründungsjahre der einzelnen Marken nicht lückenlos zurückzuverfolgen sind. So verweist eine

Bauchbinde der ›Hoyo de Monterrey‹ aus früherer Zeit auf das Gründungsjahr 1878 hin, da diese Zahl in Bezug zu der Jahreszahl 1928 steht. Solchen Angaben bedient man sich auch heute noch, wenn man den runden Geburtstag einer Firma oder einer Marke begeht und dieses Jubiläum zum Anlass nimmt, auf das Gründungsjahr hinzuweisen.

Zurück zur Marke selbst. Alsbald verkauften die Nachkommen des José Gener das Unternehmen an ein Konsortium, dem die Señores Ramón Fernandéz und Fernando Palicio vorstanden, wodurch die Marke, deren vollständiger Name ›Hoyo de Monterrey de José Gener‹ lautete und der noch heute auf den angesprochenen Lithographien zu lesen ist, Teil dieses Konsortiums wurde, das mehrere *Manufacturas* unterhielt und zu dem folglich noch weitere Marken gehörten, so etwa die ›Belinda‹ (→ Weitere Marken).

Auch das Logo der Serie ›Le Hoyo‹ verweist auf den Urheber der Marke, auf José Gener

Kurz nach Ende des Zweiten Weltkriegs sollte dann ein Mann für frischen Wind in den Fabrikhallen von ›Fernandéz, Palicio y Cia.‹ sorgen, der sich Jahre zuvor auf seinen Wanderjahren über etliche Monate auf kubanischen *Vegas* und in den dortigen *Fábricas* sein Grundwissen in Sachen *Habanos* erworben hatte und der seit dieser Zeit eng mit der insularen Zigarrenindustrie verbunden war, wobei er stets eine besondere Affinität zu den ›Hoyos‹ an den Tag legte: 1946 erschien auf Betreiben des gebürtigen Ukrainers Zino Davidoff die Serie ›Hoyo de Monterrey Château‹. Diese Zigarren, deren Formate der in Genf ansässige Kosmopolit nach einigen der gesuchtesten ›Grand Crus‹ aus dem Bordelais benannte, waren bald

»Als ich zwanzig war, verliebte ich mich in die weiten Tabakplantagen auf Kuba. Diese große Jugendliebe ist niemals erloschen. Aus heutiger Sicht kann ich sagen: Mein ganzes Leben hat im Dienste all jener – Jung und Alt – gestanden, die der Zigarre treu ergeben waren. Ja, wirklich, der Zigarre gehörte mein Leben. Ihr verdanke ich alles – Freud und Leid, den Spaß an der Arbeit und die vergnüglichen Stunden der Freizeit, die sie einem verschaffen kann, und ihr verdanke ich eine ganze Reihe philosophischer Betrachtungsweisen, zu denen ich im Laufe meines Lebens gelangt bin.«

Zino Davidoff, Zigarrenliebhaber durch und durch, in einer Retrospektive

Großvolumige Formate der Marke ›Hoyo de Monterrey‹

Handelsname (Vitola de salida) sowie Produktionsname (Vitola de galera)	**Länge** in Millimetern (in)	**Ringmaß** (bzw. Durchmesser in mm)	International entsprechende **Bezeichnung**	**Stärke**[1] und **Aroma**[2]
Churchills Julieta No. 2	178 (7)	47 (18,7)	Churchill	3 • • •
Concordes Julieta No. 2	178 (7)	47 (18,7)	Churchill	2 • •
Double Coronas Prominente	194 (7⅝)	49 (19,5)	Double Corona	2 •
Epicure No. 1 Corona Grande	155 (6⅛)	42 (16,7)	Long Corona	2 • •
Epicure No. 2 Robusto	124 (4⅞)	50 (19,8)	Robusto	1 •
Humidor No. 1 (Cello) Conserva	145 (5¾)	44 (17,5)	Corona	2 • • •
Particulares Gran Corona	235 (9¼)	47 (18,7)	Giant	1 •

[1] Stärke der Zigarre: 1 = sehr mild; 2 = mild; 3 = mittel (–); 4 = mittel (+); 5 = ausgeprägt; 6 = sehr ausgeprägt
[2] Aroma-Entfaltung: • = verhalten; • • = angenehm bis präsent; • • • = sehr präsent; • • • • = überaus präsent

sprichwörtlich in aller Munde – »wären gewesen« hieße es besser, denn die ›Châteaus‹, beileibe nicht preiswert, waren schon bald so gefragt, dass die *Tabacaleros* in dem Gebäude No. 51 in der Calle Maximo Goméz nicht mit der Produktion nachkamen. Noch heute schwärmen ältere Havanna-Kenner von dieser Serie, deren Zigarren noch zu ihren Lebzeiten Kultstatus hatten.

Als dann 1968 die damalige staatliche Gesellschaft ›Cubatabaco‹ dem gebürtigen Ukrainer anbot, *Habanos* unter seinem Namen auf der Zuckerrohrinsel herstellen zu lassen, ließ sich das der ge-

> »Mit einer gut gewählten Zigarre ist man jederzeit gewappnet gegen die Unbill des Lebens. Ein bisschen blauer Dunst beseitigt auf geheimnisvolle Weise alle Sorgen.«
>
> Zino Davidoff, kosmopolitischer Zigarrenkenner

Mittelvolumige Formate der Marke ›Hoyo de Monterrey‹

Handelsname (Vitola de salida) sowie Produktionsname (Vitola de galera)	**Länge** in Millimetern (in)	**Ringmaß** (bzw. Durchmesser in mm)	International entsprechende **Bezeichnung**	**Stärke**[1] und **Aroma**[2]
Coronations (Tubos) Mareva	129 (5⅛)	42 (16,7)	Petit Corona	2 • •
Exquisitos (Cello) Petit Cetro	129 (5⅛)	40 (15,9)	Petit Corona	2 • •
Hoyo Coronas Corona	142 (5⅝)	42 (16,7)	Corona	2 • • •
Palmas Extra (Cello) Crema	140 (5½)	40 (15,9)	Corona	2 • •
Petit Coronations (Tubos) Franciscano	116 (4⅝)	40 (15,9)	Petit Corona	2 •
Royal Coronations (Tubos) Corona	142 (5⅝)	42 (16,7)	Corona	2 •
Short Hoyo Coronas Mareva	129 (5⅛)	42 (16,7)	Petit Corona	2 •
Souvernirs de Luxe (Cello) Petit Corona	129 (5⅛)	42 (16,7)	Petit Corona	2 •

[1] Stärke der Zigarre: 1 = sehr mild; 2 = mild; 3 = mittel (–); 4 = mittel (+); 5 = ausgeprägt; 6 = sehr ausgeprägt
[2] Aroma-Entfaltung: • = verhalten; • • = angenehm bis präsent; • • • = sehr präsent; • • • • = überaus präsent

Kleinvolumiges Format der Marke ›Hoyo de Monterrey‹

Handelsname (Vitola de salida) sowie Produktionsname (Vitola de galera)	**Länge** in Millimetern (in)	**Ringmaß** (bzw. Durchmesser in mm)	International entsprechende **Bezeichnung**	**Stärke**[1] und **Aroma**[2]
Margaritas Carolina	121 (4¾)	26 (10,3)	Cigarillo	2 •

[1] Stärke der Zigarre: 1 = sehr mild; 2 = mild; 3 = mittel (–); 4 = mittel (+); 5 = ausgeprägt; 6 = sehr ausgeprägt
[2] Aroma-Entfaltung: • = verhalten; • • = angenehm bis präsent; • • • = sehr präsent; • • • • = überaus präsent

schäftstüchtige Wahl-Schweizer nicht zweimal sagen und ging mit Verve daran, ›Davidoffs‹, »Hecho en La Habana«, zu kreieren (→ Große Marken).

Das bedeutete aber auch das Ende der Serie ›Château‹. Doch schon in den siebziger Jahren hatte ›Hoyo de Monterrey‹ eine neue »Tochter«: Die Serie ›Le Hoyo‹ war ins Leben gerufen wor-

Großvolumiges Format der Serie ›Le Hoyo‹ der Marke ›Hoyo de Monterrey‹

Handelsname (Vitola de salida) sowie Produktionsname (Vitola de galera)	**Länge** in Millimetern (in)	**Ringmaß** (bzw. Durchmesser in mm)	International entsprechende **Bezeichnung**	**Stärke**[1] und **Aroma**[2]
Le Hoyo des Dieux Corona Grande	155 (6⅛)	42 (16,7)	Long Corona	4 • • •

[1] Stärke der Zigarre: 1 = sehr mild; 2 = mild; 3 = mittel (–); 4 = mittel (+); 5 = ausgeprägt; 6 = sehr ausgeprägt
[2] Aroma-Entfaltung: • = verhalten; • • = angenehm bis präsent; • • • = sehr präsent; • • • • = überaus präsent

Mittelvolumige Formate der Serie ›Le Hoyo‹ der Marke ›Hoyo de Monterrey‹

Handelsname (Vitola de salida) sowie Produktionsname (Vitola de galera)	**Länge** in Millimetern (in)	**Ringmaß** (bzw. Durchmesser in mm)	International entsprechende **Bezeichnung**	**Stärke**[1] und **Aroma**[2]
Le Hoyo du Prince Almuerzo	130 (5⅛)	40 (15,9)	Petit Corona	4 • •
Le Hoyo du Roi Corona	142 (5⅝)	42 (16,7)	Corona	3 •

[1] Stärke der Zigarre: 1 = sehr mild; 2 = mild; 3 = mittel (–); 4 = mittel (+); 5 = ausgeprägt; 6 = sehr ausgeprägt
[2] Aroma-Entfaltung: • = verhalten; • • = angenehm bis präsent; • • • = sehr präsent; • • • • = überaus präsent

den, deren Zigarren sich an die Komposition und Machart der legendären Havannas der Davidoff-Serie anlehnten (sie jedoch nie erreichen sollten).

Dennoch stellen die ›Hoyos‹ eine sinnvolle Ergänzung im Hinblick auf die Palette der Standardformate dar: Sind die ›Monterreys‹ insgesamt als mild zu bezeichnen, so warten die ›Hoyos‹ durchweg mit einer ansehnlichen Stärke auf.

Die vorwiegend in der Fabrik ›La Corona‹ hergestellten ›Monterreys‹ sprechen eine Raucherschar an, die zwar den typischen Havanna-Geschmack mag, es jedoch nicht liebt, wenn er sich allzu stark präsentiert. Somit sind sie hervorragend für *Aficionados* geeignet, welche die Welt der *Habanos* erobern wollen, zumal es sich um Zigarren handelt, die von der Machart her zum Besten gehören, was die kubanischen *Fábricas* als Exportware verlässt. Und während es bei einigen Havanna-Marken schon mal zu Engpässen bei den ›Cabinets‹ kommen kann, sind die Bündelzigarren dieser

Kleinvolumige Formate der Serie ›Le Hoyo‹ der Marke ›Hoyo de Monterrey‹

Handelsname (Vitola de salida) sowie Produktionsname (Vitola de galera)	**Länge** in Millimetern (in)	**Ringmaß** (bzw. Durchmesser in mm)	International entsprechende **Bezeichnung**	**Stärke**[1] und **Aroma**[2]
Le Hoyo du Maire Entreacto	100 (3⅞)	30 (11,9)	Small Panatela	3 •
Le Hoyo du Député Trabuco	110 (4⅜)	38 (15,1)	Short Panatela	5 • •

[1] Stärke der Zigarre: 1 = sehr mild; 2 = mild; 3 = mittel (–); 4 = mittel (+); 5 = ausgeprägt; 6 = sehr ausgeprägt
[2] Aroma-Entfaltung: • = verhalten; • • = angenehm bis präsent; • • • = sehr präsent; • • • • = überaus präsent

Schmallange Formate der Serie ›Le Hoyo‹ der Marke ›Hoyo de Monterrey‹

Handelsname (Vitola de salida) sowie Produktionsname (Vitola de galera)	**Länge** in Millimetern (in)	**Ringmaß** (bzw. Durchmesser in mm)	International entsprechende **Bezeichnung**	**Stärke**[1] und **Aroma**[2]
Le Hoyo du Dauphin Laguito No. 2	152 (6)	38 (15,1)	Panatela	4 •
Le Hoyo du Gourmet Palma	170 (6¾)	33 (13,1)	Slim Panatela	4 •

[1] Stärke der Zigarre: 1 = sehr mild; 2 = mild; 3 = mittel (–); 4 = mittel (+); 5 = ausgeprägt; 6 = sehr ausgeprägt
[2] Aroma-Entfaltung: • = verhalten; • • = angenehm bis präsent; • • • = sehr präsent; • • • • = überaus präsent

Marke in aller Regel gut in den Regalen renommierter Fachhändler vertreten (→ Cabinet).

H. UPMANN

An einem Abend im Februar des Jahres 1962 ruft US-Präsident John F. Kennedy seinen Pressesprecher Pierre Salinger zu sich ins Oval Office des Weißen Hauses und beauftragt ihn, bis zum Morgen des nächsten Tages tausend ›Petit Upmanns‹ zu besorgen. Pierre Salinger, einer der engsten Vertrauten des Präsidenten, fragt nicht nach dem Grund dieses Ansinnens, sondern macht sich auf den Weg, um dem Wunsch seines Genussfreundes – beide sind leidenschaftliche Havanna-Raucher – umgehend nachzukommen. Schließlich drängt die Zeit.

Als der rührige Salinger am nächsten Morgen gegen acht Uhr sein Büro betritt, klingelt das Telefon. Am anderen Ende ist Kennedy, der wissen will, ob denn die Bemühungen des Pressesprechers Erfolge gezeitigt haben. Pierre Emile George Salinger, so der volle Name des ehemaligen Journalisten, kann den Präsidenten beruhigen, hat er doch nicht nur tausend, sondern, dank seiner guten Beziehungen zu den Tabakwarenfachhändlern in der amerikanischen Hauptstadt, gar zwölfhundert ›Petit Upmanns‹ besorgen können. Der mächtigste Mann der (westlichen) Welt ist zufrieden – und unterschreibt Augenblicke später das Handelsembargo gegenüber Kuba.

Es gibt nahezu kein Zigarrenbuch, in dem diese Anekdote nicht kolportiert wird. Die Geschichte ist auch wirklich zu schön: Da verhängt ein amerikanischer Präsident gegenüber dem größten karibischen Inselstaat, der wohl kaum im Verdacht steht, ein Wirtschaftsriese zu sein, ein Embargo, wodurch unter anderem jegliche Einfuhr von Waren ebendieses Staates in die USA unterbunden wird, versieht das entsprechende Papier mit seiner Unterschrift aber erst, nachdem feststeht, dass er in Zukunft auf ein Kontingent von über tausend Zigarren zurückgreifen kann – hergestellt in dem Land, dessen Waren und Erzeugnisse von Stund an nicht mehr den US-Zoll passieren dürfen. Solch eine Story entbehrt nicht einer gewissen Pikanterie.

Doch hat sich das alles auch so zugetragen? Wie so oft liegen im Zusammenhang mit Havannas nicht selten Dichtung und Wahrheit nahe beieinander. So auch in diesem Fall. Nach Aussage Pierre Salingers fand der besagte Vorgang etwa fünf Monate nach der Invasion in der Schweinebucht (17.4.1961) statt. Diese Invasion, die das Ziel hatte, Fidel Castro zu stürzen, bildete den Auftakt der »Operation Pluto«. Dilettantisch geplant, endete das Vorhaben schon nach drei Tagen, wobei die fünfzehnhundert Mann starke Invasionstruppe, allesamt von der CIA ausgebildete Exil-Kubaner, nicht viel weiter als über besagte Schweinebucht hinausgekommen war – kubanische Streitkräfte hatten die Lage schnell unter Kontrolle. Jedenfalls endete der amerikanische Traum vom nichtkommunistischen südlichen Nachbarstaat in dieser Bucht, und zwar genau am 19. April 1961.

Glaubt man Pierre Salinger, muss demnach die »Petit-Upmann-Operation« des Kennedy-Vertrauten im September 1961 und nicht im Februar 1962 stattgefunden haben. Und waren es wirklich ›Petit Upmanns‹, die der Sprecher des Weißen Hauses da zu nächtlicher Stunde organisiert hatte? Wie bestens unterrichtete Kreise glaubhaft versichern, war zu jener Zeit in den Sortimenten der US-amerikanischen Havanna-Importeure dieses Format überhaupt nicht aufgeführt, konnte also kein einziger Tabakladen im Land der (un)begrenzten Möglichkeiten eine ›Petit Upmann‹ zum Kauf anbieten. Selbst wenn es sich hier um ein anderes Kleinformat von ›Upmann‹ gehandelt hätte: In einer Stadt von der Größe Washingtons (rund 600 000 Einwohner) dürfte es sehr schwer, wenn nicht unmöglich sein, innerhalb weniger Stunden knapp fünfzig Kisten (à 25 Stück) ein und desselben Formats einer einzigen Marke aufzutreiben. Außerdem soll, so Salinger, Kennedy von »kubanischen Zigarren« gesprochen haben, als er seinen Pressechef mit diesem Auftrag entließ.

Schließlich wird in jedem Buch, welches die betreffende Anekdote zum Besten gibt, von *dem* Handelsembargo gesprochen. Das jedoch gab es in diesem Sinne nicht. Es war Dwight D. Eisenhower, Kennedys Vorgänger, der am 19. Oktober 1960 erstmals ein Handelsembargo gegenüber Kuba verhängte. Im Laufe der Zeit wurde dann eine Reihe von zusätzlichen Sanktionen und Verschärfungen in Kraft gesetzt, was letztendlich zu einem generellen Handelsembargo gegen die Karibikinsel führte. Faktisch jedoch – deswegen wohl stets der Hinweis auf den Februar 1962 – waren die politischen und wirtschaftlichen Beziehungen zwischen Kuba und den Vereinigten Staaten zu Beginn des erwähnten Jahres vollständig zum Erliegen gekommen (→ US-Embargo).

Fragen über Fragen also, doch wird sich die Geschichte im Großen und Ganzen so zugetragen haben, wenn sich auch die wesentlichen Details etwas anders dargestellt haben mögen: John Fitzgerald Kennedy, 35. Präsident der Vereinigten Staaten von Amerika, wird einige Monate nach der gescheiterten Invasion in der Schweinebucht seinen Pressesprecher Pierre Salinger beauftragt haben, über Nacht jede Menge Havannas aufzutreiben, und nachdem er von der erfolgreichen Aktion erfahren hatte, erweiterte er kraft seiner Unterschrift das bestehende Handelsembargo gegenüber Kuba, und zwar in der zufriedenen Gewissheit, über absehbare Zeit in Sachen Rauchkultur nicht darben zu müssen – konnte er doch jetzt auf eine erkleckliche Zahl von kubanischen Zigarren zurückgreifen, darunter sicherlich etliche ›Upmanns‹, denn die gehörten zu seinen bevorzugten Havannas, darunter sicherlich einige ›Partagás‹, da er auch gegenüber Zigarren dieser Marke eine häufig zu beobachtende Sympathie an den Tag legte.

Das Logo der 1844 gegründeten Havanna-Marke

Diese Geschichte ist beileibe nicht die einzige, die im Zusammenhang mit der Marke ›H. Upmann‹ steht. Etliche Höhen und Tiefen begleiten den Werdegang dieser beliebten *Marca del Habano* …

Angefangen haben soll alles mit der Begehrlichkeit von einigen Direktoren. Die saßen in London und standen Mitte der dreißiger Jahre des 19. Jahrhunderts einer Bank vor. Der Name der Bank: ›H. Upmann‹, wobei das »H« für »Herman« stand. Da die Direktoren eine Leidenschaft für kubanische Zigarren hegten, eröffneten sie kurzerhand in La Habana eine Zweigstelle, nicht ohne den Mitarbeiter, der die Dependance leiten sollte, vor dessen Abreise mit der Weisung zu entlassen, regelmäßig gewisse Kisten gewissen Inhalts in die britische Hauptstadt zu schicken. Der beflissene Mitarbeiter tat, wie ihm befohlen, ja, er ließ die Kisten – durchaus karrierefördernd – schon bald mit dem Namen der Bank kennzeichnen. Die Herren Direktoren sahen das nicht ungern.

In der Folgezeit entwickelten sich die ›H. Upmanns‹ in Londoner Raucherkreisen recht schnell zu begehrten Objekten – und was anfangs zur Genussbefriedigung einiger weniger betuchter Herren gedacht war, mutierte schließlich zu einem regelmäßigen Geschäft. Als Folge wurde im Jahre 1844 der Name ›H. Upmann‹ als Markenname in das Handelsregister von La Habana eingetragen.

Die zweite Version in Sachen Entstehungsgeschichte der ›H. Upmann‹ ist nicht ganz so skurril. Ihr zufolge soll die Marke von zwei Brüdern begründet worden sein: Auf ihrer Reise durch Lateinamerika waren Augustin und Hermann Hupmann in der kubanischen Kapitale hängen geblieben. Schließlich, nach einem Jahr Aufenthalt, eröffneten die aus Deutschland stammenden Brüder im Jahre 1844 eine Zigarrenmanufaktur mit angrenzendem kleinen Verkaufsladen unter dem Namen ›H. Upmann‹. Die zwei hatten das »H«, welches im Spanischen nicht ausgesprochen wird, vom Familiennamen abgetrennt, um es als Abkürzung für *Hermanos* zu verwenden, dem spanischen Wort für »Brüder«. Auch ihre Zigarren versahen sie mit diesem Namen.

›H. Upmanns‹ waren bald sprichwörtlich in aller Munde, will heißen: Die Zigarren der beiden Brüder kamen bei den Rauchern recht gut an. So wunderte es denn nicht, dass die beiden nach einigen Jahren ein zusätzliches Geschäft eröffneten. ›Flor del Pacifico‹ war der spanische Name dieses Verkaufsladens, Enrique Claufsen der des deutschen Betreibers, welcher somit seine Landsleute bei ihrer Expansion unterstützte. Schließlich sei noch erwähnt, dass sich 1891 ein drittes Verkaufsgeschäft zu den beiden vorhandenen

Diese Lithographie ziert den äußeren (als *Cubierta*) und den inneren Deckel (als *Vista*) einer jeden Zigarrenkiste der Marke ›H. Upmann‹

gesellte. Außerdem bezog das Unternehmen in diesem Jahr ein neues Fabrikgebäude – Folge des ständig steigenden Interesses an den Zigarren, die unter dem Namen ›H. Upmann‹ verkauft wurden.

Erwähnt werden müssen auch die beiden Neffen Hermann Hupmanns, Albertó und Germán. Etwa zur gleichen Zeit, als das Brüderpaar seinen zweiten Laden eröffnete, gründeten die beiden Neffen in La Habana eine Bank, die unter dem Namen ›Banco Commercial‹ firmierte. Da das Unternehmen ›H. Upmann‹ überaus gut florierte, entschlossen sich Augustin und Hermann, sich an der Bank zu beteiligen, sich somit ein zweites Standbein zu schaffen, um dadurch ihre Geschäftsaktivitäten auf eine breitere Basis zu stellen ...

Nach der dritten Version geht die Zigarrenmarke auf die beiden aus Bremen stammenden Brüder August und Hermann Upmann zurück. Sie gründeten im Jahre 1844 in La Habana ein Handelsgeschäft, aus dem kurze Zeit später zwei Unternehmen hervorgingen: die Zigarrenmanufaktur ›La Madama‹ und das Bankhaus ›H.

Upmann & Co.‹, Letzteres mit dem Initial des Vornamens ›Hermann‹ versehen. Schon bald trugen auch Zigarrenmanufaktur und Zigarren den Namen ›H. Upmann‹ – und der hatte von Beginn an einen sehr guten Klang, denn diese *Habanos* zählten seinerzeit zu den besten Produkten kubanischer Zigarrenmacherkunst (woran sich nach Meinung vieler Experten bis heute nichts geändert hat).

Als Hermann Upmann – seine Gesundheit war angeschlagen – Anfang der neunziger Jahre in seine Heimat zurückkehrte und 1894 in Bremen starb, waren es seine Söhne Hermann Albert und Albert Heinrich, die, zusammen mit August Upmann, das Werk des Vaters (und schließlich auch das des Onkels) erfolgreich fortsetzten. Kurz vor der Jahrhundertwende, genauer 1897, trafen sie in La Habana ein …

Bekanntlich schreibt das Leben die schönsten Geschichten – wenn es sie denn schreibt. Mitunter jedoch werden einige tatsächliche Begebenheiten mit »Fakten« angereichert, die der Phantasie derer entspringen, die einmal Gehörtes oder Gelesenes der Nachwelt erhalten möchten. Manch einer ist versucht, gegenüber solch einer Vorgehensweise wenig Verständnis aufzubringen, doch ist zu bedenken, dass jeder Berichterstatter seine eigene Sicht der Dinge hat – man denke nur an die zwei Betrachter, von denen der erste das Glas halb voll und der zweite es halb leer sieht.

Da eine Geschichte mitunter von mehreren Zeitzeugen weitergegeben wird, bleiben nicht selten lediglich einige wenige Eckdaten übrig, sobald jemand darangeht, das »Fleisch« von einer oftmals kolportierten Geschichte so weit »abzuschaben«, bis schließlich ihr Skelett erkennbar ist.

In dem vorliegenden Fall sind es das Brüderpaar, die Bank, das Gründungsjahr und, notabene, die Zigarren, die das Skelett bilden. Bei der Bank dürfte es sich aber nicht um die in London handeln, weist doch die Schreibweise des Namens ›Upmann‹ eher auf deutschen als auf britischen Ursprung hin. Außerdem erscheint die Geschichte doch reichlich abenteuerlich. Auch die Gründung einer Bank ist wohl kaum auf die Initiative zweier junger Deutscher zurückzuführen, wie es die zweite Schilderung erzählen will. Beide Berichte dürften demnach phantastische Züge aufweisen, wodurch sie natürlich recht kurzweilig wirken, denn unzweifelhaft sind es sehr schöne Geschichten. Bliebe also die dritte, die der Wahrheit am nächsten kommt – wenn man denn Wahrheit als etwas definiert, das den Fakten am ehesten gerecht wird …

Diese Lithographie dient als *Bofetón* – und ist somit im Inneren der Zigarrenkiste zu finden

Zurück zur Marke und ihrem weiteren Werdegang. Beide Unternehmen der Upmanns, Bankhaus und Manufaktur, konnten mit ihrer Entwicklung mehr als zufrieden sein. Während die Bank ›H. Upmann & Co.‹ ihren alltäglichen Geschäften nachging, standen die Havannas mehr als einmal im Blickpunkt der (rauchenden) Öffentlichkeit: 1855 in Paris, 1862 in London, 1866 in Porto, 1869

»Eine Sache, die ich bei Frauen noch nie verstanden habe, ist die, dass sie keinen Augenblick zögern, sich mit dem Duft von einem Pint Parfum zu umgeben, ein Pfund Talkumpuder sowie übel riechendes Lippenrouge aufzutragen, einen seltsamen Geruch verbreitendes Haaröl und ein halbes Dutzend verschiedener Körperöle zu verwenden, um sich dann über den Duft einer guten Zigarre zu beklagen.«

Graucho Marx, US-amerikanischer Filmschaffender

Großvolumige Formate der Marke ›H. Upmann‹

Handelsname (Vitola de salida) sowie Produktionsname (Vitola de galera)	**Länge** in Millimetern (in)	**Ringmaß** (bzw. Durchmesser in mm)	International entsprechende **Bezeichnung**	**Stärke**[1] und **Aroma**[2]
Cinco Bocas Cervante	165 (6½)	42 (16,7)	Lonsdale	3 • •
H. Upmann No. 1 Cervante	165 (6½)	42 (16,7)	Lonsdale	3 • •
H. Upmann No. 2 Pirámide	156 (6⅛)	52 (20,6)	Pyramid (Toro)	5 • • •
Lonsdales Cervante	165 (6½)	42 (16,7)	Lonsdale	4 • •
Lonsdales No. 1 (Cello) Cervante	165 (6½)	42 (16,7)	Lonsdale	4 •
Magnum 46 Corona Gorda	143 (5⅝)	46 (18,3)	Grand Corona	5 • • • •
Monarcas Julieta No. 2	178 (7)	47 (18,7)	Churchill	5 • • •
Monarcas Tubos Julieta No. 2	178 (7)	47 (18,7)	Churchill	5 • •
Royal Coronas Conserva	145 (5¾)	44 (17,5)	Corona	5 • •
Sir Winstons Julieta No. 2	178 (7)	47 (18,7)	Churchill	5 • • •
Super Coronas Corona Gorda	143 (5⅝)	46 (18,3)	Grand Corona	2 • •

[1] Stärke der Zigarre: 1 = sehr mild; 2 = mild; 3 = mittel (–); 4 = mittel (+); 5 = ausgeprägt; 6 = sehr ausgeprägt
[2] Aroma-Entfaltung: • = verhalten; • • = angenehm bis präsent; • • • = sehr präsent; • • • • = überaus präsent

erneut in Paris, 1872 in Moskau, 1873 in Wien, 1893 in Chicago, 1894 in Antwerpen, 1905 in Sydney und 1907 in Lüttich gewann das Unternehmen ›H. Upmann‹ bei internationalen Wettbewerben etliche Goldmedaillen für seine Produkte. Vierzehn dieser Medaillen zieren noch heute *Cubierta* und *Vista*, welche auf die beiden Seiten des Deckels einer jeden Kiste geklebt sind, die den Namen ›H. Upmann‹ trägt – es handelt sich also nicht, wie oft zu lesen ist, um Münzen, welche angeblich die Verbindung der Marke zu dem Bankhaus dokumentieren sollen.

H. Upmann

Mittelvolumige Formate der Marke ›H. Upmann‹

Handelsname (Vitola de salida) sowie Produktionsname (Vitola de galera)	**Länge** in Millimetern (in)	**Ringmaß** (bzw. Durchmesser in mm)	International entsprechende **Bezeichnung**	**Stärke**[1] und **Aroma**[2]
Amatistas Superior	146 (5¾)	40 (15,9)	Long Corona	4 • • •
Aromáticos Petit Corona	129 (5⅛)	42 (16,7)	Petit Corona	5 •
Aromáticos (Cello) Coronita	117 (4⅝)	40 (15,9)	Petit Corona	4 • •
Belvederes Belvederes	125 (4⅞)	39 (15,5)	Short Panatela	3 •
Connaisseur No. 1 Hermoso No. 4	127 (5)	48 (19,1)	Robusto	1 • •
Coronas Corona	142 (5⅝)	42 (16,7)	Corona	5 • •
Coronas Major Mareva	129 (5⅛)	42 (16,7)	Petit Corona	3 • •
Coronas Major (Tubos) Eminente	132 (5¼)	44 (17,5)	Petit Corona	2 • •
Coronas Minor Franciscano	116 (4⅝)	40 (15,9)	Petit Corona	2 • •
Coronas Minor (Tubos) Coronita	117 (4⅝)	40 (15,9)	Petit Corona	2 • •
Culebras Culebra	146 (5¾)	39 (15,5)	Culebra (Panatela)	4 •
Especiales Crema	140 (5½)	40 (15,9)	Corona	4 • •
Exquisitos Petit Corona	129 (5⅛)	42 (16,7)	Petit Corona	5 • •
Gran Coronas Superior	146 (5¾)	40 (15,9)	Long Corona	4 • •
H. Upmann No. 3 Corona	142 (5⅝)	42 (16,7)	Corona	4 • •
H. Upmann No. 4 Mareva	129 (5⅛)	42 (16,7)	Petit Corona	3 • •
Kings (Cello) Petit Corona	129 (5⅛)	42 (16,7)	Petit Corona	5 • •

[1] Stärke der Zigarre: 1 = sehr mild; 2 = mild; 3 = mittel (–); 4 = mittel (+); 5 = ausgeprägt; 6 = sehr ausgeprägt
[2] Aroma-Entfaltung: • = verhalten; • • = angenehm bis präsent; • • • = sehr präsent; • • • • = überaus präsent

Mittelvolumige Formate der Marke ›H. Upmann‹ (Fortsetzung)

Handelsname (Vitola de salida) sowie Produktionsname (Vitola de galera)	**Länge** in Millimetern (in)	**Ringmaß** (bzw. Durchmesser in mm)	International entsprechende **Bezeichnung**	**Stärke**[1] und **Aroma**[2]
Majestic Crema	140 (5 1/2)	40 (15,9)	Corona	2 •
Media Coronas Eminente	132 (5 1/4)	44 (17,5)	Petit Corona	5 • •
Media Coronas Mareva	129 (5 1/8)	42 (16,7)	Petit Corona	4 • •
Noellas Cosaco	135 (5 1/4)	42 (16,7)	Corona	3 • •
Petit Coronas Mareva	129 (5 1/8)	42 (16,7)	Petit Corona	4 • •
Regalias Petit Corona	129 (5 1/8)	42 (16,7)	Petit Corona	3 • •
Royal Coronas Corona	142 (5 5/8)	42 (16,7)	Corona	1 •
Short Coronas Cosaco	135 (5 1/4)	42 (16,7)	Corona	5 •
Singulares (Tubos) Coronita	117 (4 5/8)	40 (15,9)	Petit Corona	4 •

[1] Stärke der Zigarre: 1 = sehr mild; 2 = mild; 3 = mittel (–); 4 = mittel (+); 5 = ausgeprägt; 6 = sehr ausgeprägt
[2] Aroma-Entfaltung: • = verhalten; • • = angenehm bis präsent; • • • = sehr präsent; • • • • = überaus präsent

Die Liste der Auszeichnungen erklärt, warum die Zigarren der beiden Bremer Brüder schon damals zu den besten *Habanos* gehörten. Jedenfalls wirkte sich die konsequente Ausrichtung auf Qualität auch positiv auf die Nachfrage aus: Die Stückzahlen der gefertigten Zigarren stiegen von Jahr zu Jahr. So fertigten in der Blütezeit des Unternehmens 1200 *Torcedoras* und *Torcedores* in mehr als 200 *Vitolas* jährlich rund 25 Millionen Zigarren.

Zu dieser Zeit hatten schon längst die beiden Söhne Hermann Upmanns, Hermann Albert und Albert Heinrich, das Sagen im Unternehmen, und auch die Fabrikationsstätte war seit geraumer Zeit eine andere als die der Gründer- und nachfolgenden Jahre: 1891 war, wie schon erwähnt, in der Calle Carlos III in La Habana in einem neu errichteten Gebäudekomplex die Produktion aufgenommen worden.

Jene erfolgreiche Symbiose von (Zigarren-)Kunst und Kommerz begleitete die Upmanns bis Anfang der zwanziger Jahre des vergangenen Jahrhunderts. Dann zogen mit Beginn der Weltwirtschaftskrise, bedingt durch die Auswirkungen des Ersten Weltkriegs, dunkle Wolken über Kuba auf. Um im Bild zu bleiben: Jene Wolken verdunkelten schließlich auch die Fabrikationsstätte ›H. Upmann‹ sowie das Bankhaus ›H. Upmann & Co.‹. 1922 musste zunächst das Geldinstitut schließen, und gegen Ende desselben Jahres, im November, kam die Zigarrenfabrik zur Versteigerung. Den Zuschlag erhielt die Londoner Tabakexportfirma ›Frankau Ltd.‹ für nur 30 000 Pesos – eine lächerliche Summe, wenn man bedenkt, dass gegen Ende des 19. Jahrhunderts ein englisch-amerikanisches Konsortium für den Kauf der Fabrik ›H. Upmann‹ eine Million US-Dollar zu zahlen bereit war (worauf die Söhne Hermann Upmanns allerdings nicht eingegangen waren).

Da sich ›Frankau‹ eher auf den Export als auf die Herstellung von Zigarren verstand, verpachteten sie 1924 die Fabrik an das Unternehmen ›Solaun Bros.‹ des Spaniers José Solaun, welches in den Folgejahren dank altgedienter Mitarbeiter – den Deutschen Otto Braddes und Paul Meier sowie dem Spanier Francisco Fernández – dafür sorgen konnte, dass Fabrik und Marke reüssierten. Diese Aufwärtsentwicklung blieb natürlich den britischen Verpächtern der *Fábrica* nicht verborgen. Klug abschätzende Geschäftsleute, die sie waren, verkauften sie 1936 kurzerhand

Die drei Lieblings-Havannas von Frank Heinrichs, im Kölner Tabak- und Zigarrenhaus ›Peter Heinrichs‹ verantwortlich für Zigarren:

Cohiba Robustos, Hoyo de Monterrey Double Coronas, Vegas Robaina Familiares 42.

Kleinvolumige Formate der Marke ›H. Upmann‹

Handelsname (Vitola de salida) sowie Produktionsname (Vitola de galera)	**Länge** in Millimetern (in)	**Ringmaß** (bzw. Durchmesser in mm)	International entsprechende **Bezeichnung**	**Stärke**[1] und **Aroma**[2]
Coronas Junior Cadete	114 (4½)	36 (14,3)	Short Panatela	2 • •
Epicures (Cello) Epicure	110 (4⅜)	35 (13,9)	Short Panatela	4 •
Petit Palatinos Cadete	114 (4½)	36 (14,3)	Short Panatela	2 • •
Petit Upmann Cadete	114 (4½)	36 (14,3)	Short Panatela	2 •
Petit Upmann Petit	108 (4¼)	31 (12,3)	Small Panatela	2 •
Preciosas Demi Tasse	100 (3⅞)	32 (12,7)	Small Panatela	2 •

[1] Stärke der Zigarre: 1 = sehr mild; 2 = mild; 3 = mittel (–); 4 = mittel (+); 5 = ausgeprägt; 6 = sehr ausgeprägt
[2] Aroma-Entfaltung: • = verhalten; • • = angenehm bis präsent; • • • = sehr präsent; • • • • = überaus präsent

Name und Fabrik ›H. Upmann‹ an das kubanische Unternehmen ›Menéndez y García‹, ehemals ›Menéndez y Ca.‹.

Anders als die Mitarbeiter von ›Frankau‹ verstanden sich die der neuen Besitzer hervorragend auf das Herstellen von Zigarren, stammten doch Alonzo Menéndez und Pepe García aus Familien, die einen Ruf in der Welt der Zigarre zu verteidigen hatten. Warum dieser Ruf berechtigt war, zeigte sich recht bald mit der Einführung eines neuen Formats: Die schon 1935 kreierte *Vitola*, die nun unter dem Namen ›H. Upmann Montecristo Selection‹ offeriert wurde, setzte praktisch mit ihrer Markteinführung zu einem wahren Höhenflug an – der kurze Zeit darauf in der Etablierung der ›Montecristo‹ als eigenständige Marke mündete …

Im Jahre 1944 dann, dem Jubiläumsjahr der Marke ›H. Upmann‹, konnten die räumlichen Kapazitäten der 1891 errichteten Fabrik mit der Expansion der ›Upmanns‹ nicht mehr mithalten, und so wurde eine neue Fertigungsstätte erbaut, und zwar in der Altstadt von La Habana, genauer in der Calle Amistad. Dort

Schmallange Formate der Marke ›H. Upmann‹

Handelsname (Vitola de salida) sowie Produktions-name (Vitola de galera)	Länge in Millimetern (in)	Ringmaß (bzw. Durch-messer in mm)	International entsprechende Bezeichnung	Stärke[1] und Aroma[2]
El Prado Delicioso	159 (6 1/4)	35 (13,9)	Panatela	2 •
Naturales Natural	155 (6 1/8)	37 (14,7)	Panatela	2 • •

[1] Stärke der Zigarre: 1 = sehr mild; 2 = mild; 3 = mittel (–); 4 = mittel (+); 5 = ausgeprägt; 6 = sehr ausgeprägt
[2] Aroma-Entfaltung: • = verhalten; • • = angenehm bis präsent; • • • = sehr präsent; • • • • = überaus präsent

werden noch heute die Zigarren der Marke ›H. Upmann‹ hergestellt. Seit Jahren schon ist hier kein Geringerer als Benito Molina, eine lebende Legende im Dunstkreis der Zigarre, für die gleich bleibende Qualität der verschiedenen Formate verantwortlich. Mittlerweile heißt die *Fábrica* nicht mehr ›H. Upmann‹, sondern firmiert unter dem Namen ›José Martí‹ (→ Fábricas). Aber das ist eine andere Geschichte …

Benito Molina ist um sein Amt nicht zu beneiden – schließlich hält die Marke ›H. Upmann‹ mehr als vierzig *Vitolas de salida* für den geneigten Connaisseur bereit. Darunter befinden sich – vor allem bei den mittelvolumigen Formaten – auch einige »Paare«, das heißt, es existieren jeweils zwei Zigarren, die denselben Namen tragen *(Vitola de salida)*. Hier kann die Unterscheidung nur über die *Vitolas de galera* erfolgen.

In Bezug auf die Bandbreite hinsichtlich Stärke und Aroma-Entfaltung nehmen die ›Upmanns‹ eine besondere Stellung innerhalb der Havanna-Familie ein, denn es gibt keine andere Marke, die mit so verschiedenartig komponierten Formaten aufwarten kann. Da gibt es *Vitolas*, die sich bei Stärke und Aroma-Entfaltung erheblich (›Royal Coronas‹) bzw. vornehm (›Super Coronas‹) zurückhalten, dann wiederum solche, die in dieser Hinsicht viel zu bieten haben (›Magnum 46‹), und zwischen jenen beiden »Polen« findet der *Aficionado* bestimmt das Format, welches seinem Geschmacksempfinden entspricht

INTERNET

Das Internet ist mittlerweile zu einer segensreichen Einrichtung für all diejenigen geworden, die in kürzester Zeit bestimmte Informationen suchen – und das Gewünschte meist nach einer etwas längeren Zeit auch finden, sofern für den User nicht zuvor feststeht, welche Internet-Seite er denn aufrufen muss.

Wo viel Segen ist, da ist auch viel Fluch. Dieser Hinweis bezieht sich weniger auf das Aufspüren ganz spezieller Antworten, obwohl sich auch das manchmal recht schwierig gestalten kann, sondern vielmehr auf das breit gefächerte Angebot. Wie in jeder Wirtschaftsbranche, so finden sich im Internet neben seriösen Anbietern auch solche, denen dieses Etikett nun wahrlich nicht gut zu Gesicht steht. Gemeint sind die »schwarzen Schafe«, denn was für Wirtschaft und Handel im Allgemeinen gilt, das muss im Besonderen auch für den Bereich »Zigarren« konstatiert werden. Bedenkenloses Bestellen via Internet ist deshalb mitunter problematisch (→ Vorwort), weswegen allgemein hier die »Vorsicht« als »Mutter der Porzellankiste« regieren sollte.

Dagegen offenbaren sich immer noch einige Zeitgenossen, meist solche der gierigen Art, als Protagonisten jenes Elefanten, der sich mit Vorliebe im Porzellanladen aufhält. Der Vergleich drängt sich nämlich auf, wenn man beobachtet, dass es tatsächlich »Zigarrenkenner« gibt, die bei der elektronischen Auktion einer Kiste ›Cohibas‹ mitsteigern, obwohl besagte Kiste mit einem Glasdeckel versehen ist, angeboten von einem Internet-Auktionshaus, dessen Vertreter von Havannas sowie von Premium-Zigarren insgesamt so viel Ahnung haben wie ein Hahn vom Eierlegen.

Wer wirklich einmal – weil solch eine Veranstaltung durchaus einen gewissen Reiz ausübt – an einer Auktion teilnehmen will, bei der auch Premium-Zigarren versteigert werden, die das Herz eines jeden Connaisseurs höher schlagen lassen, der sollte hin und wieder auf den Internet-Seiten renommierter Auktionshäuser nachschauen, wann ein derartiges Event stattfinden wird, so etwa bei

›Christie's‹, um beispielsweise das Unternehmen zu nennen, das sich international auf diesem Gebiet am stärksten engagiert.

Doch bis die nächste Auktion der seriösen Art über die Bühne geht, wird noch so manch Zigarre rauchender Homo sapiens in blindem Aktionismus bei der Versteigerung einer »Kiste ›Cohibas‹ aus vorrevolutionärer Zeit« (die es gewiss irgendwann einmal geben wird – nicht die Kiste, sondern die Auktion) mit allem Ehrgeiz mitbieten – in der Hoffnung, beim Erwerb jener Kiste ein absolutes Schnäppchen zu machen. Allem Anschein nach gehört die Gier ebenso wie die Dummheit zu den Eigenschaften, von denen sich die Menschheit niemals wird trennen können …

JOSÉ L. PIEDRA

Bei den ›Josés L. Piedra‹ handelt es sich um Zigarren, die mit zum Besten gehören, was das Havanna-Sortiment zu bieten hat – wenn man sich an dem Kriterium »Preis-Leistungs-Verhältnis« orientiert (→ Preisstufen). Dabei sind die ›Piedras‹ gewiss keine »Überflieger«, sondern hier handelt es sich um grundsolide Zigarren, die, zum Teil von Hand gemacht (→ Fábricas), zum Teil maschinell gefertigt, als Zigarren anzusehen sind, die man zu jeder Tageszeit rauchen kann. Von wirklich guter Machart, werden für diese Marke überwiegend Tabake aus der Anbauregion Remedios verwendet – was zeigt, dass es neben der Vuelta Abajo auch andere Gebiete auf Kuba gibt, in denen ein ordentlicher Zigarrentabak angebaut wird (→ Regionen). Würde man eine ›José L. Piedra‹ mit einem Wein vergleichen, so könnte man sie einem »ehrlichen Landwein« gegenüberstellen.

Das Logo der ›José L. Piedra‹

Die ›José L. Piedra‹ ist übrigens eine recht junge Marke, obwohl der Name schon gegen Ende des 19. Jahrhunderts in der *Mundo del Habano* einen recht guten Klang hatte. Im Jahre 1880

Großvolumiges Format der Marke ›José L. Piedra‹

Handelsname (Vitola de salida) sowie Produktions-name (Vitola de galera)	**Länge** in Millimetern (in)	**Ringmaß** (bzw. Durch-messer in mm)	International entsprechende **Bezeichnung**	**Stärke**[1] und **Aroma**[2]
Cazadores Corona Grande Especial	153 (6)	43 (17,1)	Grand Corona	3 •

[1] Stärke der Zigarre: 1 = sehr mild; 2 = mild; 3 = mittel (–); 4 = mittel (+); 5 = ausgeprägt; 6 = sehr ausgeprägt
[2] Aroma-Entfaltung: • = verhalten; • • = angenehm bis präsent; • • • = sehr präsent; • • • • = überaus präsent

von den Brüdern Vicente und José Lamadrid Piedra in der heutigen Provinz Santi Spíritus gegründet und nach der Kubanischen Revolution wieder ins Leben gerufen (→ Cohiba), geriet sie danach mehr und mehr in Vergessenheit – bis die Verantwortlichen von ›Habanos S.A.‹ vor einigen Jahren auf die Idee kamen, die Marke neu zu positionieren, und damit all jene Havanna-Freunde ansprachen, die gerade damit angefangen haben, sich den zylindrischen kubanischen Raucherzeugnissen zuzuwenden, aber auch jene, deren Geldbeutel nur selten eine Üppigkeit offenbart, die es erlaubt, sich jeden Tag ein bis zwei ›Cohibas‹ oder ein bis zwei ›Trinidads‹ zu Gemüte zu führen. Der Erfolg, gemessen an den Verkaufszahlen, gibt den Leuten von ›Habanos‹ Recht, nehmen doch die ›Piedras‹ beispielsweise in Deutschland nach den ›Cohibas‹ die fünfte Stelle bei den Marken ein, die am meisten nachgefragt werden.

Allerdings: Wer sich an den ›Josés L. Piedra‹ versuchen will, der sollte als »Havanna-Anfänger« schon eine gewisse Erfahrung als Zigarrenraucher mitbringen, denn diese Havannas als ausgesprochen mild zu bezeichnen zielt bei der Stärke der Zigarren zu niedrig – was wiederum so manchen *Habanos-Aficionado* freut, der mitunter zu einem der sechs Formate greift, um sich zwischen zwei Mahlzeiten daran zu »erinnern«, wie denn eine typische Havanna schmeckt. Jedenfalls halten die ›Piedras‹ mehr, als es ihr Preis verspricht.

Ein Wort noch in eigener Sache: Der Autor hat über rund drei Monate versucht, die *Vitolas de galera* der ›Piedras‹ zu erfahren, da

Mittelvolumige Formate der Marke ›José L. Piedra‹

Handelsname (Vitola de salida) sowie Produktions-name (Vitola de galera)	**Länge** in Millimetern (in)	**Ringmaß** (bzw. Durch-messer in mm)	International entsprechende **Bezeichnung**	**Stärke**[1] und **Aroma**[2]
Brevas Eminente Especial	133 (5 ¼)	42 (16,7)	Corona	4 •
Conservas Francisco Especial	140 (5½)	44 (17,5)	Corona	4 •
Cremas Universal Especial	134 (5¼)	39 (15,5)	Short Panatela	2 •
Nacionales Cosaco Especiales	134 (5¼)	42 (16,7)	Corona	4 •
Petit Cetros Preferido	127 (5)	38 (15,1)	Short Panatela	4 •

[1] Stärke der Zigarre: 1 = sehr mild; 2 = mild; 3 = mittel (–); 4 = mittel (+); 5 = ausgeprägt; 6 = sehr ausgeprägt
[2] Aroma-Entfaltung: • = verhalten; • • = angenehm bis präsent; • • • = sehr präsent; • • • • = überaus präsent

die Maße der einzelnen Zigarren bis auf eine Ausnahme eine Zuordnung anhand der vorhandenen *Vitolas* nicht zuließen. Obwohl bei mehreren Stellen von ›Habanos S.A.‹ vorstellig geworden, war es den dort Angesprochenen nicht möglich, ihm diese Information bis Redaktionsschluss zukommen zu lassen. Deshalb stößt der interessierte Leser in der Format-Tabelle bei den *Vitolas de galera* gleich fünfmal auf den Zusatz ›Especial‹ – eine reine Verlegenheitslösung, die jedoch gleichwohl dokumentieren soll, welche *Vitolas de galera* den angegebenen Maßen der einzelnen *Vitolas de salida* in Länge und Durchmesser am nächsten kommen.

Die Uhren im subtropischen Kuba gehen halt nicht nur aufgrund der unterschiedlichen Zeitzonen etwas anders als die in mitteleuropäischen Breiten …

»Eine gute Zigarre aus Übersee verschließt den Gemeinheiten dieser Welt die Tür.«

Franz Liszt, ungarischer Komponist
und gefeierter Meisterpianist

KONTROLLE (UND VERPACKUNG)

Nachdem die fertig gerollten Zigarren die *Galera* verlassen haben (→ Herstellung) und bevor sie ihre Reise in zahlreiche Länder der Welt antreten werden, durchlaufen die *Habanos* noch einige Stationen, ehe sie, wohl verpackt, in den Klimaräumen und -schränken der Tabakwarenhändler auf ihre Käufer warten.

Einige treten diese Reise etwas verspätet an, da sie zunächst auf dem Tisch eines *Tasador* landen. Das ist der Verkoster, der einzelnen Bündeln (zu 100 Stück) stichprobenartig Zigarren entnimmt, um die Arbeit der Roller zu überprüfen. Zwanzig der hundert Zigarren werden kontrolliert, von denen wiederum nur zwei Fehler aufweisen dürfen. Sind es mehr, prüft ein anderer *Tabacalero* alle Zigarren des betreffenden Bündels. Übersteigt nun die Fehlerzahl eine gewisse (knapp bemessene) Grenze, wird der Lohn des betreffenden *Torcedor* entsprechend gekürzt. Die beanstandeten Zigarren wiederum werden unter den Fabrikarbeitern verteilt.

Vom *Tasador* gelangen die Bündel zum *Controlador*. Wie der spanische Ausdruck vermuten lässt, obliegt diesem *Tabacalero* die Aufgabe, die *Habanos* ebenfalls zu prüfen. Dabei muss er, anders als sein Vorgänger, die Zigarren nicht rauchen, sondern kontrolliert sie auf Form, Gewicht, Länge und Ringmaß, wobei nur minimale Toleranzgrenzen gelten (→ Gewicht; → Ringmaße). Hat der *Controlador* an den Zigarren, die er dem Bündel entnommen hat, nichts auszusetzen, wartet auf sie – wie auf den (unkontrollierten) Rest – schon der Klimaraum, wo sie mehrere Wochen, manchmal auch Monate gelagert werden. Bei einer Temperatur zwischen 16 und 18 Grad Celsius und einer Luftfeuchtigkeit zwischen 68 und 72 Prozent – also idealen klimatischen Bedingungen – geben die Zigarren jene Feuchtigkeit ab, die sie kurz zuvor, im Verlauf der Herstellung, aufgenommen haben.

Während des letzten Stücks ihrer Reise durch die Fabrik sind es *Escogedores* (Farbsortierer), *Anilladores* (sie bringen die Bauchbinden an), *Encajetilladores* (sie legen die Zigarren in die Kisten)

Ein Zwischenschritt, der nach den *Anilladores* und vor den *Encajetilladores* erfolgen kann, hat etwas mit drei Sonderverpackungen zu tun. Neben dem seidigen Japanpapier, mit dem die → ›Fonsecas‹ versehen werden, werden etliche Zigarren noch in Cellophan gepackt, wobei es sich nicht immer, wie oft angenommen wird (→ Quintero), um maschinell gefertigte *Habanos* handelt, während die Zigarren einiger anderer *Vitolas* einzeln in mit einem dünnen Zedernholzblatt ausgekleideten Aluminiumhülsen zu liegen kommen, wobei sich hier die Anzahl der handgemachten und maschinell gefertigten Formate in etwa die Waage hält.

Mittlerweile hat sich der Ausdruck ›Cello‹ für die Verpackungsart mit *Celofano* eingebürgert. Viele *Aficionados* lehnen ›Cello‹ grundsätzlich ab, weil so umhüllte *Habanos* nicht nachreifen können. Das stimmt, aber andererseits haben Cellophanhüllen auch ihre Vorteile: Die so verpackten Zigarren sind vor Austrocknung und vor Beschädigungen des Deckblatts relativ gut geschützt.

Ähnlich verhält es sich mit den ›Tubos‹. Auch hier ist das Nachreifen der neuralgische Punkt. Zwar kann eine Zigarre in der Aluminiumhülse dank des vorhandenen Zedernholzblattes etwas besser nachreifen als solche, die in Cellophan verpackt sind, doch eine Zigarre, die in einer Kiste neben ihren Artgenossen liegt, ist in dieser Beziehung bedeutend besser dran. Die Vorteile von ›Tubos‹: Noch besserer Schutz des Deckblatts und vor Austrocknung als bei den ›Cellos‹ sowie das problemlose Mitführen einzelner Zigarren.

und *Fileteadores* (sie versehen die Kisten mit Garantiesiegeln und -stempeln sowie mit Lithographien), welche die Zigarren begleiten. Doch erst dann, wenn man die fertigen Kisten noch einmal kontrolliert hat, werden die Havannas versandfertig gemacht.

KUBA

Kuba ist ein Land voller Gegensätze, und auf der größten der Karibikinseln gibt es praktisch nichts, was es nicht gibt. Ein kurzer Streifzug durch die Geschichte Kubas mag verdeutlichen, warum dieses Land heute eine so starke Faszination auf viele Europäer ausübt, um sich schließlich – wenn der aufmerksame Betrachter glaubt, das dort herrschende Denken und Leben nachvollziehen zu können – dem letzten Verständnis zu entziehen.

Als Christoph Columbus 1492 Kuba für die spanische Krone in Besitz nahm, war es keineswegs vorgegeben, dass diese Insel heute als das älteste Kulturland der Neuen Welt angesehen wird. Die »Grundlage« dafür »schufen« die spanischen Eroberer unter ihrem Befehlshaber Diego de Velásquez, der 1510 den Auftrag erhielt, die Insel systematisch zu kolonisieren. In diese Zeit fallen denn auch die Gründungen der später regional bedeutenden Städte Santi Spíritus (1513), Trinidad (1514), Puerto Princípe (1514), dem heutigen Camagüey, Santiago de Cuba (1514) und Batabanó. Das 1515 an der Südküste gegründete Batabanó wurde vier Jahre darauf nach Norden verlegt, an eine Bucht des Golfs von Mexiko, und erhielt nun den Namen, den die Stadt noch heute trägt: San Cristóbal de la Habana, kurz La Habana. Nach weiteren drei Jahren, also 1522, verlegten die Spanier dann den Sitz der Hauptstadt Kubas nach La Habana, nachdem zuvor Santiago de Cuba diesen Status innegehabt hatte.

Die spanischen *Conquistadores* erledigten ihren Auftrag mehr als gründlich, denn als sie nach gut fünf Jahren ihre Arbeit beendet hatten, war von den Ureinwohnern Kubas, den Tainos, so gut wie keiner mehr zu sehen: Zwangsarbeit und Unterdrückung hatten ihre Zahl dramatisch dezimiert. Als dann auch noch die Auswirkungen der von den Europäern eingeschleppten Krankheiten ihr Übriges taten, waren sie schon bald ausgerottet.

Die Spanier kümmerte das herzlich wenig. Rasch sorgten sie für »frisches Blut«, indem sie schon 1513 damit begannen, Negersklaven aus Westafrika zu »importierten«. Bis weit ins 19. Jahrhundert überwog denn auch das farbige Bevölkerungselement auf der Insel. Das begann sich zu ändern, als 1818 der spanische König Ferdinand VII. auf Kuba den Freihandel zuließ. Floss der Strom der europäischen (vornehmlich spanischen) Zuwanderer zunächst recht spärlich, so schwoll er allmählich an, um schließlich in den siebziger Jahren des vorletzten Jahrhunderts seinen Höhepunkt zu erreichen. Heute machen die Einwohner europäischer Abstammung mit rund 70 Prozent der Bevölkerung den weitaus größten Teil der Gesellschaft aus, weshalb Kuba mitunter auch als »Weiße Insel« der Großen Antillen bezeichnet wird.

Im 19. Jahrhundert kam Kuba einfach nicht zur Ruhe: 1868 beginnt der erste Unabhängigkeitskrieg gegen Spanien; 1878 gilt er als beendet, doch eine Rebellenschar kämpft weiter gegen das verhasste Kolonialregime; 1886 erfolgt die endgültige Aufhebung der Sklaverei; 1895 setzt der zweite Unabhängigkeitskrieg ein, und im selben Jahr stirbt der geistige Führer des Befreiungskampfs, der

Geheime Botschaften I

José Martí (1853–1895), der zeitweilig auch als *Lector* in einer *Fábrica* arbeitete, trat vehement für die Befreiung seiner Heimatinsel von der spanischen Kolonialmacht ein, lehnte ebenso entschieden eine Annexion Kubas durch die USA ab und forderte in seinen Gedichten, Dramen sowie zahlreichen journalistischen Artikeln und kritischen Studien unablässig zum Kampf gegen Ungerechtigkeit, Ungleichheit und Unterdrückung auf.

Der Schriftsteller und Vorkämpfer für die kubanische Unabhängigkeit wählte für die geheimen Botschaften, die er über Kuriere an seine Mitstreiter sandte respektive von ihnen erhielt, einen ganz besonderen »Übermittlungsträger«: Er ließ besagte Botschaften in Zigarren rollen!

Schriftsteller José Martí, im Kampf gegen die Spanier (er wird noch heute als einer der größten Söhne Kubas verehrt); 1899, nach der Niederlage der Spanier, gerät Kuba unter US-amerikanische Militärverwaltung.

Diese Verwaltung endet zwar 1902, und in dasselbe Jahr fällt auch die Gründung der Republik Kuba, doch auch das neue Jahrhundert wartet mit zahlreichen Wirren auf: Schon 1903 erhalten die USA durch einen Pachtvertrag für neunundneunzig Jahre das Recht, die Bucht von Guantánamo, gelegen im äußersten Südosten der Insel, als Marinestützpunkt zu nutzen; auf die erste erfolgt von 1906 bis 1910 die zweite US-Militärverwaltung auf Kuba; nach Jahren relativer Ruhe beginnt 1925 die Diktatur des Gerardo Machado Morales; die 1933 durchgeführte »Revolte der Unteroffiziere« unter Batista führt zum Sturz von Machado Morales; es folgt die »Regierung der hundert Tage« unter Ramón Grau San Martín, die 1934 ebenfalls gestürzt wird, und zwar erneut durch Batista; schließlich, 1952, nach mehreren wechselnden demokratischen Regierungen, deren Amtszeiten von Gewalt und Korruption geprägt sind, gelangt Fulgenico Batista y Zaldívar durch einen Militärcoup endgültig an die Macht – er hebt die Demokratie auf und ersetzt sie durch eine Diktatur.

Ein Stempel aus vorrevolutionärer Zeit. Er wurde auf der Unterseite einer Zigarrenkiste angebracht. Derartige Kisten dürften wohl nur noch auf Auktionen anzutreffen sein

Das Regime Batista hält sich nicht einmal sieben Jahre. Am 1. Januar 1959 flieht der ehemalige General vor den Revolutionären unter Führung von Fidel Castro Ruz, einst Rechtsanwalt auf Kuba, und dem argentinischen Arzt Ernesto Guevara Serna. Schon am darauf folgenden Tag zieht Letzterer – er wird von seinen Anhängern »Che« genannt – an der Spitze seiner *Guerilleros* in La Habana ein, ehe knapp eine Woche später, am 8. Januar, auch Castro mit seinen Rebellen Einzug in die Hauptstadt hält. Mit der sozialistisch geprägten Kubanischen Revolution beginnt nun ein neues, das vorerst letzte Kapitel in der Geschichte des Landes.

Es dauert bis 1963, ehe die gesamte Wirtschaft verstaatlicht ist – lediglich bäuerliche Kleinstbetriebe bleiben von dieser Welle verschont. Das führt zu einem Exodus von ehemaligen Betriebsinhabern und leitenden Angestellten. Auch die Tabakindustrie bleibt davon nicht verschont, und viele Zigarrenmacher lassen sich in der Folgezeit in angrenzenden Staaten der Karibik sowie in Lateinamerika und in den USA nieder, wobei Florida das bevorzugte Ziel ist (→ Cohiba).

Dem Idol der Massen zu Ehren: Bauchbinde der ›Romeo y Julieta‹ mit dem Porträt Che Guevaras

Nach wie vor ist jedoch der Zucker das wichtigste Exportgut Kubas. Auf die Exporterträge dieses Rohstoffs bauend und der massiven materiellen Unterstützung durch die Sowjetunion gewiss, lässt Kuba schon bald mit seinen Erfolgen im Gesundheits- und Bildungswesen aufhorchen. So steigt zum einen die Lebenserwartung (die seit Beginn der Revolution von rund fünfzig auf heute weit über siebzig Jahre gestiegen ist), während zum anderen die Analphabetenquote rapide sinkt (und mittlerweile die niedrigste in ganz Amerika ist). Kuba scheint seine Zugehörigkeit zur Dritten Welt aufzugeben.

Auf diesem Weg wird es Mitte der achtziger Jahre jäh gestoppt. Grund ist die vom sowjetischen Partei- und Regierungschef Gorbatschow eingeleitete *Perestroika* – mit der Folge für Kuba, dass der Devisenfluss aus dem einstigen Bruderland mehr und mehr verebbt. Als dann zu Beginn der neunziger Jahre der Zusammenbruch der sozialistischen Staaten in Osteuropa erfolgt und die USA das seit Anfang der sechziger Jahre bestehende Embargo 1992 erweitern (→ US-Embargo), erreicht die Wirtschaftskrise ihren Höhepunkt (1993).

Um das mittlerweile aufgebaute immense Handelsbilanzdefizit wenigstens etwas zu minimieren, öffnet sich Kuba vermehrt dem

Tourismus und ist bemüht, seine Exportraten zu erhöhen. Da Kuba ein armes Land ist, ist jeder Dollar, der durch den Export erwirtschaftet wird, höchst willkommen. Außerdem tut sich was im Inneren des Landes: Die 1986 aufgehobenen freien Agrarmärkte werden wieder zugelassen.

Vor diesem Hintergrund ist es verständlich, warum auch die Tabakindustrie Kubas versucht, die Nachfrage nach den so begehrten Havannas nicht nur zu befriedigen, sondern auch vermehrt zu wecken. Waren 1995 noch 100 Millionen exportreife *Habanos* das erklärte Ziel, so wird für die nächsten Jahre die doppelte Herstellungsmenge angestrebt. Dass unter dieser ehrgeizigen Vorgabe zwischenzeitlich Mängel bei Aufzucht und Verarbeitung der Tabakblätter zu konstatieren waren, ist leicht nachzuvollziehen. Doch in der letzten Zeit, praktisch mit Beginn des Engagements von ›Altadis‹ im Jahre 1999 (→ US-Embargo), ist auf diesem Gebiet eine leichte Entspannung zu beobachten, die mitt-

Geheime Botschaften II

Fidel Castro Ruz (*1926), Sohn eines aus Galizien stammenden Großgrundbesitzers, der nach seinem dilettantisch geplanten Überfall auf die Moncada-Kaserne, gelegen im Zentrum Santiagos de Cuba, vom 26. Juli 1953 gefangen genommen, vor Gericht gestellt und zu einer mehrjährigen Freiheitsstrafe verurteilt wurde, wählte während seiner Haft für die Kassiber ebenfalls Zigarren als »Datenträger«.

Vor Gericht übernahm der Anwalt Fidel Castro seine Verteidigung selbst. Sein Schlussplädoyer endete mit den berühmten Worten: »Die Geschichte wird mich freisprechen!«

Der 26. Juli ist heute der offizielle Revolutionsfeiertag Kubas, da dieser Tag, an dem Castro den bewaffneten Aufstand gegen das Regime Batista versuchte, als Beginn der Kubanischen Revolution gesehen wird.

lerweile sogar von einer spürbaren Veränderung zum Besseren abgelöst worden ist. Havannophile haben also Grund, durch- und aufzuatmen, was die Qualität ihrer geliebten *Habanos* anbetrifft.

Natürlich gibt es immer noch Bereiche, die mit Engpässen leben müssen. Diese Bereiche jedoch zu lokalisieren, um danach das Übel bei der Wurzel zu bekämpfen, ist einfach nicht möglich, wechseln die Problemstellungen doch von einer Woche zur anderen: Fordert beispielsweise eine *Fábrica* Zigarrenkisten an, da sich ihr Bestand dem Nullpunkt nähert, so verfügt sie in der darauf folgenden Woche entweder über gar keine oder kann hier aus dem Vollen schöpfen – was ihr eventuell aber wenig nützt, weil jetzt die Bauchbinden fehlen.

In einem Land, in dem vor der Revolution wenige reich und viele arm waren, teilen sich heute alle gemeinsam den Mangel an materiellen Dingen – und die Verantwortlichen in den zahlreichen staatlichen Wirtschaftsbetrieben dürfen diesen Mangel verwalten. Doch die Kubaner wissen auch zu leben. Wenn die für die Insel typische Musik in den Kneipen ertönt, zu Salsa und Rumba getanzt und der ›Mojito‹ wie ehedem geschlürft wird, dann gehören die Bezugsscheine für Lebensmittel und Benzin einer anderen Welt an und macht sich das überschäumende karibische Lebensgefühl breit. So wird, wie häufig zu beobachten, das eine Extrem durch ein anderes aufgehoben. Kuba scheint von der alten Zeit noch nicht losgekommen und in der neuen noch nicht angekommen zu sein …

Die drei Lieblings-Havannas von Franz-Josef Antwerpes, ehemaliger Kölner Regierungspräsident, der als erster Nichtkubaner von Staatschef Fidel Castro den ›Orden der Freundschaft‹ verliehen bekommen hat:

H. Upmann Monarchs, H. Upmann No. 2, Punch Super Selection No. 1.

LA CORONA → WEITERE MARKEN

LA ESCEPCIÓN DE JOSÉ GENER → WEITERE MARKEN

LA FLOR DE CANO

Weit mehr als ein Jahrhundert ist es her: 1884 erblickten die ›Blumen der Canos‹ erstmals das Licht der Welt und zeigten sich in voller Blütenpracht. Ermöglicht hatten das die Brüder José und Tomás Cano, die damals der Havanna-Familie ein weiteres Mitglied zuführten.

Welche Qualitätsmerkmale den ›Flores de Cano‹ gegen Ende des 19. Jahrhunderts zu Eigen waren, lässt sich nicht mehr sagen. Dagegen bereitet es keine Schwierigkeiten, über jene Eigenschaften zu reden, welche diese Havannas heute auszeichnet. Letzteres Wort verleitet zur Wiederholung, denn bei den ›Canos‹ handelt es sich um wirklich ausgezeichnete Zigarren, die sich, relativ mild im Geschmack, leicht rauchen lassen und demnach gerade Anfänger ansprechen (die ›Short Churchills‹ vielleicht ausgenommen), die zu Beginn ihrer »Karriere« noch nicht die Erfahrung machen wollen, wie denn die stärkeren und sehr starken *Habanos* auf ihr Geschmacksempfinden wirken.

Sowohl Logo als auch *Cubierta*: Das »Firmenschild« der ›La Flor de Cano‹

Großvolumige Formate der Marke ›La Flor de Cano‹

Handelsname (Vitola de salida) sowie Produktions-name (Vitola de galera)	**Länge** in Millimetern (in)	**Ringmaß** (bzw. Durch-messer in mm)	International entsprechende **Bezeichnung**	**Stärke**[1] und **Aroma**[2]
Diademas Julieta No. 2	178 (7)	47 (18,7)	Churchill	2 • •
Gran Coronas Corona Gorda	143 (5 5/8)	46 (18,3)	Grand Corona	2 • •
Short Churchills Robusto	124 (4 5/8)	50 (19,8)	Robusto	3 • •

[1] Stärke der Zigarre: 1 = sehr mild; 2 = mild; 3 = mittel (–); 4 = mittel (+); 5 = ausgeprägt; 6 = sehr ausgeprägt
[2] Aroma-Entfaltung: • = verhalten; • • = angenehm bis präsent; • • • = sehr präsent; • • • • = überaus präsent

Mittelvolumige Formate der Marke ›La Flor de Cano‹

Handelsname (Vitola de salida) sowie Produktions-name (Vitola de galera)	**Länge** in Millimetern (in)	**Ringmaß** (bzw. Durch-messer in mm)	International entsprechende **Bezeichnung**	**Stärke**[1] und **Aroma**[2]
Coronas Mareva	129 (5 1/8)	42 (16,7)	Petit Corona	1 •
Preferidos (Cello) Veguerito	127 (5)	37 (14,7)	Short Panatela	2 • •
Petit Coronas (Cello) Standard	123 (4 7/8)	40 (15,9)	Petit Corona	2 •
Predilectos Tubulares Standard	123 (4 7/8)	40 (15,9)	Petit Corona	2 •
Selectos (Cello) Cristal	149 (5 7/8)	41 (16,3)	Long Corona	2 • •

[1] Stärke der Zigarre: 1 = sehr mild; 2 = mild; 3 = mittel (–); 4 = mittel (+); 5 = ausgeprägt; 6 = sehr ausgeprägt
[2] Aroma-Entfaltung: • = verhalten; • • = angenehm bis präsent; • • • = sehr präsent; • • • • = überaus präsent

Da das Zigarrenrauchen sehr viel mit Genuss zu tun hat, sollte man bei der Wahl einer Havanna darauf achten, ob sie denn auch zu einem »passt«. Das hängt natürlich in erster Linie von der Situation ab, in der man sich gerade befindet, doch in aller Regel sind *Aficionados*, die gerade dabei sind, ihre ersten Schritte im Reich der Havannas zu tun, gut beraten, wenn sie nicht zu den starken »Kalibern« greifen, sondern eher milde Zigarren auswählen – und da »passt« eine ›La Flor de Cano‹ durchaus.

Ein kleiner Wermutstropfen muss dennoch ins Glas der Vorfreude gegossen werden: Die ›Blumen‹, die einst die beiden Brüder erschaffen haben, sind mitunter schwer zu bekommen.

LA FLOR DEL CANEY → WEITERE MARKEN

LAGERUNG

Ein Humidor, der auf dem gemauerten Kaminsims steht und gerade im Winter, wenn unter besagtem Sims das Feuer prasselt, die Flammen ihr Spiel treiben und das Holz kracht – ein solches Behältnis ist gewiss ein beeindruckender Blickfang, besonders dann, wenn der Humidor aus edlem Holz gefertigt ist. Das mit dem Blickfang mag ja gut und schön sein – für die Zigarren, die darin lagern, ist das weniger vorteilhaft. Selbst wenn solch ein Humidor mit einem gut funktionierenden Befeuchter ausgestattet und auch immer mit genau der richtigen Menge destillierten Wassers gefüllt, außerdem für eine hinreichende Luftzirkulation bzw. -zufuhr gesorgt ist, so wird er dennoch nicht die Funktion erfüllen, für die er angeschafft worden ist. Denn auch eine gleich bleibende Temperatur ist vonnöten, sollen die Zigarren, die sich darin befinden, irgendwann einmal für einen wirklich angenehmen Rauchgenuss sorgen.

Die Lagerung in einem Humidor ist nicht für alle Zigarren von Vorteil, so etwa nicht für solche, die überwiegend aus indonesischen Tabaken bestehen, jedoch stets angebracht bei Zigarren aus dem karibischen Raum, somit auch für Havannas – und um die geht es ja in diesem Buch.

Für die Lagerung von *Habanos* gilt folgende Regel: Die Luftfeuchtigkeit sollte zwischen 68 und 72 Prozent liegen, während sich die Temperatur um die 20-Grad-Celsius-Marke bewegen sollte. Es ist daher zu raten, neben einem Messgerät, welches die Luftfeuchtigkeit angibt, auch ein Thermometer in den Humidor zu legen, um die jeweilige Temperatur zu kontrollieren. Besonders zu empfehlen sind hierfür digitale Messgeräte, die sowohl das eine wie das andere exakt anzeigen (und seit einigen Jahren auf dem Markt sind). Auf eine exakte Messung sollte man besonderen Wert legen, denn was nützt ein teures Behältnis, wenn die wahren Verhältnisse, die im Humidor herrschen, nicht genau wiedergegeben werden? Herzlich wenig! Das Ergebnis können entweder zu trockene Zigarren sein, deren Deckblätter sich zu lösen beginnen, oder aber zu feuchte, die dann dazu bestimmt sind, dem Raucher das Leben schwer zu machen, weil Zug und Abbrand nicht so vonstatten gehen werden wie gewünscht.

Die Auswahl an Humidoren ist mittlerweile riesig. Ausgehend von einem »normalen« Format, etwa einer ›Corona‹, gibt es welche für zehn Zigarren, welche für fünfzig, aber auch solche, in denen dreihundert und noch mehr »Tropenschätze« ihre vorläufige Heimat finden (→ Accessoires). Auch die Materialien, aus denen Humidore hergestellt sind, sind unterschiedlich: Vom Acrylglas bis zum alleredelsten Holz reicht hier die Palette. Für welches Behältnis sich der Connaisseur letztlich entscheidet, hängt, neben den finanziellen Möglichkeiten, in erster Linie vom persönlichen Geschmack ab und davon, mit welchem Humidor er am besten zurechtkommt.

Natürlich gibt es nicht nur jene Holzkästen, größeren Schatullen gleich, sondern auch Schränke, die dem Zweck der Lagerung

> Urs Portmann vom gleichnamigen Tabakwarenfachgeschäft im schweizerischen Kreuzlingen lagert seine Havannas bei einer Luftfeuchtigkeit von 80 Prozent. Dieser extrem hohe Wert macht nur dann Sinn, wenn für eine ausreichende Frischluftzufuhr gesorgt ist. Portmanns Havannas bekommt diese Behandlung außerordentlich gut, wovon sich der Autor selbst überzeugen konnte.

dienen. Im Verhältnis zu manchem Humidor weisen nicht wenige dieser Klimaschränke ein überaus günstiges Preis-Leistungs-Verhältnis auf, doch sollte derjenige, der solch eine Anschaffung tätigt, auch an das »Danach« denken – ein Klimaschrank, in dem rund zweitausend Havannas Platz finden und in dem sich dann in der Regel nur einige wenige Kisten verlieren, erfüllt zwar seinen Zweck, bietet aber gleichwohl einen etwas kümmerlichen Anblick. Solch ein Schrank will gefüllt sein, und wenn jemand dem Rechnung tragen will, so muss er hierfür schon eine erkleckliche Summe investieren. Ein Betrag im fünfstelligen Euro-Bereich ist da schnell zusammen.

Ganz andere Dimensionen tun sich auf, wenn wir von Klimaräumen sprechen. Neben der Platzfrage sind auch hier dem Geschmack keine Grenzen gesetzt – wohl aber dem Geldbeutel, denn immerhin sollte solch ein Raum mit Zedernholz ausgekleidet sein, und außerdem muss er über ein System verfügen, mit dem sich Luftfeuchtigkeit und Temperatur regeln lassen.

Sind begehbare Klimaräume bei Privatpersonen eher die Ausnahme, so werden sie bei ausgewiesenen Fachhändlern mehr und mehr zur Regel. Viele gut sortierte Tabakwarengeschäfte verfügen mittlerweile über solch einen Raum, bedingt natürlich auch durch das Einsetzen des Zigarrenbooms Anfang der neunziger Jahre und die weiterhin ständig steigende Nachfrage vor allem nach Havannas und ›nichtkubanischen Kariben‹ (so der Ausdruck für Zigarren, die, Kuba ausgenommen, in den karibischen Ländern hergestellt werden). Jene Tabakhändler sind meist auch bereit, für gute Stammkunden eine einzelne Kiste zu lagern, was etwa dann der Fall sein kann, wenn der Betreffende während einer Auslandsreise einige Kisten seiner Lieblings-Havannas erworben hat und seine Humidor-Kapazität erschöpft ist.

Das Lagern beim Zigarrenhändler sollte allerdings die Ausnahme bleiben, denn keinem Fachgeschäft ist zuzumuten, gleich mehrere Dutzend Kisten von mehreren Kunden zu lagern, selbst wenn die Kisten bei dem betreffenden Händler gekauft worden

Herrscht in einem Humidor eine Luftfeuchtigkeit, die konstant um einiges über 72 Prozent liegt, so ist für eine ausreichende Frischluftzufuhr zu sorgen (etwa durch tägliches mehrminütiges Öffnen des Humidors). Ansonsten bilden die Zigarren Schimmel – und werden ungenießbar.

sind. Anders verhält es sich dagegen mit jenen Boxen, die renommierte Fachgeschäfte für ihre Kunden bereithalten, welche diese gegen ein bestimmtes Entgelt mieten können, um dort ihre Schätze aufzubewahren. Mittlerweile bieten einige Händler solch einen Service an.

Auf besagten Service braucht man hingegen nicht zurückzugreifen, wenn man über ein Kellergewölbe verfügt, das von dicken Mauern getragen wird und in dem meist jene Feuchtigkeits- und Temperaturbedingungen vorherrschen, welche für die Lagerung von *Habanos* bestens geeignet sind. Allerdings sollten die kostbaren Stücke nicht neben der Kartoffelkiste oder Knoblauchzöpfen oder Krautfässern zu liegen kommen, da das wiederum beim Rauchen zu einem Geschmackserlebnis der etwas außergewöhnlichen Art führen kann.

Doch mit solchen Gedanken brauchen sich wohl die wenigsten den Kopf zu zerbrechen, denn Schloss- und Burgbesitzer gehören nicht gerade zu einer weit verbreiteten Spezies. Aber auch diese Menschen gehen irgendwann einmal auf Reisen, und dann stellt sich die Frage: Wie transportiere ich meine geliebten Havannas, damit sie keinen Schaden nehmen? Auch auf diese Frage ist der Fachhandel eingerichtet und bietet eine Vielzahl von Humidoren an, die speziell für die Bedürfnisse reisefreudiger *Aficionados* angefertigt worden sind. Tritt dagegen der Raucherfreund eine (Geschäfts-)Reise an, die schon nach zwei Tagen beendet ist, reicht auch schon ein Zigarrenetui, und wem selbst dieses »Gepäck« zu viel ist, der kann ein gut sortiertes Fachgeschäft aufsuchen und sich dort mit einigen *Tubos* versorgen. Zwar rümpfen nicht wenige eingefleischte Havanna-Liebhaber die Nase, sobald sie diesen Ausdruck auch nur hören (→ Kontrolle), doch eine Havanna, die in einer mit Zedernholz ausgekleideten Aluminiumhülse steckt, nimmt in den wenigen Stunden, die sie außerhalb eines Klimaraums bzw. -schranks darin verbringt, ehe sie geraucht wird, gewiss keinen Schaden.

Womit wir bei der Länge der Lagerung angekommen wären. Eine etwa einjährige Lagerung nach Erwerb einer Havanna kann der Zigarre nur gut tun (→ Flor de Rafael González). Aber auch das Lagern über eine noch längere Zeit wirkt sich positiv auf den Geschmack aus. Dieser Zeitraum kann – was einige bestimmt erstaunen wird – durchaus bis zu fünfzehn Jahre betragen, doch werden das nur diejenigen tun, die über eine ausgeprägte Erfahrung mit dem Gebrauch und der Lagerung von Havannas verfügen. Wer aber über Lagerungsmöglichkeiten verfügt, die es erlauben, ausgesuchte Havannas zwischen fünf und acht Jahre ruhen zu lassen, um sie dann, vielleicht mit guten Freunden, zu verkosten, der sollte das einmal versuchen.

Der Versuch wird es wert sein, denn die Betreffenden werden ganz andere Havannas rauchen als die, welche gekauft worden sind. Auf jeden Fall wird der Geschmack subtiler sein, eben ausgereifter, und jeder in der Runde wird andere Feinheiten bemerken und erkennen als sein Nachbar – ganz der individuellen Geschmacksempfindung folgend, die sich beim Rauchen einer guten Havanna einstellt und die jeder für sich genießen wird.

LA GLORIA CUBANA

Sie sollte mithelfen, die Glorie bzw. den Ruhm Kubas mit in die Welt zu tragen, als sie – auch unter Beteiligung Castros – ins Leben gerufen wurde. Das war 1885, und mit »Castro« kann demnach nicht der heutige Staatschef Kubas gemeint sein. ›Sociedad Cabañas y Castro‹ – so hieß das Unternehmen, welches in der

Großvolumige Formate der Marke ›La Gloria Cubana‹

Handelsname (Vitola de salida) sowie Produktionsname (Vitola de galera)	**Länge** in Millimetern (in)	**Ringmaß** (bzw. Durchmesser in mm)	International entsprechende **Bezeichnung**	**Stärke**[1] und **Aroma**[2]
Cetros Cervante	165 (6½)	42 (16,6)	Lonsdale	1 • • •
Médaille d'Or No. 2 Dalia	170 (6¾)	43 (17,1)	Lonsdale	3 • • •
Sabrosos Corona Grande	155 (6⅛)	42 (16,7)	Long Corona	5 •
Tainos Julieta No. 2	178 (7)	47 (18,7)	Churchill	4 • • •

[1] Stärke der Zigarre: 1 = sehr mild; 2 = mild; 3 = mittel (–); 4 = mittel (+); 5 = ausgeprägt; 6 = sehr ausgeprägt
[2] Aroma-Entfaltung: • = verhalten; • • = angenehm bis präsent; • • • = sehr präsent; • • • • = überaus präsent

ersten großen Ära der *Habanos* die ›La Gloria Cubana‹ als Marke vorstellte. Irgendwann, vermutlich mit Beginn der nach dem Ersten Weltkrieg einsetzenden Wirtschaftskrise (→ Große Marken), also um 1920, war es dann mit dem Ruhm der ›Glorias‹ vorbei – ihre Produktion war eingestellt worden.

Das Logo der ›La Gloria Cubana‹

Erst nach der Kubanischen Revolution und der Etablierung bedeutender alteingesessener Marken erinnerte man sich der ›Glorias‹ (→ Cohiba), und fortan durften sie die insulare Zigarrenproduktion dahingehend unterstützen, jenen hohen Stellenwert wiederzuerlangen, den dieser Industriezweig einst innehatte. Das Haus ›Partagás‹ war es, welches die (gerollten) ›Ruhmesblätter‹ aufnahm, auch deshalb, weil sie eine Alternative darstellen sollten zu den durchgehend kräftig schmeckenden Havannas, die in der Traditionsfabrik hergestellt wurden (und immer noch werden).

Diesem »Auftrag« werden die ›Glorias Cubana‹ bis heute gerecht, denn alle vier ›Médailles d'Or‹ zeichnen sich durch eine relative Milde im Geschmack aus, wobei sie darüber hinaus mit einer Aroma-Entfaltung aufwarten, die über dem Durchschnitt

Mittelvolumige Formate der Marke ›La Gloria Cubana‹

Handelsname (Vitola de salida) sowie Produktionsname (Vitola de galera)	**Länge** in Millimetern (in)	**Ringmaß** (bzw. Durchmesser in mm)	International entsprechende **Bezeichnung**	**Stärke**[1] und **Aroma**[2]
Minutos Franciscano	116 (4⅝)	40 (15,9)	Petit Corona	2 • •
Tapados Cosaco	135 (5¼)	42 (16,7)	Corona	2 • •

[1] Stärke der Zigarre: 1 = sehr mild; 2 = mild; 3 = mittel (–); 4 = mittel (+); 5 = ausgeprägt; 6 = sehr ausgeprägt
[2] Aroma-Entfaltung: • = verhalten; • • = angenehm bis präsent; • • • = sehr präsent; • • • • = überaus präsent

Schmallange Formate der Marke ›La Gloria Cubana‹

Handelsname (Vitola de salida) sowie Produktionsname (Vitola de galera)	**Länge** in Millimetern (in)	**Ringmaß** (bzw. Durchmesser in mm)	International entsprechende **Bezeichnung**	**Stärke**[1] und **Aroma**[2]
Médaille d'Or No. 1 Delicado Extra	185 (7¼)	36 (14,3)	Long Panatela	3 • • •
Médaille d'Or No. 3 Panetela Larga	175 (6⅞)	28 (11,1)	Slim Panatela	2 • •
Médaille d'Or No. 4 Palmita	152 (6)	32 (12,7)	Slim Panatela	2 • •

[1] Stärke der Zigarre: 1 = sehr mild; 2 = mild; 3 = mittel (–); 4 = mittel (+); 5 = ausgeprägt; 6 = sehr ausgeprägt
[2] Aroma-Entfaltung: • = verhalten; • • = angenehm bis präsent; • • • = sehr präsent; • • • • = überaus präsent

liegt. Es ist hier deshalb nur von den vier ›Médailles‹ die Rede, weil von den übrigen fünf *Vitolas* nur noch die ›Sabrosos‹ und die ›Tainos‹ hin und wieder bei gut sortierten Zigarrenhändlern zu finden sind, während die drei übrigen Formate schon lange nicht mehr gesehen wurden. Gleichwohl sind sie in den oben stehenden Format-Tabellen aufgeführt, weil immer damit zu rechnen ist, dass die Verantwortlichen von ›Habanos S.A.‹ die eine oder andere *Vitola*, die lange Zeit nicht mehr hergestellt worden ist, auf

Diese Lithographie im traditionellen Stil dient als *Vista* für all jene Kisten der ›La Gloria Cubana‹, welche nicht als vorübergehende »Herberge« einer ›Médaille d'Or‹ dienen

einmal wieder fertigen lassen. Außerdem kann es sein, dass man beispielsweise eine Kiste ›La Gloria Cubana Tapados‹ bei einem Händler entdeckt, der womöglich vergessen hat, welche Kostbarkeit da im hintersten Winkel seines Klimaraums schlummert.

In solch einer Situation darf es für denjenigen Connaisseur, dem Stärke und Aroma dieser Havanna zusagen, eigentlich keine Bedenkzeit ob des Erwerbs einer solchen Kiste geben …

LAS CASAS DEL HABANO

Bei diesen Einrichtungen handelt es sich um wahre »Tempel des Genusses« für den Havanna-Liebhaber. Zu Beginn des Jahres 2001 gab es knapp neunzig ›Häuser der Havanna‹, und ›Habanos S.A.‹ will, so die Planung, in den nächsten Jahren für eine weitere deutliche Steigerung besagter Einrichtungen sorgen, nachdem schon in den letzten Jahren die Zahl der *Casas* enorm zugenommen hat.

Wie der Name schon signalisiert, dreht sich in den *Casas* alles um die *Habanos*, und zwar ausschließlich, denn hier werden dem interessierten Kunden keine anderen Zigarren angeboten als solche, die aus dem »Mutterland des braunen Goldes« kommen. Das war von den Kubanern auch so gewollt, als sich bei ihnen die Idee von den *Casas* konkretisierte und Mitte der achtziger Jahre die ersten ›Havanna-Häuser‹ ihre Pforten öffneten.

Das unterstreicht auch die Auswahl, auf die in diesen Häusern der *Habanos-Aficionado* trifft. Neben den gängigen Marken und Formaten, die in ausgewiesenen Fachgeschäften zum Sortiment gehören, sind in den *Casas* häufig Sonderserien zu finden, und wenn die Kubaner eine neue Marke entwickelt haben, wie etwa jüngst die ›San Cristóbal de La Habana‹, so werden zunächst die *Casas* bedacht, die dann über einen längeren Zeitraum die betreffende Marke offerieren, ehe sie in den »normalen« Handel gelangt. Natürlich ist diese Zeit auch gleichbedeutend mit einer Testphase, denn ob und wie eine neue *Habano* vom Kreis der Havanna-Raucher aufgenommen wird, lässt wichtige Rückschlüsse in Bezug auf das Preis-Leistungs-Verhältnis, die Verarbeitungsqualität (Brandverhalten, Zug etc.) und dergleichen zu. Ob dann die Kubaner eventuell zutage tretende Kritikpunkte analysieren und entsprechende Änderungen vornehmen, steht auf einem anderen (Tabak-)Blatt.

In naher Zukunft weltweit wohl über einhundertmal anzutreffen: Der Schriftzug der *Casas del Habano*

Geändert haben sie jedenfalls einen Teil des Herstellungscodes, der auf dem Boden einer Havanna-Kiste mittels eines Stempels aufgedruckt ist und der in den letzten Jahren für einige Verwirrung gesorgt hat (› Zigarrenkisten). Auf Drängen vieler *Casas* bzw. deren Betreiber ist seit Anfang 2000 auf jeder Kiste, die Kuba ver-

»Eine gute Havanna gehört mit zu den besten Dingen, die ich kenne.«

William Somerset Maugham, englischer Erzähler

> »Ich halte Kuba immer in meinem Mund.«
> Sir Winston Churchill, Havanna-Liebhaber

lässt, wenigstens das für das Bestimmen der Reifungszeit so überaus wichtige Datum ersichtlich, an dem die betreffenden *Cajons*, so die kubanische Bezeichnung, in den jeweiligen *Fábricas* abgepackt worden sind. Dagegen ist der Code für die Herstellungsfabrik nach wie vor nicht zu entschlüsseln, da die Verantwortlichen von ›Habanos‹ weiterhin nicht preisgeben wollen, in welcher der zahlreichen *Manufacturas* die einzelnen Havanna-Marken hergestellt werden.

Die *Casas del Habano* sind praktisch rund um den Erdball verteilt – neben Kuba in Australien wie in Argentinien, in Frankreich wie in Andorra, Tschechien und auf Zypern (→ Anhang). Samuel Menzi in Zürich war der Erste, der eine *Casa* im deutschsprachigen Raum eröffnete, während in Deutschland zunächst Christoph M. Wolters seinem Hotel ›Landsknecht‹, gelegen in Meerbusch nahe Düsseldorf, eine *Casa* angliederte (1997), ehe 1999 jene exquisite Einrichtung auch Einzug in die deutsche Hauptstadt hielt: Der gebürtige Schweizer Dr. Maximilian Herzog suchte sich das Berliner Hotel ›Savoy‹ als passenden Rahmen seiner *Casa* aus. Wie auch andere Betreiber betonen sie, dass es sich bei dieser exquisiten Einrichtung nicht etwa um einen exklusiven Club handelt und dass jeder Havanna-Liebhaber, der auf das Angebot jener Häuser zurückgreifen möchte, bei ihnen willkommen ist. Falsche Scheu ist hier also unangebracht.

Die Geschäftsführer der US-amerikanischen *Casas* brauchen solche Hinweise nicht zu geben. Es gibt sie nämlich nicht in den Vereinigten Staaten – weder die Geschäftsführer noch die *Casas del Habano* (→ US-Embargo).

LIGERO → TABAKPFLANZEN

LiTHOGRAPHiEN

Als am 21. Oktober 1878 der Deutsche Reichstag mit den Stimmen der Konservativen und Nationalliberalen das »Ausnahmegesetz gegen die gemeingefährlichen Bestrebungen der Sozialdemokratie« verabschiedete, wurde auch beschlossen, dieses Gesetz auf zweieinhalb Jahre zu befristen. Doch das auf Drängen des Reichskanzlers Otto von Bismarck zustande gekommene »Sozialistengesetz« erfuhr regelmäßige Verlängerungen, so dass es erst im Jahre 1890 endgültig aufgehoben wurde.

Zu diesem Zeitpunkt hatten schon viele Drucker und Schriftsetzer Deutschland verlassen, um irgendwo anders ihren Lebensunterhalt zu verdienen. Dieser Umstand deutet zum einen auf das sehr starke Engagement innerhalb der Arbeiterbewegung hin, das die Fachkräfte im grafischen Gewerbe seit jeher an den Tag legten, hängt zum anderen aber auch damit zusammen, dass besagtes Gesetz den Sozialdemokraten die öffentliche Verbreitung von Druckschriften verbot, wovon naturgemäß auch die Gewerkschaftspresse betroffen war. Und es war nicht wenig, was die Vertreter der Arbeiterschaft an Flugblättern, Kampfschriften, Plakaten und Zeitungen seinerzeit drucken ließen.

Cubierta der Marke ›Partagás‹

Unzufriedenheit, ja Ohnmacht und Wut gegen die Staatsmacht sowie Mangel an Arbeit kamen somit bei vielen Druckern, Setzern und Lithographen zusammen, wodurch auch die große Emigrationswelle zu erklären ist, unter der das grafische Gewerbe im Deutschen Reich des späten 19. Jahrhunderts zu leiden hatte. Nicht wenige der Arbeiter suchten ihr Glück in der Neuen Welt, und etliche davon konnten weder mit dem Moloch New York noch mit den anderen großen Städten an der Ostküste Nordamerikas so richtig warm werden und suchten sich andere Ziele, die es wert erschienen, sich dort niederzulassen.

Einige der Ziele lagen im Süden der Vereinigten Staaten, so etwa Florida, und eines der Ziele war auch Kuba. Hier ließ es sich gut arbeiten, nicht nur, weil das Klima um einiges angenehmer war als im oftmals verregneten und verschneiten Deutschland, sondern auch, weil hier stets ein Mangel an guten Fachkräften auf technischem Gebiet herrschte. Insbesondere der Bedarf an ausgebildeten Lithographen und Druckern überstieg bei weitem das Angebot.

Gerade die sich in wahrer »Goldgräberstimmung« befindliche Zigarrenindustrie (→ Große Marken) war es, welche durch die ständig steigende Produktion von *Habanos* auch einen kontinuierlich wachsenden Bedarf an Druckerzeugnissen hatte. Da waren *Anillos* zu entwerfen und zu bedrucken, ebenso *Cubiertas*, *Vistas* und *Bofetóns* – und alles das hatte farbenfroh zu sein.

Vista der Marke ›Sancho Panza‹

»Je bunter, je lieber.« Das muss wohl als Schlussbemerkung auf jeder Auftragserteilung, die ein Drucker damals erhielt, gestanden haben. Dieses Eindrucks kann sich so manch heutiger Betrachter nicht erwehren, wenn er etwa eine Kiste ›Romeo y Julieta Churchills‹ aufmacht. So zeigt die *Cubierta*, die auf dem äußeren Deckel angebracht ist, das wohl berühmteste Liebespaar der (Literatur-)Geschichte in einer Szene, wie sie anrührender nicht sein kann. Auch die *Vista*, die den inneren Deckel ziert, wartet mit demselben Motiv auf. Nach heutigem Kulturverständnis gilt die Umsetzung dieses Motivs als blanker Kitsch, doch andererseits schlägt einem hier so viel Kitsch entgegen, dass nicht wenige Betrachter diese Lithographie schon wieder als schön empfinden (→ Romeo y Julieta).

Bofetón der Marke ›Bolívar‹

So werden das auch die Menschen der damaligen Zeit empfunden haben. Jede Epoche hat nun mal ihr eigenes Kunstverständnis, und wer will sich anmaßen, hierüber negativ zu urteilen?! Und außerdem: Wer entscheidet überhaupt, was »Kitsch« ist und was nicht? Es gibt jedenfalls etliche Havannophile, die es den Kubanern nicht übel nehmen, diese Zeugnisse damaliger Lithographiekunst in die heutige Zeit gerettet zu haben. So nimmt jeder, der eine solche Zigarrenkiste kauft, auch ein Stück Kulturgeschichte mit nach Hause (→ Zigarrenkisten).

MONTECRISTO

Sie ist relativ jung für eine Havanna-Marke, die ›Montecristo‹. Erst im Jahre 1935 von Alonzo Menéndez und Pepe García entwickelt, gab es zunächst nur ein Format, welches diesen Namen trug, und zudem war es nur eines von vielen der Marke → ›H. Upmann‹. Doch die ›H. Upmann Montecristo Selection‹ fand so viele Käufer, dass sich aus dieser *Vitola* schon bald eine eigenständige Marke entwickelte. Der Name ›Montecristo‹ schien wohl ein Synonym für den Begriff »Erfolg« zu sein.

Dieser Erfolg ist ungebrochen, denn die ›Montecristo‹ ist seit Jahren die Havanna-Marke, nach der weltweit am häufigsten gefragt wird. So beträgt ihr Anteil an allen verkauften *Habanos* circa 20 Prozent. Wenn man die rund 120 Millionen Havannas zugrunde legt, die im Jahr 2000 von den Kubanern exportiert worden sind, so haben knapp 25 Millionen ›Montecristos‹ in dem darauf folgenden Verkaufszeitraum ihre Besitzer gewechselt. Und von diesen 25 Millionen Stück traten etwa die Hälfte ihre Reise nach Spanien an, darunter wiederum die Hälfte, also etwa 6 Millionen, allein in Gestalt der ›Montecristo No. 4‹. Wenn man ferner bedenkt, dass beispielsweise Deutschland etwa 5 Millionen Havannas insgesamt importiert, dann raucht, statistisch gesehen, jeder Spanier weit mehr als doppelt so viele ›Montecristos No. 4‹ wie ein Deutscher *Habanos*. Und weil das so ist, gilt diese *Vitola* als die weltweit meistgerauchte Havanna überhaupt.

Genug der Zahlenspielerei und zurück zum Erfolg. Der kann bekanntlich süchtig machen, mitunter sogar blind, und das wiederum kann dann dazu führen, dass man sich allzu sicher fühlt und nicht bemerkt, wie die Woge des Erfolgs, auf der man schwimmt, gefährlich nahe auf eine Klippe zusteuert, die dann für alles andere sorgt, nur nicht für Erfolg.

Bezogen auf die ›Montecristos‹ heißt das: Die enorme Produktionsmenge führte allmählich zu einem Qualitätsverlust bei den beliebten Havannas. Jedenfalls wurde die Zahl derjenigen *Aficionados* immer größer, die für gutes Geld eine Kiste mit ›Montecristos‹ gekauft hatten und die nachher enttäuscht waren, worauf so manch einer darüber grübelte, ob denn in besagter Kiste, auf der ›25 Montecristos‹ stand, auch wirklich ›25 Montecristos‹ drin waren. Überlegungen dieser Art werden wohl in Zukunft seltener angestellt werden müssen, denn viele Händler, selbst leidenschaftliche *Aficionados*, stellen fest, dass in letzter Zeit der Pfeil in puncto Qualität wieder eindeutig nach oben zeigt.

Das erfreut natürlich den Liebhaber dieser Marke, denn wenn eine ›Montecristo‹, etwa eine ›Especiales‹, das hält, was ihr Ruf verspricht, gehört sie nach ganz oben auf die Qualitätsskala der *Habanos*. Doch Vorsicht: Auch zu viel Qualität kann Schaden anrichten. Dieser Hinweis richtet sich vornehmlich an jenen Zigarrenliebhaber, der gerade dabei ist, das weite Feld der Havannas zu erkunden, denn die ›Montecristos‹ sind praktisch ohne Ausnahme etwas für den erfahrenen Raucher, der eine Zigarre liebt, die einen äußerst starken Geschmack hat und die auch – wie etwa die ›Montecristo A‹, wie etwa auch die ›Montecristo No. 2‹, eine ›Pirámide‹ – nicht mit einer ausgeprägten Aromenfülle geizt.

Vielseitige Verwendung: Das Logo der ›Montecristo‹ dient auch als *Cubierta, Vista* und *Bofetón*

Geht die Einführung der ›Montecristo‹, wie schon erwähnt, auf die beiden Sprösslinge großer Zigarrendynastien zurück, auf Alonzo Menéndez und Pepe García, so ist ihre Komposition keinem Geringeren als José Manuel Gonzales zu verdanken, für viele Kenner der Szene der beste Zigarrenmacher, der je auf Kuba gewirkt hat und der schon zu Lebzeiten eine Legende war.

Großvolumige Formate der Marke ›Montecristo‹

Handelsname (Vitola de salida) sowie Produktionsname (Vitola de galera)	**Länge** in Millimetern (in)	**Ringmaß** (bzw. Durchmesser in mm)	International entsprechende **Bezeichnung**	**Stärke**[1] und **Aroma**[2]
Montecristo A Gran Corona	235 (9¼)	47 (18,7)	Giant	6 • • • •
Montecristo No. 1 Cervante	165 (6½)	42 (16,7)	Lonsdale	4 • •
Montecristo No. 2 Pirámide	156 (6⅛)	52 (20,6)	Pyramid (Toro)	5 • • •
Tubos Corona Grande	155 (6⅛)	42 (16,7)	Long Corona	4 •

[1] Stärke der Zigarre: 1 = sehr mild; 2 = mild; 3 = mittel (–); 4 = mittel (+); 5 = ausgeprägt; 6 = sehr ausgeprägt
[2] Aroma-Entfaltung: • = verhalten; • • = angenehm bis präsent; • • • = sehr präsent; • • • • = überaus präsent

Mittelvolumige Formate der Marke ›Montecristo‹

Handelsname (Vitola de salida) sowie Produktionsname (Vitola de galera)	**Länge** in Millimetern (in)	**Ringmaß** (bzw. Durchmesser in mm)	International entsprechende **Bezeichnung**	**Stärke**[1] und **Aroma**[2]
Montecristo No. 3 Corona	142 (5⅝)	42 (16,7)	Corona	3 •
Montecristo No. 4 Mareva	129 (5⅛)	42 (16,7)	Petit Corona	5 •
Petit Tubos Mareva	129 (5⅛)	42 (16,7)	Petit Corona	5 • •

[1] Stärke der Zigarre: 1 = sehr mild; 2 = mild; 3 = mittel (–); 4 = mittel (+); 5 = ausgeprägt; 6 = sehr ausgeprägt
[2] Aroma-Entfaltung: • = verhalten; • • = angenehm bis präsent; • • • = sehr präsent; • • • • = überaus präsent

Wie bei anderen großen Marken auch, so ranken sich um die Namensgebung für die ›Montecristo‹ ebenfalls einige Legenden, doch wird dieser Akt ein ganz unspektakulärer gewesen sein: Wie an anderer Stelle nachzulesen (→ Herstellung), brachten (und bringen) *Lectores* den in der *Galera* arbeitenden *Torcedores* Werke berühmter Schriftsteller, klassischer wie zeitgenössischer, zu Gehör. Zwei von ihnen hatten denselben Nachnamen: Dumas. Deshalb gibt es auch die beiden Zusätze »der Ältere« und »der Jüngere«, damit man unterscheiden kann, wessen Werk man gerade

Kleinvolumige Formate der Marke ›Montecristo‹

Handelsname (Vitola de salida) sowie Produktionsname (Vitola de galera)	**Länge** in Millimetern (in)	**Ringmaß** (bzw. Durchmesser in mm)	International entsprechende **Bezeichnung**	**Stärke**[1] und **Aroma**[2]
Joyitas Laguito No. 3	115 (4½)	26 (10,3)	Cigarillo	5 •
Montecristo No. 5 Perla	102 (4)	40 (15,9)	Petit Corona	5 •
Montecristo No. 6 Seoane	125 (4½)	36 (14,3)	Short Panatela	4 •

[1] Stärke der Zigarre: 1 = sehr mild; 2 = mild; 3 = mittel (–); 4 = mittel (+); 5 = ausgeprägt; 6 = sehr ausgeprägt
[2] Aroma-Entfaltung: • = verhalten; • • = angenehm bis präsent; • • • = sehr präsent; • • • • = überaus präsent

Schmallange Formate der Marke ›Montecristo‹

Handelsname (Vitola de salida) sowie Produktionsname (Vitola de galera)	**Länge** in Millimetern (in)	**Ringmaß** (bzw. Durchmesser in mm)	International entsprechende **Bezeichnung**	**Stärke**[1] und **Aroma**[2]
Especiales Laguito No. 1	192 (7½)	38 (15,1)	Long Panatela	5 • •
Especiales No. 2 Laguito No. 2	152 (6)	38 (15,1)	Panatela	3 • •
Montecristo No. 7 Panetela Larga	175 (6⅞)	28 (11,1)	Slim Panatela	3 • •

[1] Stärke der Zigarre: 1 = sehr mild; 2 = mild; 3 = mittel (–); 4 = mittel (+); 5 = ausgeprägt; 6 = sehr ausgeprägt
[2] Aroma-Entfaltung: • = verhalten; • • = angenehm bis präsent; • • • = sehr präsent; • • • • = überaus präsent

liest – das des Vaters oder das des Sohnes. Der Ältere war es nun, der einen der berühmtesten Abenteuerromane der Weltliteratur schuf: *Der Graf von Monte Christo.* Dieses Buch mussten die *Lectores* sehr oft aus ihrem Fundus hervorholen, da es sich bei den *Torcedores* äußerster Beliebtheit erfreute. Das war auch kein Wunder, denn der *Graf von Monte Christo* hat alles, was ein Abenteuerroman haben muss: Liebe, Intrige, schließlich Rache und der Triumph des Helden.

Vor diesem Hintergrund verwundert es eigentlich nur, warum der Name ›Montecristo‹ nicht schon vor 1935 für eine Havanna-Marke vergeben worden ist …

NEUE MARKEN (VON MORGEN)

Für das Jahr 2000 kündigten die Verantwortlichen von ›Habanos S.A.‹ neue Marken an: ›Guantanamera‹, eine maschinell gefertigte Zigarre mit Tabaken aus dem Anbaugebiet Remedios (→ Regionen), sollte für weniger Geld zu haben sein als die ›José L. Piedra‹; preislich noch darunter würde die Marke ›Flor del Punto‹ liegen, ebenfalls eine maschinell gefertigte Havanna; schließlich komme noch die ›La Vigia‹ hinzu, die zwar etwas teurer sein werde als die zuvor genannten, aber immer noch dem niedrigsten Preissegment zuzuordnen sei, zudem das Siegel *Totalmente a mano* tragen würde.

Während diese Zeilen geschrieben werden, ist schon einige Zeit des Jahres 2001 ins Land gegangen. Es bleibt also abzuwarten, wann die Kubaner die Umsetzung ihrer Vorstellungen realisieren werden.

ORIENTE → REGIONEN

DIE RICHTIGE ZIGARRE ZUM RICHTIGEN ZEITPUNKT …

Zino Davidoff, der große Zigarrenkenner, hat stets zu bestimmten Formaten bei bestimmten Gegebenheiten bzw. Anlässen geraten, dabei selbstverständlich auch die zur Verfügung stehende Zeit berücksichtigt …

Cigarillo, Panatela:	die Viertelstunde einer Kaffeepause
Petit Corona, Corona:	die Verlängerung eines Mittagessens
Grand Corona:	eine Stunde des Müßiggangs
Double Corona:	die Krönung eines Abendessens
Giant:	für den besonderen Augenblick

PARTAGÁS

Der Name ›Partagás‹ hat einen guten Klang in der Welt der Zigarren. Als *Habanos* mit überwiegend kräftig schmeckenden *Vitolas* sprechen die ›Partagás‹ vor allem jene überzeugten Havannophile an, denen eine Zigarre nicht stark genug sein kann und die auch nicht auf eine überdurchschnittliche Aroma-Entfaltung verzichten wollen. Solche Zigarrenliebhaber, meist langjährige Havanna-Raucher, sind mit den großvolumigen *Vitolas* der ›Partagás‹ bestens bedient. Doch auch die kleineren Formate haben es, bis auf wenige Ausnahmen, »in sich«, und so ist neben der ›Bolívar‹ die ›Partagás‹ die Havanna, welche insgesamt, also in der Breite, als diejenige Marke gilt, deren Zigarren mit dem stärksten Geschmack aufwarten und dazu noch über eine beträchtliche Aromafülle verfügen.

Farbenfroh: Die *Vista* der Marke ›Partagás‹

Das alles ist natürlich nicht dazu angetan, den Einstieg in die Havanna-Welt mit Zigarren solchen »Kalibers« zu wagen, auch wenn etwa ein Format wie die ›Mille Fleurs‹ aufgrund seiner relativen Milde vielleicht für diesen Schritt geeignet erscheint. Wie schon im Vorwort angesprochen, handelt es sich bei den Angaben hinsichtlich Stärke und Aroma um Richtwerte, die sich zwar auf Erfahrungen stützen, doch sind Stärke und Aroma-Entfaltung leichten Schwankungen unterworfen, weil in einem Jahr die Tabakernte andere Erzeugnisse hervorbringt als etwa in dem Jahr zuvor. Da es sich bei der Havanna um ein reines Naturprodukt handelt und die Natur bekanntermaßen nicht immer das macht, was der Mensch von ihr erwartet, kann hier nur von Richtwerten gesprochen werden. Gleichwohl heißt das: Ein Format, dessen Stärke beispielsweise als »mild« eingestuft wird, wird nicht von heute auf morgen bzw. von einem auf das nächste Jahr um zwei Stufen nach oben steigen bzw. nach unten abfallen. Der Einsteiger sollte also tunlichst nicht mit einer ›Partagás‹ beginnen, sondern sich einer Marke zuwenden, deren Zigarren insgesamt als mild gelten, beispielsweise einer großvolumigen ›El Rey del Mundo‹.

Bauchbinde für eine Sonderedition anlässlich des hundertfünfzigjährigen Bestehens von *Fábrica* und *Marca*

Als großvolumig kann auch die Angebotspalette der Marke ›Partagás‹ angesehen werden. Nicht ganz fünfzig *Vitolas* konkurrieren hier um die Gunst des Connaisseurs. Das machen sie aber nicht immer, denn angesichts dieser Zahl ist leicht nachzuvollziehen, dass nicht jederzeit eine ausreichende Menge an Tabakblättern für alle Formate zur Verfügung steht. Bestimmt wird in den nächsten Jahren auch die eine oder andere *Vitola* für immer aus den Angebotslisten gestrichen, was dann nicht nur auf Engpässe verschiedener Art zurückzuführen sein wird, sondern auch auf fehlende Nachfrage, denn das breite Angebot führt bei den *Aficionados* zur Qual der Wahl, wenn sie sich zu entscheiden haben, welchen

Vitolas sie denn den Vorzug geben sollen. Außerdem wird es keinen Importeur geben, der sich das gesamte Sortiment in sein Lager holt. So kann es im Falle ›Partagás‹ von Land zu Land durchaus unterschiedliche Portefeuilles geben, wie das mittlerweile auf Neudeutsch heißt. Dabei hatte das ›Partagás‹-Angebot einst ein um rund zwanzig Formate breiteres Sortiment. Das war, als die noch junge Firma in den sechziger Jahren des 19. Jahrhunderts nahezu siebzig *Vitolas* für den Raucher bereithielt.

Das Jahr 1845 gilt allgemein als das Gründungsjahr der Marke ›Partagás‹, obwohl einige Quellen 1827 angeben. Das letztgenannte Jahr hat zwar auch einen Bezug zu dieser alteingesessenen Marke, doch die Kubaner hätten wohl kaum 1995 das hundertfünfzigjährige Bestehen von ›Partagás‹ gefeiert, wenn sie das schon achtzehn Jahre zuvor hätten tun können.

Doch der Reihe nach: Jaime Partagás Ravelo gründete 1827 eine *Manufactura* in La Habana. Die Geschäfte gingen von Anfang an gut, der Betrieb kam nie in die roten Zahlen, und so war es dem Jungunternehmer schon wenige Jahre nach der Gründung gelungen, einen großen Teil einer riesigen *Vega* in der Provinz Pinar del Río zu erwerben. Damit hatte er eine eigene Rohstoffbasis im Rücken und war unabhängig von den Unternehmen, die mit Zigarrentabak handelten und, je nach Nachfrage, die Preise diktierten.

Als Ramón Cifuentes bei ›Partagás‹ noch das Sagen hatte …

Obwohl kein »Studierter«, legte Jaime Partagás eine große Experimentierfreudigkeit an den Tag. Es war der so wichtige Bereich *Fermentación*, dem er sich mit Leidenschaft widmete. Darüber hinaus kreierte er höchstselbst die Einlage-Mischungen für jede einzelne *Vitola* – und das waren ja, wie erwähnt, nicht wenige. Der Erfolg, den er mit seinen *Habanos* auf wirtschaftlichem Gebiet erzielte, beruhte demnach auf einem von ihm geschaffenen »Qualitäts-Fundament«. Schließlich erhielt die Schaffensfreude des Jaime Partagás auch immaterielle Anerkennung: Im Jahre 1867 wurde der ›Real Fábrica de Tabacos Partagás‹ auf der Weltausstellung in Paris die erste Goldmedaille für die Qualität ihrer Produkte verliehen. Es sollte nicht die einzige Auszeichnung bleiben.

Zu diesem Zeitpunkt bestand die *Fábrica* schon zweiundzwanzig Jahre, denn 1845 hatte man in der Calle Industria No. 520, im Zentrum von La Habana gelegen, neue Fabrikräume bezogen. Von nun an trugen sowohl *Fábrica* als auch *Marca* den Namen ihres Begründers.

Gut ein Jahr vor der Auszeichnung, genauer am 6. Januar 1866, kam es zu einer weiteren denkwürdigen Begebenheit: Don Jaime Partágas, wie er sich inzwischen offiziell nennen durfte, ließ es sich nicht nehmen, ein Vorlesepult auf der leicht erhöhten *Galería* der *Galera* in Anwesenheit der gesamten Belegschaft einzuweihen. Danach nahm auf der *Galería*, eine Art Podest, ein Mann Platz, um anschließend den *Torcedores* während ihrer Arbeit Werke der Weltliteratur vorzulesen – die Institution des *Lector* war geboren (→ Herstellung).

Auch Don Jaime hörte bisweilen zu, wenn der *Lector* seiner Tätigkeit nachging. Das aber sollte ihm nicht mehr lange vergönnt sein, denn am 17. Juni 1868 erlitt er vor dem Haus seiner Plantage in Pinar del Río mehrere Schussverletzungen. Sie waren so schwer, dass Don Jaime Partagás Ravelo, eine der herausragenden Persönlichkeiten in der Geschichte der Havanna, auf den Tag genau einen Monat später starb.

Unruhige Zeiten waren das damals auf Kuba. Anfang des Jahres 1868 begann der erste Unabhängigkeitskrieg der Insulaner gegen die Kolonialmacht. Nachdem die Spanier den Forderungen nach Reformen, größerer Handelsfreiheit und mehr politischer Autonomie so gut wie kein Gehör schenkten, kam es im Osten Kubas zu Unruhen, die sich rasch zu einem bewaffneten Aufstand ausweiteten und bald das ganze Land ergriffen.

Großvolumige Formate der Marke ›Partagás‹

Handelsname (Vitola de salida) sowie Produktionsname (Vitola de galera)	**Länge** in Millimetern (in)	**Ringmaß** (bzw. Durchmesser in mm)	International entsprechende **Bezeichnung**	**Stärke**[1] und **Aroma**[2]
8·9·8 Cabinet Selection Corona Grande	155 (6 ⅛)	42 (16,7)	Long Corona	3 • •
8·9·8 Varnished Selection Dalia	170 (6 ¾)	43 (17,1)	Lonsdale	5 • • • •
Churchills de Luxe Julieta No. 2	178 (7)	47 (18,7)	Churchill	6 • • •
Coronas Grandes Corona Grande	155 (6 ⅛)	42 (16,7)	Long Corona	2 •
Lonsdales Cervante	165 (6 ½)	42 (16,7)	Lonsdale	5 • • • •
Lusitanias Prominente	194 (7 ⅞)	49 (19,5)	Double Corona	6 • • • •
Partagás de Partagás No. 1 Dalia	170 (6 ¾)	43 (17,1)	Lonsdale	5 • • •
Presidentes (Cello) Taco	158 (6 ¼)	47 (18,7)	Torpedo (Grand Corona)	5 • • •
Selección Privada No. 1 Dalia	170 (6 ¾)	43 (17,1)	Lonsdale	6 • • • •
Serie D No. 4 Robusto	124 (4 ⅞)	50 (19,8)	Robusto	5 • • • •

[1] Stärke der Zigarre: 1 = sehr mild; 2 = mild; 3 = mittel (–); 4 = mittel (+); 5 = ausgeprägt; 6 = sehr ausgeprägt
[2] Aroma-Entfaltung: • = verhalten; • • = angenehm bis präsent; • • • = sehr präsent; • • • • = überaus präsent

Der Aufstand ging von gebürtigen Spaniern aus, welche sich auf Kuba für immer niedergelassen hatten. Dabei richtete sich der Hass der Rebellen nicht nur gegen die Kolonialmacht, sondern auch gegen die reichen Plantagenbesitzer im Westen der Insel. Diese Großgrundbesitzer hatten am meisten zu verlieren – und hatten demnach ein elementares Interesse daran, dass der Status quo erhalten blieb.

Gut möglich, dass Don Jaime Partagás in ein Scharmützel zwischen Aufständischen und seinen Bediensteten geriet, als er nach einem abendlichen Besuch bei Freunden auf seine Plantage ›Vista Alegre‹ zurückkehrte.

Partagás

Mittelvolumige Formate der Marke ›Partagás‹

Handelsname (Vitola de salida) sowie Produktionsname (Vitola de galera)	**Länge** in Millimetern (in)	**Ringmaß** (bzw. Durchmesser in mm)	International entsprechende **Bezeichnung**	**Stärke**[1] und **Aroma**[2]
Aristócrats (Cello) Petit Cetro	129 (5 ⅛)	40 (15,9)	Petit Corona	5 • • •
Astorias Cosaco	135 (5 ¼)	42 (16,7)	Corona	4 • •
Belvederes (Cello) Belvederes	125 (4 ⅞)	39 (15,5)	Short Panatela	3 • •
Charlottes Carlota	143 (5 ⅝)	35 (13,9)	Panatela	5 • • •
Coronas Corona	142 (5 ⅝)	42 (16,7)	Corona	5 • • • •
Coronas A. Mejorado (Cello) Corona	142 (5 ⅝)	42 (16,7)	Corona	5 • • •
Coronas Junior (Tubos) Coronita	117 (4 ⅝)	40 (15,9)	Petit Corona	3 •
Coronas Senior (Tubos) Eminente	132 (5 ¼)	44 (17,5)	Petit Corona	4 • • •
Culebras Culebra	146 (5 ¾)	39 (15,5)	Culebra (Panatela)	3 • •
Eminentes (Cello) Eminente	132 (5 ¼)	44 (17,5)	Petit Corona	5 • • •
Habaneros (Cello) Belvederes	125 (4 ⅞)	39 (15,5)	Short Panatela	4 • •
Londres en Cedro (Cello) Petit Cetro	129 (5 ⅛)	40 (15,9)	Petit Corona	4 • •
Londres Extra (Cello) Petit Cetro	129 (5 ⅛)	40 (15,9)	Petit Corona	3 •
Londres Finos (Cello) Petit Cetro	129 (5 ⅛)	40 (15,9)	Petit Corona	2 • • •
Mille Fleurs Petit Corona	129 (5 ⅛)	42 (16,7)	Petit Corona	2 •
Parisianos Petit Cetro	129 (5 ⅛)	40 (15,9)	Petit Corona	3 • •
Partagás de Luxe (Tubos) Crema	140 (5 ½)	40 (15,9)	Corona	5 • • •

[1] Stärke der Zigarre: 1 = sehr mild; 2 = mild; 3 = mittel (–); 4 = mittel (+); 5 = ausgeprägt; 6 = sehr ausgeprägt
[2] Aroma-Entfaltung: • = verhalten; • • = angenehm bis präsent; • • • = sehr präsent; • • • • = überaus präsent

Mittelvolumige Formate der Marke ›Partagás‹ (Fortsetzung)

Handelsname (Vitola de salida) sowie Produktionsname (Vitola de galera)	**Länge** in Millimetern (in)	**Ringmaß** (bzw. Durchmesser in mm)	International entsprechende **Bezeichnung**	**Stärke**[1] und **Aroma**[2]
Perfectos (Cello) Perfecto	127 (5)	44 (17,5)	Torpedo (Petit Corona)	5 • •
Personales (Tubos) Petit Cetro	129 (5 ⅛)	40 (15,9)	Petit Corona	2 • •
Petit Coronas Mareva	129 (5 ⅛)	42 (16,7)	Petit Corona	4 • •
Petit Coronas Especiales (Cello) Eminente	132 (5 ¼)	44 (17,5)	Petit Corona	5 • • •
Petit Coronas Tubos Eminente	132 (5 ¼)	44 (17,5)	Petit Corona	5 •
Petit Partagás Petit Cetro	129 (5 ⅛)	40 (15,9)	Petit Corona	5 • • •
Ramonitas Carolina	121 (4¾)	26 (10,3)	Cigarillo	4 • •
Regalias de la Reina Bueno (Cello) Coronita	117 (4⅝)	40 (15,9)	Petit Corona	2 •
Royales Londres	125 (4⅞)	40 (15,9)	Petit Corona	5 • •
Serie du Connaisseur No. 3 Carlota	143 (5⅝)	35 (13,9)	Panatela	1 •
Shorts Minuto	110 (4⅜)	42 (16,7)	Petit Corona	2 • • •
Super Partagás Crema	140 (5 ½)	40 (15,9)	Corona	5 • •
Très Petit Coronas Franciscano	116 (4⅝)	40 (15,9)	Petit Corona	5 • • •

[1] Stärke der Zigarre: 1 = sehr mild; 2 = mild; 3 = mittel (–); 4 = mittel (+); 5 = ausgeprägt; 6 = sehr ausgeprägt
[2] Aroma-Entfaltung: • = verhalten; • • = angenehm bis präsent; • • • = sehr präsent; • • • • = überaus präsent

Zehn blutige Jahre sollte dieser erste Unabhängigkeitskrieg dauern. Am Ende behielt Spanien die Oberhand, nachdem im Laufe der Auseinandersetzungen rund einhunderttausend Soldaten in die überseeische Besitzung entsandt worden waren.
Zurück zum weiteren Werdegang der Marke. Die Erben führten das Werk des großen Mannes fort, doch da sie weder über das

Kleinvolumige Formate der Marke ›Partagás‹

Handelsname (Vitola de salida) sowie Produktionsname (Vitola de galera)	**Länge** in Millimetern (in)	**Ringmaß** (bzw. Durchmesser in mm)	International entsprechende **Bezeichnung**	**Stärke**[1] und **Aroma**[2]
Chicos (Cello) Chico	106 (4⅛)	29 (11,5)	Small Panatela	2 • •
Demi Tip (Cello) Demi Tip	125 (4⅞)	29 (11,5)	Small Panatela	2 •
Panetelas (Cello) Conchita	127 (5)	35 (13,9)	Short Panatela	2 • •
Petit Bouquets (Cello) Infante	98 (3⅞)	37 (14,7)	Short Panatela	5 • •

[1] Stärke der Zigarre: 1 = sehr mild; 2 = mild; 3 = mittel (–); 4 = mittel (+); 5 = ausgeprägt; 6 = sehr ausgeprägt
[2] Aroma-Entfaltung: • = verhalten; • • = angenehm bis präsent; • • • = sehr präsent; • • • • = überaus präsent

Charisma noch über die Fähig- und Fertigkeiten des Firmengründers verfügten, kamen schon bald Überlegungen auf, die Firma zu verkaufen. Es war der Bankier José A. Bances, der schließlich das Unternehmen erwarb. Im Jahre 1899 betrat dann ein Mann die Szene, der in der Welt der *Habanos* einen großen Namen hatte:

Hinweis auf eine der zahlreichen Auszeichnungen: *Bofetón* von ›Partagás‹

Schmallange Formate der Marke ›Partagás‹

Handelsname (Vitola de salida) sowie Produktions-name (Vitola de galera)	**Länge** in Millimetern (in)	**Ringmaß** (bzw. Durch-messer in mm)	International entsprechende **Bezeichnung**	**Stärke**[1] und **Aroma**[2]
Serie du Connaisseur No. 1 Delicado	192 (7 ½)	38 (15,1)	Long Panatela	4 • •
Serie du Connaisseur No. 2 Parejo	166 (6 ½)	38 (15,1)	Panatela	2 • •
Toppers (Cello) Toppers	160 (6 ¼)	39 (15,5)	Panatela	4 •

[1] Stärke der Zigarre: 1 = sehr mild; 2 = mild; 3 = mittel (–); 4 = mittel (+); 5 = ausgeprägt; 6 = sehr ausgeprägt
[2] Aroma-Entfaltung: • = verhalten; • • = angenehm bis präsent; • • • = sehr präsent; • • • • = überaus präsent

Ramón Cifuentes. Der begnadete Zigarrenmacher führte die *Fábrica* bis zu seinem Tod im Jahre 1938, und es waren bewegte Zeiten, die er da überstehen musste, was sich an den wechselnden Namen des Unternehmens leicht nachvollziehen lässt: ›Cifuentes, Fernandez y Cia.‹ und ›Cifuentes, Pego y Cia.‹ waren zwei davon, die dokumentieren, wie die jeweiligen Partner hießen, die sich an dem Unternehmen beteiligten.

Nach dem Tod von Don Ramón führte die Familie die Fabrik weiter. Sie muss das nicht schlecht gemacht haben, denn schon 1940 ging ›Partagás‹ ganz in die Hände der Cifuentes-Dynastie über. Sie besaß das Unternehmen auch noch bis in die Zeit nach dem Sturz Batistas, ehe die Firma 1960 enteignet wurde und die Cifuentes kurz darauf Kuba verließen, um irgendwo anders auf dieser Erde ihr Glück zu versuchen (→ Cohiba).

Heute heißt die *Fábrica* – sieht man einmal von der offiziellen Firmierung ab (→ Fábricas) – wie ehedem: ›Real Fábrica de Tabacos Partagás‹. Womit sich der Kreis geschlossen hat …

»Nein, aber wir bleiben gute Freunde.«

Graucho Marx zu seiner Frau, nachdem sie ihn gebeten hatte, auf seine Havannas zu verzichten

PARTIDOS → REGIONEN

POR LARRAÑAGA

»A woman is only a woman, but a good cigar is a smoke.« Dieses Zitat aus einem Gedicht des großen englischen Schriftstellers und späteren Literaturnobelpreisträgers (1907) Rudyard Kipling hat schon zu vielen Missverständnissen geführt. Das muss es zwangsläufig auch, da gerade Zitate, die ihrem Kontext entzogen wurden, häufig Anlass zu Irritationen geben.

Der 1865 in Bombay geborene Kipling, der mit sechs Jahren nach England kam, weilte von 1882 bis 1896 als Journalist in Indien. Während dieser Zeit besuchte er einmal eine Gerichtsverhandlung, in der es um den Bruch eines Eheversprechens ging. Kipling ließ sich dadurch zu besagtem Gedicht inspirieren. Der Mann, der vor Gericht stand, muss ein recht bedauernswerter Tropf gewesen sein. So lässt der Schriftsteller ihn sagen: »There's peace in a Larrañaga, there's calm in a Henry Clay.« Und an anderer Stelle: »Which is the better portion – bondage bought with a ring, / Or a harem of dusky beauties, fifty tied in a string?«

Das Logo der ›Por Larrañaga‹ findet auch als *Cubierta* Verwendung

Aus diesen Worten klingt beinahe Hilflosigkeit, jedenfalls ein Gutteil Resignation. Wenn er denn bei einer ›Larrañaga‹ Frieden und bei einer ›Henry Clay‹ Ruhe empfindet, wenn er die Ehe, erworben mit einem Ring, als Joch ansieht und wenn sich dagegen beim Anblick eines Harems dunkler Schönheiten, davon fünfzig in einer Reihe, Wohligkeit in ihm breit macht – wenn ein Mann solchen Empfindun-

> »Gentlemen, Sie dürfen rauchen.«
>
> Edward VII. nach seiner Krönung zum König von England

gen Raum gibt, dann bleibt ihm wohl nur die Feststellung: »Eine Frau ist nur eine Frau, aber eine gute Zigarre ist ein Smoke.«

Einen guten Smoke versprechen die ›Larrañagas‹ auch heute noch – wenn ein *Aficionado* denn die etwas stärkeren *Habanos* schätzt und wenn er denn eine Kiste ›Por Larrañaga‹ auch bekommt. So sind auf der größten Insel der Großen Antillen nicht immer alle Formate vorrätig, und auch die einzelnen Importeure kaufen höchst selten das auf Kuba verfügbare Sortiment komplett ein, und so wird denn ein Fachhändler womöglich nicht mit der gewünschten ›Por Larrañaga‹ dienen können.

Das Format ›Sabrosón‹ gibt es nicht mehr, wohl aber die Marke, die einstmals diese *Vitola* in ihrem Programm hatte

Das ist schade, denn gerade die handgemachten Formate sollten für denjenigen (etwas erfahrenen) Raucher, der sie noch nicht kennt, einmal einen Versuch wert sein – er wird es nicht bereuen,

Im Stil längst vergangener Zeit: *Vista* der ›Por Larrañaga‹

Großvolumiges Format der Marke ›Por Larrañaga‹

Handelsname (Vitola de salida) sowie Produktionsname (Vitola de galera)	**Länge** in Millimetern (in)	**Ringmaß** (bzw. Durchmesser in mm)	International entsprechende **Bezeichnung**	**Stärke**[1] und **Aroma**[2]
Lonsdales Cervante	165 (6½)	42 (16,7)	Lonsdale	5 • • • •

[1] Stärke der Zigarre: 1 = sehr mild; 2 = mild; 3 = mittel (–); 4 = mittel (+); 5 = ausgeprägt; 6 = sehr ausgeprägt
[2] Aroma-Entfaltung: • = verhalten; • • = angenehm bis präsent; • • • = sehr präsent; • • • • = überaus präsent

Mittelvolumige Formate der Marke ›Por Larrañaga‹

Handelsname (Vitola de salida) sowie Produktionsname (Vitola de galera)	**Länge** in Millimetern (in)	**Ringmaß** (bzw. Durchmesser in mm)	International entsprechende **Bezeichnung**	**Stärke**[1] und **Aroma**[2]
Lolas en Cedro (Cello) Petit Corona	129 (5⅛)	42 (16,7)	Petit Corona	5 • •
Panetelas (Cello) Veguerito	127 (5)	37 (14,7)	Short Panatela	2 • •
Petit Coronas Mareva	129 (5⅛)	42 (16,7)	Petit Corona	4 • •
Super Cedros (Cello) Standard	123 (4⅞)	40 (15,9)	Petit Corona	4 • •

[1] Stärke der Zigarre: 1 = sehr mild; 2 = mild; 3 = mittel (–); 4 = mittel (+); 5 = ausgeprägt; 6 = sehr ausgeprägt
[2] Aroma-Entfaltung: • = verhalten; • • = angenehm bis präsent; • • • = sehr präsent; • • • • = überaus präsent

Schmallanges Format der Marke ›Por Larrañaga‹

Handelsname (Vitola de salida) sowie Produktionsname (Vitola de galera)	**Länge** in Millimetern (in)	**Ringmaß** (bzw. Durchmesser in mm)	International entsprechende **Bezeichnung**	**Stärke**[1] und **Aroma**[2]
Montecarlos (Cello) Delicioso	159 (6¼)	35 (13,9)	Panatela	2 • •

[1] Stärke der Zigarre: 1 = sehr mild; 2 = mild; 3 = mittel (–); 4 = mittel (+); 5 = ausgeprägt; 6 = sehr ausgeprägt
[2] Aroma-Entfaltung: • = verhalten; • • = angenehm bis präsent; • • • = sehr präsent; • • • • = überaus präsent

die *Habanos* jener *Marca* gekauft zu haben, die, 1834 gegründet, als die älteste Havanna-Marke gilt, welche die Kubaner heute noch produzieren. Wünschen wir der ›Por Larrañaga‹, dass sie 2034 an den Jubiläumstagen wird teilnehmen können, wenn die zweihundertjährige Wiederkehr ihrer Geburtsstunde zu feiern ist.

PREISSTUFEN

Die angebotenen Havannas lassen sich in fünf Kostenkategorien einteilen. Zwar werden von Land zu Land für identische Produkte recht unterschiedliche Preise verlangt, doch ist die innerhalb des Sortiments bestehende Rangordnung in aller Regel gleich. In der Tabelle orientiert sich die Segmentierung der Marken vornehmlich an den Preisen der mittelvolumigen Formate, damit sich nicht jene, die hier »aus dem Rahmen fallen«, wie etwa eine ›Montecristo A‹, auf den Preisdurchschnitt über Gebühr auswirken.

Die fünf Preisstufen

Kategorien	Marken
Höchstes Segment	Cohiba · Trinidad
Oberes Segment	Montecristo · Vegas Robaina
Mittleres Segment	Bolívar · Cuaba · Hoyo de Monterrey · H. Upmann La Gloria Cubana · Partagás · Punch · Romeo y Julieta Sancho Panza · Saint Luis Rey · San Cristóbal de La Habana
Unteres Segment	Diplomáticos · El Rey del Mundo · Flor de Juan López Flor de Rafael González · Gispert · La Flor de Cano Por Larrañaga · Quay d'Orsay · Ramón Allones · Vegueros
Niedrigstes Segment	Belinda · Fonseca · H. de Cabañas y Carbajal · José L. Piedra La Corona · Los Statos de Luxe · Quintero · Troya

Die angesprochenen Unterschiede sind nicht selten von Nachbarstaat zu Nachbarstaat gravierend: So muss beispielsweise der *Aficionado* in Deutschland für seine geliebten *Habanos* bedeutend tiefer in die Tasche greifen als in der Schweiz.

Die drei Lieblings-Havannas von Urs Portmann, Besitzer des gleichnamigen Tabak- und Zigarrenhauses im schweizerischen Kreuzlingen am Bodensee:

Punch Punch, Hoyo de Monterrey Hoyo des Dieux, Vegas Robaina Unicos 52.

PUNCH

Wer den typischen, leicht erdigen Havanna-Geschmack liebt, wer gerne eine Zigarre raucht, die zwar vollmundig ist, aber nicht als überaus kräftig bezeichnet werden kann, und wer trotz alledem nicht auf eine sehr präsente Aroma-Entfaltung verzichten will, der liegt mit einer ›Punch‹ genau richtig – wenn er denn auch großvolumige *Vitolas* bevorzugt. Aber auch die kleineren Formate weisen in der Mehrzahl eine Aromen-Struktur auf, die es anderen vergleichbaren *Habanos* schwer macht, in dieser Hinsicht Ähnliches zu bieten.

Diese Ausführungen machen deutlich, dass die Zigarren jener Marke in ihrer Gesamtheit hinsichtlich Raucherlebnis und Qualität mit zu den besten *Marcas del Habano* zu zählen sind, die zur großen Havanna-Familie gehören. Das war nicht immer so, denn die Generationen vor den heutigen ›Punchs‹ standen in dem Ruf, vom Geschmack her recht aggressiv zu sein.

Das wird auch von der ersten Generation gesagt. Die ›Punchs‹ der vierziger Jahre des 19. Jahrhunderts gingen hauptsächlich nach Großbritannien, und die damaligen Zigarrenraucher in London und Birmingham, in Manchester und Liverpool favorisierten wohl eher die Geschmacksstärke als die Aroma-Entfaltung. Das hat sich bei den ›Punchs‹, wie oben geschildert, mittlerweile geändert.

Cubierta der Marke ›Punch‹

Damals, zu Beginn jenes Dezenniums, fing ein Printperiodikum gerade an, sich in England zu etablieren. Die Rede ist von dem Satiremagazin *Punch*, das 1841 zum ersten Mal erschien und das es noch heute zu kaufen gibt, womit dieses Magazin die älteste existierende satirische Zeit-

Vista: Mister Punch im Mittelpunkt

schrift der Welt ist und zudem seit seiner Erstausgabe ohne eine Unterbrechung erschienen ist. Die Titelfigur, ein Harlekin, dessen Name mit dem des Magazins deckungsgleich ist, treibt Woche für Woche im Innenteil der Zeitschrift ihre Späße, und dieser britische »Kasperl« kam seinerzeit bei den gebildeten Engländern gut an. Die Briten haben ja auch heute noch durchweg Sinn für einen ganz eigenen Humor.

Da Zigarren, die der erwähnten Geschmacksrichtung entsprachen, gute Chancen hatten, im Stammland des damaligen Weltreichs Großbritannien genügend Käufer zu finden, kam wohl einer der Verantwortlichen in der *Fábrica*, in der sie hergestellt wurden, irgendwann in diesen Jahren auf die Idee, jene Havannas unter dem Markennamen ›Punch‹ anzubieten und so eine Verbindung zum Bürger- und Großbürgertum der Inselgruppe am Rande des Atlantiks herzustellen. Es waren nämlich nahezu ausschließlich Vertreter dieser Schichten, dazu ranghohe Militärs, welche es sich leisten konnten, die teuren Zigarren zu rauchen, die aus der fernen Karibik in den Hafenstädten am Ärmelkanal und an der Nordsee ankamen. Im England der beginnenden Viktorianischen Zeit traf man sich im Club, unterhielt sich, trank ein Glas Portwein und rauchte miteinander, und wer sich nicht an einem Gespräch beteiligen wollte, der griff sich eine der ausliegenden Zeitungen und

Wenn sich die Gentlemen im Club trafen, starke Havannas rauchten und mit blauen Wolken die Luft schwängerten, trugen sie gemeinhin Smoking. Die Wörter »Smoke« und »Smoking« sind wesensverwandt.

Schon im England der frühen Viktorianischen Zeit war es in vielen Städten nicht erlaubt, auf öffentlichen Straßen und Plätzen zu rauchen, sondern nur in bestimmten Räumlichkeiten – und auch hier nur, wenn keine Damen anwesend waren.

Solches Vorgehen hatte Tradition. Schon Jakob I. (1566 bis 1625), seit 1603 König von England, erließ ein Edikt, wodurch das »Rauchen des stinkenden Krauts« unter Strafe gestellt wurde. Der Sohn Maria Stuarts, der sich gerne auf das »göttliche Recht der Könige« berief, zielte mit derartigen Erlassen auf das Pfeiferauchen ab, denn erst nach Beginn des 19. Jahrhunderts kam in England das Zigarrenrauchen auf.

Jedenfalls sannen die Herren der Schöpfung seinerzeit nach, »erfanden« den »Club« – und konnten von nun an ungestört und hemmungslos ihrer Rauchleidenschaft frönen. Bei dieser »Tätigkeit« zogen sie ein schwarzes Jackett aus leichtem, aber strapazierfähigem Stoff an, das *Smoking jacket*, damit das »Darunter« nicht allzu sehr in Mitleidenschaft gezogen wurde. Bald kam auch eine schwarze Hose hinzu, und der Smoking-Anzug, später für festliche Anlässe reserviert, war geboren.

Wenn heute jemand einen Smoking-Anzug für einen bestimmten Anlass wählt – ob derjenige auch weiß, dass er ein »Rauchjackett« trägt?

Großvolumige Formate der Marke ›Punch‹

Handelsname (Vitola de salida) sowie Produktionsname (Vitola de galera)	**Länge** in Millimetern (in)	**Ringmaß** (bzw. Durchmesser in mm)	International entsprechende **Bezeichnung**	**Stärke**[1] und **Aroma**[2]
Black Prince Corona Gorda	143 (5⅝)	46 (18,3)	Grand Corona	3 • • •
Churchills Julieta No. 2	178 (7)	47 (18,7)	Churchill	3 • •
Diademas Extra Gran Corona	235 (9¼)	47 (18,7)	Giant	2 • • •
Double Coronas Prominente	194 (7⅝)	49 (19,5)	Double Corona	4 • • •
Monarcas (Tubos) Julieta No. 2	178 (7)	47 (18,7)	Churchill	4 • • •
Punch Punch Corona Gorda	143 (5⅝)	46 (18,3)	Grand Corona	4 • • • •
Royal Coronations Conserva	145 (5¾)	44 (17,5)	Corona	3 • •
Royal Selection No. 11 Corona Gorda	143 (5⅝)	46 (18,3)	Grand Corona	5 • • •
Super Selection No. 1 Corona Grande	155 (6⅛)	42 (16,7)	Long Corona	5 • • •
Super Selection No. 2 Corona Gorda	143 (5⅝)	46 (18,3)	Grand Corona	5 • • • •

[1] Stärke der Zigarre: 1 = sehr mild; 2 = mild; 3 = mittel (–); 4 = mittel (+); 5 = ausgeprägt; 6 = sehr ausgeprägt
[2] Aroma-Entfaltung: • = verhalten; • • = angenehm bis präsent; • • • = sehr präsent; • • • • = überaus präsent

Zeitschriften und zog sich zurück. Gut möglich, dass er den *Punch* wählte, wurde doch das Satiremagazin in diesen Schichten gerne gelesen.

So kommt es, dass die *Vista* der ›Punch‹ neben einigen Szenen, die der Havanna-Produktion entnommen sind, in der Mitte jenen »Mister Punch« zeigt, der, seinen treuen Hund zu Füßen, genüsslich eine Zigarre pafft.

Die Bauchbinden sowie die weiteren → Lithographien der ›Punch‹ weisen hingegen auf das Land hin, in dem sie gefertigt werden: ›Juan Valle y Cia‹ und ›Manuel López‹ ist beispielsweise auf den *Anillos* zu lesen. Das geht zum einen auf die achtziger Jahre

Mittelvolumige Formate der Marke ›Punch‹

Handelsname (Vitola de salida) sowie Produktionsname (Vitola de galera)	**Länge** in Millimetern (in)	**Ringmaß** (bzw. Durchmesser in mm)	International entsprechende **Bezeichnung**	**Stärke**[1] und **Aroma**[2]
Belvederes (Cello) Belvederes	125 (4⅞)	39 (15,5)	Short Panatela	2 •
Coronas Corona	142 (5⅝)	42 (16,7)	Corona	3 • •
Coronations Petit Corona	129 (5⅛)	42 (16,7)	Petit Corona	2 •
Coronations (Tubos) Mareva	129 (5⅛)	42 (16,7)	Petit Corona	2 • •
Exquisitos (Cello) Petit Cetro	129 (5⅛)	40 (15,9)	Petit Corona	2 •
Gran Coronas Superior	146 (5¾)	40 (15,9)	Long Corona	3 • •
Nacionales Cosaco	135 (5¼)	42 (16,7)	Corona	3 • •
Palmas Reales (Cello) Crema	140 (5½)	40 (15,9)	Corona	4 • •
Petit Coronas del Punch Mareva	129 (5⅛)	42 (16,7)	Petit Corona	4 • •
Petit Coronations (Tubos) Coronita	117 (4⅝)	40 (15,9)	Petit Corona	3 • • •
Petit Coronations (Tubos) Franciscano	116 (4⅝)	40 (15,9)	Petit Corona	3 • •
Presidentes Mareva	129 (5⅛)	42 (16,7)	Petit Corona	2 • •
Royal Coronations Corona	142 (5⅝)	42 (16,7)	Corona	3 • •
Royal Selection No. 12 Mareva	129 (5⅛)	42 (16,7)	Petit Corona	4 • •
Selection de Luxe No. 2 Mareva	129 (5⅛)	42 (16,7)	Petit Corona	3 •
Souvenirs de Luxe Londres	125 (4⅞)	40 (15,9)	Petit Corona	4 • •
Souvenirs de Luxe (Cello) Petit Corona	129 (5⅛)	42 (16,7)	Petit Corona	3 • •

[1] Stärke der Zigarre: 1 = sehr mild; 2 = mild; 3 = mittel (–); 4 = mittel (+); 5 = ausgeprägt; 6 = sehr ausgeprägt
[2] Aroma-Entfaltung: • = verhalten; • • = angenehm bis präsent; • • • = sehr präsent; • • • • = überaus präsent

Mittelvolumige Formate der Marke ›Punch‹ (Fortsetzung)

Handelsname (Vitola de salida) sowie Produktionsname (Vitola de galera)	**Länge** in Millimetern (in)	**Ringmaß** (bzw. Durchmesser in mm)	International entsprechende **Bezeichnung**	**Stärke**[1] und **Aroma**[2]
Très Petit Coronas Minuto	110 (4⅜)	42 (16,7)	Petit Corona	5 •

[1] Stärke der Zigarre: 1 = sehr mild; 2 = mild; 3 = mittel (–); 4 = mittel (+); 5 = ausgeprägt; 6 = sehr ausgeprägt
[2] Aroma-Entfaltung: • = verhalten; • • = angenehm bis präsent; • • • = sehr präsent; • • • • = überaus präsent

Kleinvolumige Formate der Marke ›Punch‹

Handelsname (Vitola de salida) sowie Produktionsname (Vitola de galera)	**Länge** in Millimetern (in)	**Ringmaß** (bzw. Durchmesser in mm)	International entsprechende **Bezeichnung**	**Stärke**[1] und **Aroma**[2]
Cigarrillos (Cello) Chico	106 (4⅛)	29 (11,5)	Small Panatela	2 •
Coronets Panetela	117 (4⅝)	34 (13,5)	Small Panatela	2 •
Margaritas Carolina	121 (4¾)	26 (10,3)	Cigarillo	3 • •
Panetelas Panetela	117 (4⅝)	34 (13,5)	Small Panatela	2 •
Petit Punch Perla	102 (4)	40 (15,9)	Petit Corona	3 • •
Petit Punch de Luxe Perla	102 (4)	40 (15,9)	Petit Corona	2 • •
Punchinellos Panetela	117 (4⅝)	34 (13,5)	Small Panatela	2 • •

[1] Stärke der Zigarre: 1 = sehr mild; 2 = mild; 3 = mittel (–); 4 = mittel (+); 5 = ausgeprägt; 6 = sehr ausgeprägt
[2] Aroma-Entfaltung: • = verhalten; • • = angenehm bis präsent; • • • = sehr präsent; • • • • = überaus präsent

des 19. Jahrhunderts zurück, als in der Mitte dieses Dezenniums die erwähnte Firma die Rechte an der 1840 gegründeten Marke (die zuvor schon einmal den Besitzer gewechselt hatte) erwarb, und verweist zum anderen auf das Jahr 1902, als ebenjener Manuel López als Fertigungsleiter über das Wohl und Wehe der Marke entschied. Manuel López Fernandez muss seine Sache gut gemacht haben, denn unter seiner Leitung erfuhren die ›Punchs‹ eine deutliche Absatzsteigerung. Im Jahre 1940 schließlich gingen

Schmallange Formate der Marke ›Punch‹

Handelsname (Vitola de salida) sowie Produktions-name (Vitola de galera)	**Länge** in Millimetern (in)	**Ringmaß** (bzw. Durch-messer in mm)	International entsprechende **Bezeichnung**	**Stärke**[1] und **Aroma**[2]
Ninfas Ninfa	178 (7)	33 (13,1)	Slim Panatela	3 • •
Panetelas Grandes Ninfa	178 (7)	33 (13,1)	Slim Panatela	5 • •

[1] Stärke der Zigarre: 1 = sehr mild; 2 = mild; 3 = mittel (–); 4 = mittel (+); 5 = ausgeprägt; 6 = sehr ausgeprägt
[2] Aroma-Entfaltung: • = verhalten; • • = angenehm bis präsent; • • • = sehr präsent; • • • • = überaus präsent

die Rechte der Marke an das Unternehmen ›Fernandéz, Palicio y Cia‹, nachdem zuvor ein abermaliger Besitzerwechsel stattgefunden hatte.

Heute werden die in letzter Zeit immer beliebter gewordenen ›Punchs‹ vornehmlich in der *Fábrica* ›La Corona‹ hergestellt, von wo aus sie nicht mehr nur ihre Reise nach Großbritannien antreten, denn auch etliche *Aficionados* anderer Länder wissen diese *Habanos* inzwischen zu schätzen. Sollte wiederum ein englischer Zigarrenfreund während des Rauchens gerne lesen, bleibt es ihm, etwa im Winter, unbelassen, eine ›Punch Punch‹ zu rauchen, dabei in einem Magazin namens *Punch* zu blättern, während er hin und wieder zu einem Glas Punsch – sorry: *Punch* – greift …

Die drei Lieblings-Havannas von Werner Schmitz, Inhaber des Düsseldorfer Tabak- und Zigarrenhauses ›Pfeifen Linzbach‹:

La Gloria Cubana Medaille d'Or No. 2, Punch Royal Selection No. 11, Vegas Robaina Unicos 52.

QUAI D'ORSAY

Der Name dieser noch relativ jungen Havanna-Marke lässt auf die Herkunft ihres Gründers schließen: Frankreich. Doch es war nicht ein Einzelner, der die ›Quais d'Orsay‹ ins Leben rief, sondern die Kubaner entwickelten diese interessanten Zigarren nach den Vorstellungen der staatlichen Tabakwarengesellschaft ›Seita‹ – und wenn die Verantwortlichen von ›Seita‹ einen Wunsch äußern, dann hören die maßgeblichen Leute bei ›Habanos S.A.‹ genau hin. Schließlich ist Frankreich nach Spanien das Land, welches die meisten *Habanos* importiert. So lag beispielsweise im Jahre 2000 der Anteil, den die Grande Nation an allen exportierten kubanischen Zigarren hatte, immerhin bei beachtlichen 14 Prozent.

Logo der zunächst für den französischen Markt kreierten Havanna

Das wird sich wohl zu Beginn der siebziger Jahre nicht viel anders dargestellt haben, denn seit dieser Zeit gibt es die ›Quais d'Orsay‹ zu kaufen – zunächst nur in Frankreich, später dann auch

An dritter Stelle der Empfängerländer in Sachen Havanna-Export liegt übrigens – Kuba! Was auf den ersten Blick etwas verwundert, ist einfach zu erklären: Die *Habanos*, welche für den Export gedacht sind, sorgen bekanntlich für Devisen, und auf die ist Kuba dringend angewiesen. Da nun alle produzierten *Habanos* Exportware sind und diese Exportware in den *Casas del Habano*, in weiteren staatlich kontrollierten Verkaufsstellen sowie auf den Flughäfen des Landes verkauft wird, ist Kuba somit das drittgrößte »Exportland« – schließlich wurden im Jahre 2000 auf der Zuckerrohrinsel 9,5 Millionen Havannas verkauft, was einem »Exportanteil« von immerhin 8,1 Prozent entspricht.

Großvolumige Formate der Marke ›Quai d'Orsay‹

Handelsname (Vitola de salida) sowie Produktions-name (Vitola de galera)	**Länge** in Millimetern (in)	**Ringmaß** (bzw. Durch-messer in mm)	International entsprechende **Bezeichnung**	**Stärke**[1] und **Aroma**[2]
Gran Coronas Corona Grande	155 (6⅛)	42 (16,7)	Long Corona	3 • •
Imperiales Julieta No. 2	178 (7)	47 (18,7)	Churchill	2 • •

[1] Stärke der Zigarre: 1 = sehr mild; 2 = mild; 3 = mittel (–); 4 = mittel (+); 5 = ausgeprägt; 6 = sehr ausgeprägt
[2] Aroma-Entfaltung: • = verhalten; • • = angenehm bis präsent; • • • = sehr präsent; • • • • = überaus präsent

Mittelvolumige Formate der Marke ›Quai d'Orsay‹

Handelsname (Vitola de salida) sowie Produktions-name (Vitola de galera)	**Länge** in Millimetern (in)	**Ringmaß** (bzw. Durch-messer in mm)	International entsprechende **Bezeichnung**	**Stärke**[1] und **Aroma**[2]
Coronas Claro Corona	142 (5⅝)	42 (16,7)	Corona	4 • • •
Coronas Claro Claro Corona	142 (5⅝)	42 (16,7)	Corona	4 • • •

[1] Stärke der Zigarre: 1 = sehr mild; 2 = mild; 3 = mittel (–); 4 = mittel (+); 5 = ausgeprägt; 6 = sehr ausgeprägt
[2] Aroma-Entfaltung: • = verhalten; • • = angenehm bis präsent; • • • = sehr präsent; • • • • = überaus präsent

Schmallanges Format der Marke ›Quai d'Orsay‹

Handelsname (Vitola de salida) sowie Produktions-name (Vitola de galera)	**Länge** in Millimetern (in)	**Ringmaß** (bzw. Durch-messer in mm)	International entsprechende **Bezeichnung**	**Stärke**[1] und **Aroma**[2]
Panetelas Ninfa	178 (7)	33 (13,1)	Slim Panatela	5 • •

[1] Stärke der Zigarre: 1 = sehr mild; 2 = mild; 3 = mittel (–); 4 = mittel (+); 5 = ausgeprägt; 6 = sehr ausgeprägt
[2] Aroma-Entfaltung: • = verhalten; • • = angenehm bis präsent; • • • = sehr präsent; • • • • = überaus präsent

in einigen weiteren Ländern. Heute findet sie der interessierte Havanna-Liebhaber unter anderem im gesamten deutschsprachigen Raum.

Wenn der *Aficionado* schließlich das gefunden hat, wonach er suchte, dann warten auf ihn recht ansprechende *Habanos* mit einer ansehnlichen Bandbreite bei der Stärke sowie einer Aroma-Entfaltung, die in dieser Form nicht unbedingt vorauszusetzen ist angesichts der relativ günstigen Preise, die für die jeweiligen Formate verlangt werden (→ Preisstufen).

Das Entgelt für eine ›Quai d'Orsay‹ sollte jedoch derjenige, der gerade dabei ist, zum Kreis der Havanna-Liebhaber zu stoßen, besser für leichter schmeckende Formate anderer *Habanos* verwenden, denn die ›Quais‹, wie sie etwas despektierlich genannt werden, richten sich aufgrund ihrer Komposition und ihrer Machart an den *Aficionado*, der schon etwas Erfahrung damit hat, wie er mittels Havannas blauen Dunst produziert.

QUINTERO Y HNO.

Das ist sie, die meistverkaufte Havanna-Marke in Deutschland – jedenfalls trifft diese Feststellung auf das Jahr 2000 zu. In erster Linie ist das wohl auf den günstigen Preis zurückzuführen, gehören doch die ›Quinteros‹ dem niedrigsten Preissegment innerhalb der Havanna-Familie an (→ Preisstufen).

Im Stil der alten Zeit: *Vista* der Marke ›Quintero‹

Nun gibt es auch einige andere Marken, die relativ günstig zu haben sind, doch findet sich keine darunter, welche mit handgemachten Formaten aufwarten, die nicht mehr kosten als ihre maschinell gefertigten Pendants. Bei den ›Quinteros‹ werden seit Jahren – wenn es denn die Situation zulässt (→ Fábricas) – neben den ›Churchills‹ die ›Londres Extra‹, die ›Nacionales‹, die ›Panetelas‹ sowie die ›Puritos‹ komplett von Hand gemacht. Gleichwohl ist es ratsam, nach dem Stempel *Totalmente a mano* zu suchen, denn nicht immer (siehe oben) können die *Torcedores* auf das erforderliche Rohmaterial zurückgreifen, das

Großvolumiges Format der Marke ›Quintero‹

Handelsname (Vitola de salida) sowie Produktions-name (Vitola de galera)	**Länge** in Millimetern (in)	**Ringmaß** (bzw. Durch-messer in mm)	International entsprechende **Bezeichnung**	**Stärke**[1] und **Aroma**[2]
Churchills Cervante	165 (6 ½)	42 (16,7)	Lonsdale	5 • •

[1] Stärke der Zigarre: 1 = sehr mild; 2 = mild; 3 = mittel (–); 4 = mittel (+); 5 = ausgeprägt; 6 = sehr ausgeprägt
[2] Aroma-Entfaltung: • = verhalten; • • = angenehm bis präsent; • • • = sehr präsent; • • • • = überaus präsent

Mittelvolumige Formate der Marke ›Quintero‹

Handelsname (Vitola de salida) sowie Produktions-name (Vitola de galera)	**Länge** in Millimetern (in)	**Ringmaß** (bzw. Durch-messer in mm)	International entsprechende **Bezeichnung**	**Stärke**[1] und **Aroma**[2]
Brevas Nacional	140 (5 ½)	40 (15,9)	Corona	5 • •
Coronas Corona	142 (5 ⅝)	42 (16,7)	Corona	4 •
Coronas Selectas (Cello) Corona	142 (5 ⅝)	42 (16,7)	Corona	5 • •
Londres Standard	123 (4 ⅞)	40 (15,9)	Petit Corona	5 •
Londres Extra Standard	123 (4 ⅞)	40 (15,9)	Petit Corona	5 • •
Londres Extra (Cello) Standard	123 (4 ⅞)	40 (15,9)	Petit Corona	5 •
Medias Coronas Londres	125 (4 ⅞)	40 (15,9)	Petit Corona	5 • •

[1] Stärke der Zigarre: 1 = sehr mild; 2 = mild; 3 = mittel (–); 4 = mittel (+); 5 = ausgeprägt; 6 = sehr ausgeprägt
[2] Aroma-Entfaltung: • = verhalten; • • = angenehm bis präsent; • • • = sehr präsent; • • • • = überaus präsent

es ihnen ermöglicht, Longfiller zu rollen (→ Havanna-Zigarren). Des Öfteren wird der Interessierte auch auf den Stempel *Hecho a mano* stoßen (→ Fábricas; → Zigarrenkisten).

Dennoch zeigen diese Ausführungen, dass es zum einen durchaus *Vitolas* gibt, die handgemacht sind, obwohl sie normalerweise zu den maschinell gefertigten gehören (→ Formate), und dass zum anderen der Zusatz ›Cello‹ auch nicht immer auf maschinell hergestellte *Vitolas* verweist.

Mittelvolumige Formate der Marke ›Quintero‹ (Fortsetzung)

Handelsname (Vitola de salida) sowie Produktions-name (Vitola de galera)	**Länge** in Millimetern (in)	**Ringmaß** (bzw. Durch-messer in mm)	International entsprechende **Bezeichnung**	**Stärke**[1] und **Aroma**[2]
Medias Coronas Selectas (Cello) Londres	125 (4⅞)	40 (15,9)	Petit Corona	5 •
Nacionales Nacional	140 (5½)	40 (15,9)	Corona	5 • •
Nacionales (Cello) Nacional	140 (5½)	40 (15,9)	Corona	5 •
Panetelas (Cello) Veguerito	127 (5)	37 (14,7)	Short Panatela	5 •

[1] Stärke der Zigarre: 1 = sehr mild; 2 = mild; 3 = mittel (–); 4 = mittel (+); 5 = ausgeprägt; 6 = sehr ausgeprägt
[2] Aroma-Entfaltung: • = verhalten; • • = angenehm bis präsent; • • • = sehr präsent; • • • • = überaus präsent

Kleinvolumiges Format der Marke ›Quintero‹

Handelsname (Vitola de salida) sowie Produktions-name (Vitola de galera)	**Länge** in Millimetern (in)	**Ringmaß** (bzw. Durch-messer in mm)	International entsprechende **Bezeichnung**	**Stärke**[1] und **Aroma**[2]
Puritos (Cello) Chico	106 (4⅛)	29 (11,5)	Small Panatela	5 •

[1] Stärke der Zigarre: 1 = sehr mild; 2 = mild; 3 = mittel (–); 4 = mittel (+); 5 = ausgeprägt; 6 = sehr ausgeprägt
[2] Aroma-Entfaltung: • = verhalten; • • = angenehm bis präsent; • • • = sehr präsent; • • • • = überaus präsent

Solche Havannas wären natürlich für den Anfänger unter den *Habanos-Aficionados* mehr als interessant, doch andererseits sind die ›Quinteros‹ recht stark im Geschmack. Das wiederum kommt denjenigen entgegen, die über einige (Rauch-)Erfahrung verfügen und sich nicht jeden Tag zwei oder drei von den ganz teuren Havannas leisten wollen, aber auch denjenigen, die zwischendurch gerne eine Zigarre konsumieren, welche in Bezug auf die Aroma-Entfaltung nicht allzu hohe Anforderungen an den *Aficionado* stellt.

Diese vom Preis her äußerst interessanten *Habanos* haben die *Aficionados* einem gewissen Agustín Quintero zu verdanken, der 1924 in Cienfuegos, der heutigen Hauptstadt der gleichnamigen Provinz, seine erste *Manufactura* gründete. 1940 erfuhr dann der

Arthur Rubinstein (1887–1982), der große amerikanische Pianist polnischer Herkunft, der 1899, also im jungen Alter von zwölf Jahren, in Berlin sein Debüt gab, besaß bis zur Revolution Castros eine eigene Plantage auf der Inselrepublik. Viele Zigarren – die Bauchbinden trugen selbstverständlich sein Porträt – verschenkte er an Freunde.

Betrieb eine Erweiterung, als sich sein Bruder an der *Fábrica* beteiligte, die daraufhin ihren Sitz in die Hauptstadt verlegte. Auf jene Beteiligung weist auch der Zusatz beim Markennamen hin, denn ›Hno.‹ ist die Abkürzung für »Bruder«, und so heißt ›Quintero y Hno.‹ nichts anderes als ›Quintero und Bruder‹.

Nach dem so wichtigen Umzug in die Hauptstadt gab es auch ein neues Logo…

Noch heute befindet sich die ehemalige ›Quintero‹-Fabrik in Cienfuegos, und wie ehedem werden dort die gleichnamigen *Habanos* gefertigt. Doch da die ›Quintero‹ nach der ›Montecristo‹, der ›Romeo y Julieta‹ und der ›Partagás‹ die *Marca del Habano* ist, welche die meisten Zigarren produziert, beliefern die *Vegas* auch andere *Fábricas* mit Tabakballen, so etwa auch in La Habana, die der Fertigung von ›Quinteros‹ zugeführt werden.

Im Falle der ›Quinteros‹ liegen diese *Vegas* östlich von Cienfuegos, und zwar im nahe gelegenen Anbaugebiet Remedios (→ Regionen) – was beweist, dass nicht nur in der Vuelta Abajo erstklassiger Zigarrentabak wächst und dass man es nicht nur in La Habana versteht, gute Havannas zu fertigen.

Die drei Lieblings-Havannas von Heinrich Villiger, Mitinhaber der ›5th Avenue Products‹, dem offiziellen Importeur der ›Habanos‹-Produkte für Deutschland:

Cohiba Esplendidos, Cohiba Robustos, Montecristo Especiales.

RAMÓN ALLONES

Sie haben so einiges gemein, die große Marke ›Partagás‹ und die nicht ganz so bekannte ›Ramón Allones‹. Bei beiden fand die Gründung gegen Ende der ersten Hälfte des 19. Jahrhunderts statt, beide kamen Jahre später unter die Obhut von Don Ramón Cifuentes (›Partagás‹ 1899, ›Ramón Allones‹ 1927), beide werden heute in ein und derselben *Fábrica* gefertigt, und – last, but not least – beide kommen denjenigen Havannophilen entgegen, die bei den *Habanos* den ausgeprägten erdigen Geschmack mögen, also Havannas traditionellen Stils bevorzugen.

Dieser Schriftzug dient als Logo

Dabei sind die *Vitolas* der ›Allones‹ in ihrer Gesamtheit nicht ganz so stark im Geschmack wie die der ›Partagás‹. Das kommt natürlich den *Aficionados* entgegen, die zwar schon einiges an Erfahrung mit Havannas haben, sich aber noch nicht so recht an die ganz starken Formate heranwagen. Erwähnt werden muss in diesem Zusammenhang die ›Ramón Allones Small Club Coronas‹, die trotz ihrer relativen geschmacklichen Milde während des Rauchens etliche Aromen freigibt, was bei einem eher kleinen Format äußerst selten ist.

Ob die ›Allones‹ schon in ihrer frühen Zeit jene angesprochene Struktur hinsichtlich Stärke und Aroma-Entfaltung aufgewiesen haben, kann durchaus angenommen werden, denn die damaligen *Habanos* der Zuckerrohrinsel repräsentierten in der Mehrzahl

Großvolumige Formate der Marke ›Ramón Allones‹

Handelsname (Vitola de salida) sowie Produktions-name (Vitola de galera)	**Länge** in Millimetern (in)	**Ringmaß** (bzw. Durch-messer in mm)	International entsprechende **Bezeichnung**	**Stärke**[1] und **Aroma**[2]
8·9·8 Cabinet Selection Varnished Dalia	170 (6¾)	43 (17,1)	Lonsdale	4 • • •
Coronas Gigantes Prominente	194 (7⅝)	49 (19,5)	Double Corona	5 • • •
Specially Selected Robusto	124 (4⅞)	50 (19,8)	Robusto	3 • • •

[1] Stärke der Zigarre: 1 = sehr mild; 2 = mild; 3 = mittel (–); 4 = mittel (+); 5 = ausgeprägt; 6 = sehr ausgeprägt
[2] Aroma-Entfaltung: • = verhalten; • • = angenehm bis präsent; • • • = sehr präsent; • • • • = überaus präsent

Mittelvolumige Formate der Marke ›Ramón Allones‹

Handelsname (Vitola de salida) sowie Produktions-name (Vitola de galera)	**Länge** in Millimetern (in)	**Ringmaß** (bzw. Durch-messer in mm)	International entsprechende **Bezeichnung**	**Stärke**[1] und **Aroma**[2]
8·9·8 Cabinet Selection Corona	142 (5⅝)	42 (16,7)	Corona	2 • •
Belvederes (Cello) Belvederes	125 (4⅞)	39 (15,5)	Short Panatela	4 • •
Coronas Corona	142 (5⅝)	42 (16,7)	Corona	3 • •
Mille Fleurs (Cello) Petit Corona	129 (5⅛)	42 (16,7)	Petit Corona	4 •
Petit Coronas Mareva	129 (5⅛)	42 (16,7)	Petit Corona	4 • •
Ramondos (Cello) Crema	140 (5½)	40 (15,9)	Corona	3 •
Small Club Coronas Minuto	110 (4⅜)	42 (16,7)	Petit Corona	3 • • • •

[1] Stärke der Zigarre: 1 = sehr mild; 2 = mild; 3 = mittel (–); 4 = mittel (+); 5 = ausgeprägt; 6 = sehr ausgeprägt
[2] Aroma-Entfaltung: • = verhalten; • • = angenehm bis präsent; • • • = sehr präsent; • • • • = überaus präsent

jenen Stil, der heute als der traditionelle gilt. Gesichert sind hingegen zahlreiche Fakten über den Mann, der diese Marke ins Leben rief: Ramón Allones, ein gebürtiger Galizier, war einer der führenden Persönlichkeiten der Zigarrenindustrie im Kuba des 19. Jahr-

Kleinvolumige Formate der Marke ›Ramón Allones‹

Handelsname (Vitola de salida) sowie Produktions-name (Vitola de galera)	**Länge** in Millimetern (in)	**Ringmaß** (bzw. Durch-messer in mm)	International entsprechende **Bezeichnung**	**Stärke**[1] und **Aroma**[2]
Bits of Havana Chico	106 (4⅛)	29 (11,5)	Small Panatela	5 • • •
Panetelas Conchita	127 (5)	35 (13,9)	Short Panatela	3 •
Ramonitas Carolina	121 (4¾)	26 (10,3)	Cigarillo	5 •

[1] Stärke der Zigarre: 1 = sehr mild; 2 = mild; 3 = mittel (–); 4 = mittel (+); 5 = ausgeprägt; 6 = sehr ausgeprägt
[2] Aroma-Entfaltung: • = verhalten; • • = angenehm bis präsent; • • • = sehr präsent; • • • • = überaus präsent

Schmallange Formate der Marke ›Ramón Allones‹

Handelsname (Vitola de salida) sowie Produktions-name (Vitola de galera)	**Länge** in Millimetern (in)	**Ringmaß** (bzw. Durch-messer in mm)	International entsprechende **Bezeichnung**	**Stärke**[1] und **Aroma**[2]
Delgados (Cello) Toppers	160 (6¼)	39 (15,5)	Panatela	4 • • •
Toppers (Cello) Toppers	160 (6¼)	39 (15,5)	Panatela	5 • • •

[1] Stärke der Zigarre: 1 = sehr mild; 2 = mild; 3 = mittel (–); 4 = mittel (+); 5 = ausgeprägt; 6 = sehr ausgeprägt
[2] Aroma-Entfaltung: • = verhalten; • • = angenehm bis präsent; • • • = sehr präsent; • • • • = überaus präsent

hunderts. War es Gustav Bock, der um das Jahr 1860 die (weiße) → Bauchbinde einführte, so gehen die farbigen *Anillos* auf Ramón Allones zurück.

Die Farblithographie scheint überhaupt ein Gebiet gewesen zu sein, mit dem der umtriebige Galizier bestens vertraut war. Er war es nämlich auch, der in La Habana als Erster die Zigarrenkisten seiner Marke mit farbenfrohen und mit Goldprägung verzierten Etiketten versah, die er im Flachdruck herstellen ließ, jenem Verfahren des Steindrucks bzw. der Lithographie, welches darauf beruht, dass bestimmte feinporige Kalksteinplatten sowohl Fett als auch Wasser annehmen und der Druck nach dem Prinzip der gegenseitigen Abstoßung von Wasser und Fett – in diesem Fall Farbe – vonstatten geht.

Die *Vista* einer der ältesten Marken, die heute noch produziert werden

Dass der Zigarrenmacher Ramón Allones auch etwas von Havannas verstand, bewies er mit der Einführung der 8·9·8-Verpackung (→ 8·9·8). Und hier schließt sich auch der Kreis der Gemeinsamkeiten mit der Marke ›Partagás‹: Sie sind die einzigen *Marcas del Habano*, die jeweils zwei Formate in ihrem Sortiment führen, welche sich in dieser Verpackungsart präsentieren.

REGIONEN (DES TABAKANBAUS)

Als der Weltenschöpfer, nachdem er zum Schluss Amerika modelliert hatte, mit seiner Arbeit fertig war, kratzte er die Erdreste von seinen Fingern, die daraufhin in die Karibik plumpsten – so erzählt ein lateinamerikanischer Schriftsteller von der Entstehung der Kleinen und Großen Antillen.

Kuba gehört zur letztgenannten Inselgruppe, und obwohl die Großen Antillen ein Klima haben, das als »randtropisch« bezeichnet wird, nimmt die »Perle der Antillen« hinsichtlich Vegetation und Bodenbeschaffenheit eine besondere Stellung innerhalb dieses Archipels ein. Dem niederschlagreichen Sommer folgt ein trockener Winter, ständig unterbrochen von aufkommenden Passatwinden und gelegentlichen Kaltlufteinbrüchen von Norden, die dann Regen mit sich bringen.

Es wird wohl dieses Zusammenspiel von Sonne, Wind und Regen sein, das in Teilen Kubas einen Boden hat entstehen lassen, wie er nirgendwo sonst auf dieser Erde anzutreffen ist. Diese Einzigartigkeit des Bodens und das dort herrschende Klima sind es, welche die Voraussetzungen für den unverwechselbaren Geschmack einer Havanna schaffen. Eine vergleichbare symbiotische Einzigartigkeit von Boden und Klima herrscht beispielsweise auch an der mittleren Mosel, einem der großen Nebenflüsse des Rheins: Auf den schieferdurchsetzten Hängen, die eine Sonnenbestrahlung erfahren, die weit über dem Durchschnitt der übrigen Region liegt, wächst ein Riesling, der im Geschmack unverwechselbar ist.

Das alles hat nichts mit »besser« oder »schlechter« zu tun, denn ebenso wie ausgewiesenen Weintrinkern die perlende Säure des Moselrieslings nicht behagt, gibt es etliche Zigarrenraucher, denen Stärke und Aroma einer Havanna nicht zusagen. Im Bereich des Genusses ist eben alles eine Frage des Geschmacks und der persönlichen Vorlieben.

Bei vielen Havanna-Liebhabern konzentriert sich ihre persönliche Vorliebe auf kräftig schmeckende Zigarren. Wie der überwiegende Teil der Havannas haben auch sie ihren Ursprung in der Vuelta Abajo. Die Region im äußersten Südwesten der lang

In neuerer Zeit ist immer häufiger von der Region »Vuelta Arriba« die Rede. Dabei handelt es sich im eigentlichen Sinne gar nicht um eine Region, sondern so bezeichnen die Kubaner seit kurzem all jene Tabakanbaugebiete, die sich östlich der Hauptstadt befinden. Da die Zigarrenindustrie auf weiteres Wachstum setzt (weil der Staat dringend Devisen braucht), ist man gezwungen, auch auf Tabake aus solchen Gebieten zurückzugreifen, die bisher nicht für Exportware verwendet worden sind. Das ist nicht weiter schlimm, denn auf Kuba wachsen insgesamt ausgezeichnete Tabake.

Gleichwohl stört der Begriff »Vuelta Arriba«. Zu offensichtlich wird hier versucht, die genaue Herkunft bestimmter Tabake für bestimmte Exportware zu verschleiern. Ein klassisches Beispiel von Vogel-Strauß-Politik …

gestreckten Insel, Zentrum des Tabakanbaus auf Kuba, nimmt, was Boden und Klima betrifft, eine herausragende Stellung gegenüber den anderen Anbaugebieten ein. Aus der sanft an- und absteigenden immergrünen Hügellandschaft ragen hier und da kleine Felsformationen, die ebenfalls begrünt sind. Wenn einer der zahlreichen Niederschläge mit der tropischen Hitze eine ungewollte Symbiose eingeht, steigen Nebelschwaden über den vielen kleinen Senken auf, um alsbald zu verharren – und dann scheint es, als ob die Dunstschleier nur dazu da wären, sich schützend über dieses Stück Erde zu legen, damit es nicht von der Sonne ausgetrocknet wird.

Verlässt man die Vuelta Abajo Richtung Osten, so stößt man auf das Gebiet der Semi Vuelta. Auch hier wachsen erstklassige Zigarrentabake, die aber vornehmlich für den heimischen Verbrauch Verwendung finden. Weiter in Richtung Osten, südwestlich der Hauptstadt La Habana, befindet sich die Region Partidos mit ihrem Zentrum San Antonio de los Baños, in der hauptsächlich Tabake angebaut werden, die später als Deckblätter etlichen Zigarren ein Gesicht geben. In der Mitte der Insel liegt, über drei Pro-

Die größte Insel der Karibik gliedert sich in dreizehn Provinzen, wobei der Name der Provinzhauptstadt gleichzeitig der Name der Provinz ist. Doch keine Regel ohne Ausnahmen: Santa Clara ist die Hauptstadt der Provinz Villa Clara, Victoria de las Tunas die Hauptstadt von Las Tunas und Bayamo die von Granma. Die Orte San Juan y Martínez, San Luis und San Antonio de los Baños sind Zentren der jeweiligen Anbauregionen, wobei der letztgenannte Ort in der Provinz La Habana liegt

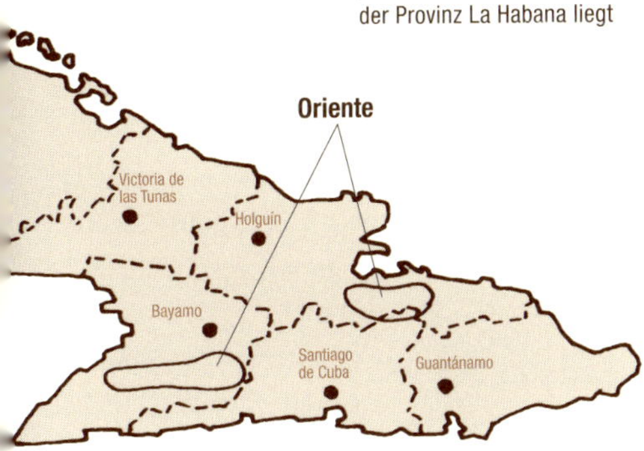

vinzen verteilt, die Remedios-Region, aus der wiederum Einlage-Tabake kommen, die für Exportzigarren Verwendung finden. Schließlich sind noch die drei Anbaugebiete der Region Oriente zu nennen. Eines davon liegt in der Provinz Ciego de Ávila, während die zwei anderen mehrere hundert Kilometer weiter, im Südosten des Landes, zu finden sind.

Nicht weit von den letztgenannten Gebieten entfernt, in der Bucht von Guantánamo, liegt übrigens der US-amerikanische Marinestützpunkt auf → Kuba. Obwohl die Vereinigten Staaten von Amerika mehr als achtzigmal größer sind als die Karibikinsel, findet sich in dem riesigen Land nicht eine Region, deren Boden die Tabakqualität hervorbringt, die beispielsweise den Tabak der Remedios-Region auszeichnet, gar nicht zu reden von der Qualität, die den Tabaken aus der Vuelta Abajo eigen ist. Zu erwähnen sind lediglich die hervorragenden Deckblätter aus dem Tal des Connecticut. Aber bekanntlich tragen die Deckblätter nur wenig zum Geschmack einer Zigarre bei (→ Deckblatt). Größe hat eben selten etwas mit Qualität zu tun …

REMEDIOS → REGIONEN

RINGMASSE

Während auf Kuba – wie auch in den mittel- und südeuropäischen Ländern – die Länge einer Havanna mittlerweile in Millimetern angegeben wird, ist beim Durchmesser das Maß aller Dinge nach wie vor die in Großbritannien und in den USA verwendete Längeneinheit »Inch«. Dieses in den angelsächsischen Staaten gültige Längenmaß entspricht exakt 25,4 Millimetern.

26, 40, 48 – ein kleiner Querschnitt, der die Bandbreite bei den Ringmaßen verdeutlicht

Wäre eine Zigarre mit einem Durchmesser von ebendiesen 25,4 Millimetern ausgestattet, betrüge das Ringmaß 64. So ist es einleuchtend, dass ein Ringmaß von 32 genau die Hälfte von 25,4 Millimetern beträgt, also 12,7 Millimeter. Die Formel, mit dem der Durchmesser eines Ringmaßes ermittelt wird, lautet demnach: 25,4 mm ÷ 64 × Ringmaß. So ginge etwa die Ermittlung des Ringmaßes 40 wie folgt vor sich: 25,4 mm ÷ 64 × 40 = 15,88 mm.

In den jeweiligen Format-Tabellen der einzelnen Marken sind die betreffenden Durchmesserangaben auf- bzw. abgerundet. Da in diesen Tabellen schon genug Zahlen zu »verkraften« sind, erschien es sinnvoll, den »Zahlensalat« nicht ganz so üppig gedeihen zu lassen.

Die Ringmaße

21 = 8,33 mm	29 = 11,51 mm	37 = 14,68 mm	45 = 17,86 mm
22 = 8,73 mm	30 = 11,91 mm	38 = 15,08 mm	46 = 18,26 mm
23 = 9,13 mm	31 = 12,30 mm	39 = 15,48 mm	47 = 18,65 mm
24 = 9,53 mm	32 = 12,70 mm	40 = 15,88 mm	48 = 19,05 mm
25 = 9,92 mm	33 = 13,10 mm	41 = 16,27 mm	49 = 19,45 mm
26 = 10,32 mm	34 = 13,49 mm	42 = 16,67 mm	50 = 19,84 mm
27 = 10,72 mm	35 = 13,89 mm	43 = 17,07 mm	51 = 20,24 mm
28 = 11,11 mm	36 = 14,29 mm	44 = 17,46 mm	52 = 20,64 mm

ROMEO Y JULiETA

Nach der ›Montecristo‹ ist die ›Romeo y Julieta‹ die Havanna-Marke, die weltweit am meisten nachgefragt wird. Das ist sehr beachtlich, doch in der ersten Hälfte des zurückliegenden Jahrhunderts lagen die ›Romeos y Julieta‹, was die Verkaufszahlen anbelangt, einsam an der Spitze aller *Marcas del Habano*, die sich um die Gunst der Havannophilen bemühten. Damals gab es nämlich einen gewissen Fernández Rodríguez, und »Don Pepin«, wie er in den Zigarrenkreisen von La Habana genannt wurde, ist wohl mit Abstand die schillerndste Figur, welche seit der Geburtsstunde der ersten Havanna jene Bühne betreten hat, auf der sich alle möglichen und unmöglichen Geschichten abgespielt haben, die einen Bezug zur Havanna aufweisen.

Das Logo der Marke, die praktisch zwei Geburtsjahre hat

Mehr als fünfzig Jahre haben sie ein Mauerblümchendasein geführt, die vielen ›Romeos y Julieta‹, die seit 1850 ausschließlich für den heimischen Markt gefertigt wurden, zuletzt von der renommierten Firma ›Alvarez y García‹, welche 1875 die Rechte an der Marke erworben hatte – bis dann jener Pepin besagte Bühne betrat. Zwar nicht als Prinz gewandet, sorgte der Dollar-Multimillionär dafür, dass die ›Romeos y Julieta‹ aus ihrem Dornröschenschlaf erwachten. 1903 war das, und schon wenige Jahre später waren jene *Habanos*, deren Bauchbinden den Namen des wohl berühmtesten Liebespaares der (Welt-)Literatur tragen, rund um den Erdball bekannt, wobei das auch auf Zeitgenossen zutraf, die gerade einmal wussten, dass es so etwas wie Zigarren gab. Und nicht nur das: Die Marke ›Romeo y Julieta‹ verzeichnete von allen Havanna-Marken den weltweit höchsten Absatz.

Das hatte seine Gründe, und diese Gründe hängen eng mit der Person Fernández Rodríguez zusammen. Don Pepin – vielen war er nur unter diesem Namen bekannt – brannte ein wahres Feuerwerk von Ideen ab, die dazu dienten, den Namen ›Romeo y Julieta‹ in alle Welt zu tragen. Der Verrückte in Sachen *Habanos* machte durch zahlreiche spektakuläre Aktionen auf seine Marke aufmerksam und ließ keine Gelegenheit aus, um ihren Bekanntheitsgrad ständig zu vergrößern – jedenfalls waren die umtriebigen Aktivitäten des Multimillionärs von der Art, dass sie selbst einem gestandenen Marketing-Fachmann von heute zur Ehre gereichen würden.

Neben normalen Werbeaktionen in Form von Anzeigen, Plakaten und dergleichen mögen nur zwei Beispiele Beleg dafür sein, welche Ideen sich in dem pepinschen Kopf entwickelten: Da gab er zunächst einmal einem seiner Rennpferde den Namen ›Julieta‹ und ließ die schnelle Pferdedame auf den großen europäischen Bahnen des Turfsports – im nahe London gelegenen Ascot ebenso wie im Pariser Bois de Boulogne – gegen die besten Galopper der Welt antreten. Dann erhielt jeder Besucher, der in Verona weilte und die ›Casa Giulietta‹ in der Via Capello No. 23 aufsuchte, um

Der Balkon der ›Casa Giulietta‹: Die Liebenden begegnen sich. *Cubierta* und *Vista* der weltberühmten Marke ›Romeo y Julieta‹

das ›Haus der Julia‹ mit dem berühmten Balkon zu besichtigen – wirklich jeder Besucher, der es wünschte, erhielt auf Geheiß des Multimillionärs eine Havanna der Marke ›Romeo y Julieta‹ überreicht. Letzteres war dem Inhaber (und zugleich größten Verehrer) der Marke von den Veroneser Stadtvätern erlaubt worden, wohl als Trost dafür, dass sie ihm den Wunsch abschlagen mussten, das Anwesen in der Altstadt käuflich zu erwerben. Bis Ende der dreißiger Jahre des vorigen Jahrhunderts konnte so mancher Besucher der norditalienischen Stadt nicht nur Eindrücke von dem Schauplatz des shakespeareschen Dramas, sondern auch eine kubanische ›Romeo y Julieta‹ mitnehmen.

Zu dem Zeitpunkt waren die *Habanos* des Don Pepin schon lange in aller Munde, auch so manche des Formats ›Churchill‹. Diese heute so beliebte *Vitola* geht tatsächlich auf den großen bri-

Der große Staatsmann Winston Churchill, der sich auch als Schriftsteller einen Namen gemacht hat (Nobelpreis für Literatur 1953), soll während seines langen Lebens um die dreihunderttausend Zigarren geraucht haben. Das entspräche einem Tageskonsum von rund einem Dutzend.

tischen Staatsmann zurück. Der fleißige Raucher bevorzugte stets Zigarren eines bestimmten großvolumigen Formats, und so gab eines Tages, wie es heißt, der um eine Schlagzeile nie verlegene Don Pepin dieser *Vitola* den Namen ›Churchill‹. Ob der Multimillionär tatsächlich der Namensgeber war, mag dahingestellt sein. Es ist ja auch nicht sicher, ob William Shakespeare es war, der das Drama um das Veroneser Liebespaar geschrieben hat, doch viel wichtiger ist es, dass es *Romeo und Julia* überhaupt gibt, denn ohne dieses Stück wäre die Weltliteratur um einiges ärmer. Und so ist es auch nicht wichtig, auf wen das Format ›Churchill‹ zurückgeht – Hauptsache, der *Aficionado* weiß um diese *Vitola*, beschert sie ihm doch einen langen Rauchgenuss.

Belegt ist dagegen, dass für keine andere kubanische Marke auch nur annähernd so viele verschiedene Bauchbinden gedruckt wer-

Auch das ›Parque Hotel‹ in der Hauptstadt Uruguays zählte zu den Kunden von ›Don Pepins‹ *Fábrica*

den mussten wie für die ›Romeo y Julieta‹. Da die *Habanos* aus dem Hause ›Rodríguez, Arguelles & Co.‹ seinerzeit weltweit die beliebtesten Zigarren waren, hatte die Marke naturgemäß eine große Anhängerschar. In dieser Schar gab es auch etliche *Aficionados*, die ausschließlich solche ›Romeos y Julieta‹ rauchen wollten, deren Bauchbinden auch ihr Konterfei trugen. Das versprach für das Unternehmen einen weiteren Umsatzschub, und so zierten über lange Zeit Porträts von Adligen und Apanagenempfängern, von Ministern und Moneymakern, von Premiers und Playboys, von Würdenträgern und Warlords zahlreiche *Anillos* der Marke ›Romeo y Julieta‹. Sogar Clubs und Vereine, Hotels und Unternehmen wollten ihren Namen auf den Bauchbinden der beliebten

Havanna verewigt wissen. Don Pepin erfüllte all diese Wünsche, und so mancher Lithograph und Drucker in La Habana konnte sich in jenen Jahren vor Aufträgen aus dem Hause ›Rodríguez, Arguelles & Co.‹ kaum retten.

Auch die zahlreichen *Tabacaleros*, die Don Pepin beschäftigte, mussten etliche Überstunden leisten, um ihrer Arbeit Herr zu werden. Zudem nahm die Belegschaft kontinuierlich zu, und als die Zahl der Mitarbeiter auf mehr als fünfzehnhundert angestiegen war, bezog man 1940 in der Calle Padre Valera No. 152 ein neues Firmengebäude – in dem übrigens noch heute ›Romeos y Julieta‹ gefertigt werden (→ Fábrica). Mit dem Umzug änderte sich auch

Motiv aus einer anderen Welt: *Bofetón* der Marke ›Romeo y Julieta‹

Großvolumige Formate der Marke ›Romeo y Julieta‹

Handelsname (Vitola de salida) sowie Produktionsname (Vitola de galera)	**Länge** in Millimetern (in)	**Ringmaß** (bzw. Durchmesser in mm)	International entsprechende **Bezeichnung**	**Stärke**[1] und **Aroma**[2]
Belicosos (Cello) Campana	140 (5½)	52 (20,6)	Pyramid (Robusto)	4 • • •
Cazadores Cazador	162 (6⅜)	44 (17,5)	Long Corona	6 • • • •
Cedros de Luxe No. 1 Cervante	165 (6½)	42 (16,7)	Lonsdale	2 •
Celestiales Finos (Cello) Britanica	137 (5⅜)	46 (18,3)	Corona Extra	5 • • • •
Churchills (Tubos) Julieta No. 2	178 (7)	47 (18,7)	Churchill	6 • • •
Coronas Grandes Corona Grande	155 (6⅛)	42 (16,7)	Long Corona	5 • • • •
Exhibición No. 3 Corona Gorda	143 (5⅝)	46 (18,3)	Grand Corona	5 • •
Prince of Wales Julieta No. 2	178 (7)	47 (18,7)	Churchill	3 • • •

[1] Stärke der Zigarre: 1 = sehr mild; 2 = mild; 3 = mittel (–); 4 = mittel (+); 5 = ausgeprägt; 6 = sehr ausgeprägt
[2] Aroma-Entfaltung: • = verhalten; • • = angenehm bis präsent; • • • = sehr präsent; • • • • = überaus präsent

Mittelvolumige Formate der Marke ›Romeo y Julieta‹

Handelsname (Vitola de salida) sowie Produktionsname (Vitola de galera)	**Länge** in Millimetern (in)	**Ringmaß** (bzw. Durchmesser in mm)	International entsprechende **Bezeichnung**	**Stärke**[1] und **Aroma**[2]
Belvederes (Cello) Belvederes	125 (4⅞)	39 (15,5)	Short Panatela	5 • • •

[1] Stärke der Zigarre: 1 = sehr mild; 2 = mild; 3 = mittel (–); 4 = mittel (+); 5 = ausgeprägt; 6 = sehr ausgeprägt
[2] Aroma-Entfaltung: • = verhalten; • • = angenehm bis präsent; • • • = sehr präsent; • • • • = überaus präsent

der Namen des Unternehmens: ›Romeo y Julieta Cigar Factory Ltd.‹ hieß es jetzt.

All die Aktivitäten Don Pepins, vor allem die im Bereich Öffentlichkeitsarbeit, geben mitunter nicht den Blick frei auf den Zigarrenfachmann Fernández Rodríguez. Der gebürtige Asturier wusste sehr wohl, dass bei noch so viel – um es einmal auf Neudeutsch zu

Mittelvolumige Formate der Marke ›Romeo y Julieta‹ (Fortsetzung)

Handelsname (Vitola de salida) sowie Produktionsname (Vitola de galera)	**Länge** in Millimetern (in)	**Ringmaß** (bzw. Durchmesser in mm)	International entsprechende **Bezeichnung**	**Stärke**[1] und **Aroma**[2]
Cedros de Luxe No. 2 Corona	142 (5 ⅝)	42 (16,7)	Corona	2 •
Cedros de Luxe No. 3 Mareva	129 (5 ⅛)	42 (16,7)	Petit Corona	2 •
Excepcionales (Cello) Petit Corona	129 (5 ⅛)	42 (16,7)	Petit Corona	2 • •
Exhibición No. 4 Hermoso No. 4	127 (5)	48 (19,1)	Robusto	5 • • • •
Julietas Franciscano	116 (4⅝)	40 (15,9)	Petit Corona	2 • •
Mille Fleurs (Cello) Petit Corona	129 (5 ⅛)	42 (16,7)	Petit Corona	3 • • •
Perfectos (Cello) Perfecto	127 (5)	44 (17,5)	Torpedo (Petit Corona)	4 • •
Petit Coronas Mareva	129 (5 ⅛)	42 (16,7)	Petit Corona	5 •
Regalias de la Habana (Cello) Belvederes	125 (4⅞)	39 (15,5)	Short Panatela	4 •
Regalias de Londres (Cello) Coronita	117 (4⅝)	40 (15,9)	Petit Corona	3 • •
Romeo No. 1 (Tubos) Crema	140 (5 ½)	40 (15,9)	Corona	2 •
Romeo No. 1 de Luxe (Tubos) Corona	142 (5⅝)	42 (16,7)	Corona	1 •
Romeo No. 2 (Tubos) Petit Corona	129 (5 ⅛)	42 (16,7)	Petit Corona	2 •
Romeo No. 2 de Luxe (Tubos) Mareva	129 (5⅛)	42 (16,7)	Petit Corona	1 •
Romeo No. 3 (Tubos) Coronita	117 (4⅝)	40 (15,9)	Petit Corona	2 •
Romeo No. 3 de Luxe (Tubos) Franciscano	116 (4⅝)	40 (15,9)	Petit Corona	2 •
Très Petit Coronas Franciscano	116 (4⅝)	40 (15,9)	Petit Corona	2 • •

[1] Stärke der Zigarre: 1 = sehr mild; 2 = mild; 3 = mittel (–); 4 = mittel (+); 5 = ausgeprägt; 6 = sehr ausgeprägt
[2] Aroma-Entfaltung: • = verhalten; • • = angenehm bis präsent; • • • = sehr präsent; • • • • = überaus präsent

Kleinvolumige Formate der Marke ›Romeo y Julieta‹

Handelsname (Vitola de salida) sowie Produktions-name (Vitola de galera)	**Länge** in Millimetern (in)	**Ringmaß** (bzw. Durch-messer in mm)	International entsprechende **Bezeichnung**	**Stärke**[1] und **Aroma**[2]
Chicos Chico	106 (4⅛)	29 (11,5)	Small Panatela	1 •
Panetelas (Cello) Sports	117 (4⅝)	35 (13,9)	Short Panatela	2 •
Petit Julietas Entreacto	100 (3⅞)	30 (11,9)	Small Panatela	2 •
Petit Princess Perla	102 (4)	40 (15,9)	Petit Corona	1 • •
Sports Largos (Cello) Sports	117 (4⅝)	35 (13,9)	Short Panatela	2 • •

[1] Stärke der Zigarre: 1 = sehr mild; 2 = mild; 3 = mittel (–); 4 = mittel (+); 5 = ausgeprägt; 6 = sehr ausgeprägt
[2] Aroma-Entfaltung: • = verhalten; • • = angenehm bis präsent; • • • = sehr präsent; • • • • = überaus präsent

Schmallanges Format der Marke ›Romeo y Julieta‹

Handelsname (Vitola de salida) sowie Produktions-name (Vitola de galera)	**Länge** in Millimetern (in)	**Ringmaß** (bzw. Durch-messer in mm)	International entsprechende **Bezeichnung**	**Stärke**[1] und **Aroma**[2]
Montagues (Cello) Toppers	160 (6¼)	39 (15,5)	Panatela	2 •

[1] Stärke der Zigarre: 1 = sehr mild; 2 = mild; 3 = mittel (–); 4 = mittel (+); 5 = ausgeprägt; 6 = sehr ausgeprägt
[2] Aroma-Entfaltung: • = verhalten; • • = angenehm bis präsent; • • • = sehr präsent; • • • • = überaus präsent

sagen – Public Relations für die Marke ›Romeo y Julieta‹ die Qualität der Zigarren stimmen musste. Zwar gab es auch damals etliche »Zigarrenliebhaber«, die nur jene *Habanos* rauchten, die als die besten galten, doch wenn ausgewiesene Havanna-Kenner allmählich Abstand von einer bestimmten Marke nehmen, weil deren Zigarren an Qualität verlieren, so wird sich das zwangsläufig auch nachteilig auf den Absatz der betreffenden Marke auswirken.

Nicht so bei den ›Romeos y Julieta‹. Don Pepin hatte schon ein Auge darauf, ob die für die Produktion Verantwortlichen seiner *Fábrica* bei der Herstellung der Zigarren darauf achteten, dass die vorgegebenen Qualitätskriterien eingehalten wurden. Auch machte der Unternehmer nicht den Fehler, seine Produktpalette durch zahlreiche Marken zu erweitern, sondern pflegte die wenigen Marken, die er herstellte – »den Fokus auf das Kerngeschäft richten« nennt man das heute. So waren es kurz vor dem Zweiten Weltkrieg lediglich sechs Marken, die neben der ›Romeo y Julieta‹ von den *Torcedores* in der Calle Padre Valera gefertigt wurden – darunter auch eine mit Namen ›Don Pepin‹.

Als der in seinen besten Jahren leicht abgehobene Multimillionär schließlich 1954, achtundachtzigjährig, starb, hinterließ der ehemalige Leiter der Zigarrenfabrik ›Sociedad Cabañas y Castro‹ (bis 1903) und nachmalige Inhaber der Marke ›Romeo y Julieta‹ ein Unternehmen, dessen Feld bestens bestellt war, fußend auf einer Markenpolitik, auf der sich aufbauen ließ.

Jahre später, nach der Kubanischen Revolution, war es dann vor allem auch der Name ›Romeo y Julieta‹ und die Qualität der Zigarren aus der gleichnamigen *Fábrica*, die wesentlich zum Aufbau der brachliegenden kubanischen Zigarrenindustrie beitrugen (→ Cohiba).

Diese Kontinuität bei der Qualität dauert nun schon nahezu ein Jahrhundert an, denn auch heute wissen die ›Romeos y Julieta‹ eine große Anhängerschaft hinter sich, und viele *Aficionados*, die irgendwann zu einer der zahlreichen *Vitolas* dieser Marke gegriffen haben, bleiben ihr ein Raucherleben lang treu. Jene Connaisseurs schätzen an den ›Romeos y Julieta‹ vor allem ihren vollen Körper und ihre ausgeprägte Aroma-Entfaltung. Das trifft insbesondere auf die großvolumigen Formate zu, aber da auch einige der kleineren *Vitolas* relativ kräftig schmecken, sollte sich derjenige, der dabei ist, die Havanna-Familie kennen zu lernen, auf jeden Fall – wenn er denn mit ›Romeos y Julieta‹ beginnen will – zunächst den milden Formaten zuwenden, um sich nach einer gewissen »Einarbeitungszeit« den ›Belicosos‹ oder den ›Churchills‹ oder den ›Prince of Wales‹ zu nähern, also erst dann der großen Marke ›Romeo y Julieta‹ mit voller Aufmerksamkeit begegnen, wenn er etwas Erfahrung auf dem weiten Feld der *Habanos* gesammelt hat.

SAINT LUIS REY

Bis in die erste Hälfte der zurückliegenden neunziger Jahre waren sie in Europa so gut wie verschwunden, doch seit dieser Zeit sind die ›Saints Luis Rey‹ wieder aufgetaucht, und heute führt sie, jedenfalls in Deutschland, Großbritannien und der Schweiz, aber auch in einigen anderen europäischen Ländern, wieder jeder gut

›Der König von Saint Luis Rey‹: *Bofetón* …

sortierte Fachhändler, auch wenn sich das Angebot an Formaten von Land zu Land unterschiedlich präsentiert.

Vor allem in England ist die Marke ›Saint Luis Rey‹ gut vertreten, was auch kein Wunder ist, basiert die Komposition dieser *Habanos* doch auf den Vorstellungen zweier britischer Importeure für Tabakwaren. Ende der dreißiger Jahre nahmen diese Vorstellungen dann konkrete Formen an.

Da die Engländer eine Havanna nicht deshalb für gut befinden, weil es Landsleute waren, die bei der Entstehung einer Marke involviert gewesen sind, muss diesem Kriterium eine gewisse Beachtung geschenkt worden sein, als die in der Vuelta Abajo ansäs-

Großvolumige Formate der Marke ›Saint Luis Rey‹

Handelsname (Vitola de salida) sowie Produktions-name (Vitola de galera)	**Länge** in Millimetern (in)	**Ringmaß** (bzw. Durch-messer in mm)	International entsprechende **Bezeichnung**	**Stärke**[1] und **Aroma**[2]
Churchills Julieta No. 2	178 (7)	47 (18,7)	Churchill	4 •••
Coronas Corona Gorda	143 (5⅝)	46 (18,3)	Grand Corona	5 •••
Lonsdales Cervante	165 (6½)	42 (16,7)	Lonsdale	5 •••
Prominentes Prominente	194 (7⅝)	49 (19,5)	Double Corona	5 ••••
Serie A Corona Gorda	143 (5⅝)	46 (18,3)	Grand Corona	3 •••

[1] Stärke der Zigarre: 1 = sehr mild; 2 = mild; 3 = mittel (–); 4 = mittel (+); 5 = ausgeprägt; 6 = sehr ausgeprägt
[2] Aroma-Entfaltung: • = verhalten; • • = angenehm bis präsent; • • • = sehr präsent; • • • • = überaus präsent

sige Firma ›Zamora y Guerra‹ die Vorstellungen der Importeure umsetzte und den Namen ›Saint Luis Rey‹ 1940 registrieren ließ.

Auch heute ist an der Qualität der ›Saints Luis Rey‹ nichts auszusetzen. Sie gehören eindeutig zu den Havannas, die für das

… sowie *Cubierta* und *Vista* verweisen auf die Plantage in der Vuelta Abajo

Geld, das der Connaisseur für sie entrichten muss, einiges bieten – so etwa in Bezug auf die reichhaltige Aroma-Entfaltung, die allen *Vitolas* dieser Marke eigen ist, wozu selbst die ›Mini Habanos‹ zu zählen sind, denn nicht jedes Havanna-Format dieser Größe kommt in besagter Beziehung an jene *Vitola* der ›Saints Luis Rey‹ heran. Darüber hinaus warten sowohl die großvolumigen (bis auf die ›Serie A‹) als auch die mittelvolumigen Formate (bis auf die ›Regios‹) mit einer geschmacklichen Stärke auf, die sich ebenfalls sehen lassen kann – und so kommt die ›Saint Luis Rey‹ insbesondere bei den *Aficionados* an, die einen vollen Körper lieben. Anscheinend ist die Zahl derer, welche diese Art von *Habanos* bevorzugen, recht ansehnlich, denn die noch vor einigen Jahren in Europa kaum vorhandenen ›Saints Luis Rey‹ haben mittlerweile einen nicht zu vernachlässigenden Anteil an der Gesamtzahl der exportierten Havannas. Dieser Anteil an der Ausfuhrrate betrug beispielsweise für das Jahr 1999 zwar »nur« rund 3 Prozent, doch damit lag die Marke immerhin an neunter Stelle unter insgesamt rund dreißig *Marcas del Habano*, wobei von den renommierten ›H. Upmanns‹ nur unwesentlich mehr und von den ebenfalls renommierten ›Bolívars‹ sogar etwas weniger als von den ›Saints Luis Rey‹ die Produktionsstätten in La Habana verlassen hatten.

Zwei Logos, ein Motiv: Nur die Schriftzüge verweisen auf die Herkunft der *Habanos* sowie der in Lizenz hergestellten Marke

Auf jenen *Vegas* der Vuelta Abajo, auf deren Feldern die Tabake für die ›Saint Luis Rey‹ wachsen, hat auch ein Gutteil der Tabake für dic Zigarren der ›San Luis Rey‹ seine Heimat. Hier hat sich kein Tippfehler eingeschlichen, sondern der kleine, aber feine Unterschied in der Schreibweise weist auf die »Schwestermarke« der ›Saint Luis Rey‹ hin.

Die ›Sans Luis Rey‹ werden in Lizenz von der Schweizer Firma ›Villiger‹ in Deutschland maschinell gefertigt, wobei es sich bei den ›Sans‹, im Gegensatz zu den ›Saints‹, vornehmlich um klein-

Mittelvolumige Formate der Marke ›Saint Luis Rey‹

Handelsname (Vitola de salida) sowie Produktions-name (Vitola de galera)	**Länge** in Millimetern (in)	**Ringmaß** (bzw. Durch-messer in mm)	International entsprechende **Bezeichnung**	**Stärke**[1] und **Aroma**[2]
Coronas Corona	142 (5⅝)	42 (16,7)	Corona	5 • • •
Petit Coronas Mareva	129 (5⅛)	42 (16,7)	Petit Corona	5 • • •
Regios Hermoso No. 4	127 (5)	48 (19,1)	Robusto	2 • • •

[1] Stärke der Zigarre: 1 = sehr mild; 2 = mild; 3 = mittel (–); 4 = mittel (+); 5 = ausgeprägt; 6 = sehr ausgeprägt
[2] Aroma-Entfaltung: • = verhalten; • • = angenehm bis präsent; • • • = sehr präsent; • • • • = überaus präsent

Kleinvolumiges Format der Marke ›Saint Luis Rey‹

Handelsname (Vitola de salida) sowie Produktions-name (Vitola de galera)	**Länge** in Millimetern (in)	**Ringmaß** (bzw. Durch-messer in mm)	International entsprechende **Bezeichnung**	**Stärke**[1] und **Aroma**[2]
Mini Habanos Chico	106 (4⅛)	29 (11,5)	Small Panatela	2 • •

[1] Stärke der Zigarre: 1 = sehr mild; 2 = mild; 3 = mittel (–); 4 = mittel (+); 5 = ausgeprägt; 6 = sehr ausgeprägt
[2] Aroma-Entfaltung: • = verhalten; • • = angenehm bis präsent; • • • = sehr präsent; • • • • = überaus präsent

volumige Formate handelt, obwohl auch ›Half Coronas‹ mit einer Länge von 101, ›Panetelas‹ mit einer von 130 und ›Long Panetelas‹ mit einer Länge von ansehnlichen 150 Millimetern vertreten sind, wobei die Ringmaße immerhin 40 (›Half Coronas‹) und 33 (›Long Panetelas‹) respektive 25 (›Panetelas‹) betragen. Diese ›Sans Luis Rey‹ haben in Deutschland eine durchaus treue Anhängerschaft, was wohl in erster Linie an dem Gütezeichen ›100 % Havana Tobacco‹ liegt.

Auf ein Format der wirklich zu empfehlenden ›San Luis Rey‹ muss noch etwas näher eingegangen werden, da dieses Format ein absolutes Novum in Bezug auf die gesamte Palette der *Habanos* darstellt: Bei den ›San Luis Rey Mini Havanas‹ handelt es sich um *Habanos*, die als Longfiller auf Kuba komplett von Hand gemacht und in Deutschland abgepackt werden. Mit einer Länge von 85 Millimetern (3⅜ in) und einem Ringmaß von 20 (7,9 mm) ist die

›San Luis Rey Mini Havana‹ somit die kleinste handgemachte *Marca del Habano* überhaupt.

SANCHO PANZA

Es soll ein gewisser Don Emilio Ohmsted gewesen sein, der die Marke ›Sancho Panza‹ im Jahre 1848 registrieren ließ, während aus anderen Quellen hervorgeht, dass die ›Sanchos‹ auf die Firma zurückgehen, welche auch für die ›El Reys del Mundo‹ verant-

Bofetón jener Marke, die nach dem Diener des Don Quijote benannt ist

wortlich zeichnete. Letzteres ist eher unwahrscheinlich, obwohl die ›Reys‹ manchmal ebenfalls mit dem Jahr 1848 in Verbindung gebracht werden (→ El Rey del Mundo).

Wann nun genau die ›Sanchos Panza‹ erstmals an die Öffentlichkeit getreten sind, lässt sich also nicht mit Sicherheit sagen, doch dass es sich bei ihnen um eine alte Marke handelt, steht ohne jeden Zweifel fest.

Fest steht auch etwas anderes, zudem für den heutigen *Aficionado* viel Wichtigeres: Bei den ›Sanchos‹ handelt es sich um *Ha-*

Großvolumige Formate der Marke ›Sancho Panza‹

Handelsname (Vitola de salida) sowie Produktions-name (Vitola de galera)	**Länge** in Millimetern (in)	**Ringmaß** (bzw. Durch-messer in mm)	International entsprechende **Bezeichnung**	**Stärke**[1] und **Aroma**[2]
Belicosos Campana	140 (5½)	52 (20,6)	Pyramid (Robusto)	2 • •
Coronas Gigantes Julieta No. 2	178 (7)	47 (18,7)	Churchill	3 • • •
Dorados (Cello) Cervante	165 (6½)	42 (16,7)	Lonsdale	3 • •
Molinos Cervante	165 (6½)	42 (16,7)	Lonsdale	3 • • • •
Sanchos Gran Corona	235 (9¼)	47 (18,7)	Giant	4 • • • •

[1] Stärke der Zigarre: 1 = sehr mild; 2 = mild; 3 = mittel (–); 4 = mittel (+); 5 = ausgeprägt; 6 = sehr ausgeprägt
[2] Aroma-Entfaltung: • = verhalten; • • = angenehm bis präsent; • • • = sehr präsent; • • • • = überaus präsent

banos, auf die jene Havanna-Raucher gerne zurückgreifen, die aromatische und nicht allzu starke Zigarren lieben. Somit sind die ›Sanchos‹ auch für diejenigen *Aficionados* interessant, die schon ihre ersten Schritte in der Welt der Havanna getätigt haben und sich langsam an die etwas stärker schmeckenden *Habanos* wagen. Da die Zahl derjenigen Havanna-Raucher, die sich auf dieser »Entwicklungsstufe« befinden, recht ansehnlich ist, ist die Marke ›Sancho Panza‹ in letzter Zeit, nachdem sie zuvor als eine Art »Geheimtipp« galt, regelrecht in Mode gekommen.

Das haben sie auch mehr als verdient, denn insgesamt präsentieren sich die ›Sanchos Panza‹ als homogen komponierte, dazu qualitativ hochwertige Zigarren, denen es gelingt, beim Rauchen eine recht interessante Balance zwischen Stärke und Aroma-Entfaltung entstehen zu lassen.

Einstmals gab es auch eine Havanna, die den Namen des »Ritters von der traurigen Gestalt« trug: ›Don Quijote del a Mancha‹.

Mittelvolumige Formate der Marke ›Sancho Panza‹

Handelsname (Vitola de salida) sowie Produktionsname (Vitola de galera)	**Länge** in Millimetern (in)	**Ringmaß** (bzw. Durchmesser in mm)	International entsprechende **Bezeichnung**	**Stärke**[1] und **Aroma**[2]
Bachilleres Franciscano	116 (4 5/8)	40 (15,9)	Petit Corona	1 •
Coronas Corona	142 (5 5/8)	42 (16,7)	Corona	3 • • •
Non Plus Mareva	129 (5 1/8)	42 (16,7)	Petit Corona	2 • •
Tronquitos Corona	142 (5 5/8)	42 (16,7)	Corona	2 • •

[1] Stärke der Zigarre: 1 = sehr mild; 2 = mild; 3 = mittel (–); 4 = mittel (+); 5 = ausgeprägt; 6 = sehr ausgeprägt
[2] Aroma-Entfaltung: • = verhalten; • • = angenehm bis präsent; • • • = sehr präsent; • • • • = überaus präsent

Vielleicht hat der aber zu viel gegen Windmühlen gekämpft, so dass von dem wohl skurrilsten Paar der Literaturgeschichte, geschaffen Anfang des 16. Jahrhunderts von dem spanischen Dichter Miguel de Cervantes Saavedra, nur der treue Weggefährte des Don Quijote als Namensgeber einer Havanna-Marke weiterlebt.

SAN CRISTÓBAL DE LA HABANA

Ende des Jahres 1999 wurde sie offiziell eingeführt, also genau vierhundertachtzig Jahre nach der Neugründung der Stadt, die einige Jahre darauf von der spanischen Kolonialmacht zur Hauptstadt der Insel Kuba erklärt wurde: San Cristóbal de La Habana. Doch während die Metropole des Inselstaates gemeinhin »La Habana« genannt wird, hat sich bei den *Aficionados* für die gleichnamige Havanna-Marke die Bezeichnung ›Cristóbals‹ bzw. ›Cristóbales‹ recht schnell eingebürgert.

Doch so richtig warm konnten viele Havannophile mit der ›San Cristóbal‹ bisher noch nicht werden, will heißen: Die vorerst letzte der Neuschöpfungen in Sachen *Habanos* hat es schwer, sich bei gestandenen Havanna-Liebhabern durchzusetzen. Dabei sind die ›San Cristóbales‹, ausgenommen vielleicht die ›El Príncipe‹,

Großvolumige Formate der Marke ›San Cristóbal de La Habana‹

Handelsname (Vitola de salida) sowie Produktionsname (Vitola de galera)	**Länge** in Millimetern (in)	**Ringmaß** (bzw. Durchmesser in mm)	International entsprechende **Bezeichnung**	**Stärke**[1] und **Aroma**[2]
El Morro Paco	180 (7 1/8)	49 (19,5)	Double Corona	4 • • •
La Fuerza Gordito	141 (5½)	50 (19,8)	Robusto	4 • •
La Punta Campana	140 (5½)	52 (20,6)	Pyramid (Robusto)	4 • •

[1] Stärke der Zigarre: 1 = sehr mild; 2 = mild; 3 = mittel (–); 4 = mittel (+); 5 = ausgeprägt; 6 = sehr ausgeprägt
[2] Aroma-Entfaltung: • = verhalten; • • = angenehm bis präsent; • • • = sehr präsent; • • • • = überaus präsent

durchweg Zigarren, die mit ihrem mittelstarken Körper angenehm zu rauchen sind. Da auch die Aroma-Entfaltung nicht die schlechteste ist, eignen sich die ›San Cristóbales‹ durchaus für den (all)täglichen Genuss. Allerdings: Als Abschluss einer reichhaltigen Menüfolge oder einer opulenten Mahlzeit scheinen sie vielen *Aficionados* wenig geeignet.

Vielleicht wird das Urteil über die ›San Cristóbales de La Habana‹ in zwei, drei Jahren ein anderes sein, wenn sie genügend Zeit für das Weiterreifen gehabt haben, um sich hinsichtlich der gewünschten Richtung entsprechend zu entwickeln. Das Potenzial hierfür besitzen die ›Cristóbales‹ nämlich, diese von der Machart wirklich guten *Habanos,* die ausnahmslos in der Traditionsfabrik ›La Corona‹ gefertigt werden (die gleichzeitig die größte der › Fábricas auf Kuba ist).

Die *Vitolas de salida* der vier Formate haben ihre Namen übrigens von vier Verteidigungsforts, wobei das Fort ›El Morro‹ aus dem 16. Jahrhundert am Eingang der Bucht von Santiago de Cuba steht, ehemals Hauptstadt der Insel (→ Kuba), während die drei übrigen, entstanden zwischen dem 16. und 18. Jahrhundert, die Hafeneinfahrt der jetzigen

Mittelvolumiges Format der Marke ›San Cristóbal de La Habana‹

Handelsname (Vitola de salida) sowie Produktionsname (Vitola de galera)	**Länge** in Millimetern (in)	**Ringmaß** (bzw. Durchmesser in mm)	International entsprechende **Bezeichnung**	**Stärke**[1] und **Aroma**[2]
El Príncipe Minuto	110 (4⅜)	42 (16,7)	Petit Corona	3 • •

[1] Stärke der Zigarre: 1 = sehr mild; 2 = mild; 3 = mittel (–); 4 = mittel (+); 5 = ausgeprägt; 6 = sehr ausgeprägt
[2] Aroma-Entfaltung: • = verhalten; • • = angenehm bis präsent; • • • = sehr präsent; • • • • = überaus präsent

Bofetón der 1999 eingeführten Marke

Hauptstadt La Habana flankieren. Hingewiesen werden muss auch noch auf zwei *Vitolas de galera:* Sowohl die ›Gordito‹ als auch die ›Paco‹ sind von den *Tabacaleros* bei ›La Corona‹ eigens für diese Marke kreiert worden.

SECO
→ TABAKPFLANZEN

SEMI VUELTA
→ REGIONEN

STÄRKE

Wenn in diesem Buch von »Stärke« die Rede ist, dann hat das nichts mit einem wie auch immer gearteten Qualitätsurteil zu tun. Zwar ist auf dieser Welt nur die subjektive Sicht der Dinge eine objektive Größe, wobei sich diese Objektivität nur auf den Begriff »Aussage« bezieht, weshalb besagte Objektivität niemals allgemein gültig sein kann, sondern stets auf die jeweilige Person bezogen ist.

Dennoch kommen die Aussagen in diesem Buch über → Aroma und Stärke der Wahrheit – besser: den tatsächlichen Gegebenheiten – relativ nahe, da sie nicht allein auf den Einschätzungen des Autors beruhen. Zwar empfindet jeder Raucher die Stärke einer bestimmten Zigarre auf seine ganz eigene Weise, doch jemand, der stark schmeckende Zigarren bevorzugt, beurteilt etwa die Stärke einer ›Trinidad‹ anders als jemand, der lieber eine mild schmeckende Zigarre raucht. So sind auch die Angaben in den einzelnen Format-Tabellen zu verstehen: Sie sollen vor allem eine bestimmte Richtung hinsichtlich Stärke und Aroma der einzelnen Formate anzeigen (→ Partagás).

Ein letzter Hinweis: Der Begriff »Stärke« wird in diesem Buch mitunter durch Ausdrücke wie »voller Körper«, »leichter Geschmack«, »kräftig schmeckend« und dergleichen ersetzt, doch handelt es sich hier ebenfalls nicht um Wertungen, sondern das hat rein sprachliche Gründe, um nicht immer denselben Ausdruck zu gebrauchen und somit Wiederholungen zu vermeiden.

Die drei Lieblings-Havannas von Hannes Weiss, Havanna-Experte par excellence und Mitherausgeber des Internet-Magazins *www.zigarrenwelt.de:*

Cohiba Lanceros, Sancho Panza Belicosos, Vegas Robaina Clásicos 42.

TABAKPFLANZEN

Dezember in der Vuelta Abajo, im äußersten Südwesten von Kuba: Säße man in einem Flugzeug und überquerte diese Herzregion des Tabakanbaus, nähme man große weiße Flecken wahr, eingewebt in einen unendlich erscheinenden grünen Teppich (→ Regionen).

Diese »großen weißen Flecken« haben nichts Unwirkliches an sich, wenn man sie aus der Nähe betrachtet. Es handelt sich dabei um Tücher aus Mousseline, die Meter um Meter, getragen von unzähligen Holzstangen, die soldatisch genau in Reihen ausgerichtet sind, das Grün der wachsenden Tabakpflanzen überdecken – manchmal so weit, dass der Horizont die weißen Bahnen irgendwann verschluckt.

Da sich in dieser Jahreszeit, kurz vor dem kubanischen Winter, keine schützenden Nebelwände mehr bilden, sind die *Tabacaleros* gezwungen, künstlichen Schatten herbeizuführen – und hierfür eignen sich besonders jene Tücher, *Tapados* geheißen, die so gar nicht in die ansonsten grüne Landschaft mit den roten Sprengseln passen wollen. Neuerdings greifen die *Tabacaleros* auch schon mal zu synthetischen Tüchern, und der weiße Schleier aus Kunstfaser erfüllt ebenfalls seinen Zweck.

Die roten Sprengsel: Das ist die Erde der Tabakfelder. Diese rote Erde ist jetzt kaum mehr auszumachen, ist sie doch bedeckt von dem Grün jener Tabakpflanzen, die nicht mit weißen Tüchern abgedeckt sind, wodurch auch keine Vorstellung an Schneefelder in der Karibik aufkommt.

Der Zweck der Bespannung besteht darin, die Pflanzen vor direkter Sonnenbestrahlung zu schützen, außerdem die zu dieser Jahreszeit zwar selten niedergehenden, dafür aber sehr heftigen Regengüsse abzuhalten. Solcherart behütet, haben die Tabakpflanzen der Sorte *Corojo* alle Möglichkeit, sich binnen dreier Monate ihres Wachstums prächtig zu entwickeln. Wenn sie ausgewachsen sind, werden sie rund zwei Meter Höhe erreicht haben. Während dieser Zeit »wachsen« die Holzstangen mit, das heißt, die weißen

Schleier werden immer höher gehängt, damit die oberen Blätter der schnell wachsenden Pflanzen nicht an die Mousselinetücher stoßen und beschädigt werden. Sie sind nämlich kostbar, diese Blätter des *Corojo*, denn nicht wenige von ihnen werden später einmal als *Capas* Verwendung finden. Wenn die Blätter des *Corojo* geerntet und fermentiert sind, erhalten sie auch einen Namen: *Tabaco tapado* wird jetzt der Tabak genannt, der im Schatten aufgezogen worden und für Deckblätter vorgesehen ist.

Der *Criollo* braucht nicht so viel Aufwand, obwohl auch er der intensiven Pflege bedarf. Als *Tabaco del sol* benötigt er keine weißen Schutztücher, denn jeweils vier, mitunter auch drei, selten zwei Blätter des vom Geschmack her intensiven, weil in der Sonne gezogenen Tabaks werden einmal den Wickel bilden (→ Einlage).

Der *Corojo* und der *Criollo* – das sind die beiden Tabakpflanzen, auf die wir uns hier konzentrieren wollen. Zwar werden in allen bedeutenden Tabakregionen der Welt ständig neue Pflanzen gezüchtet, die dann Namen tragen wie ›Piloto Cubano‹ und ›Habanos 2000‹, und auch die Kubaner sind von Jahr zu Jahr bestrebt, die Qualität ihrer Pflanzen zu verbessern, doch letztendlich wird die Tabakpflanze nicht neu »erfunden«, sondern werden die bestehenden Arten in die eine oder andere Richtung eine Verbesserung erfahren.

Die ständige »Weiterentwicklung« der Tabakpflanzen dient nicht nur der Qualitätsverbesserung hinsichtlich Geschmack, Elastizität der Blätter und dergleichen. So sind die Kubaner beispielsweise dabei, Pflanzen zu züchten, die (hoffentlich bald) gegen den gefürchteten Blauschimmel resistent sein werden.

Es wird also immer, allgemein gesagt, zwei Sorten von Tabakpflanzen geben, wobei die eine für die Deckblätter und die andere für die Um- und Einlageblätter zu sorgen hat. Auf Kuba sind das die Arten *Corojo* (für die *Capas*) und *Criollo* (für die *Capotes* und die *Tripas*).

Während, wie erwähnt, der *Corojo* am Ende seines Wachstums etwas über zwei Meter hoch sein wird, erreicht der *Criollo* eine

Höhe, die gut dreißig Zentimeter niedriger ist. Ist die Erntezeit gekommen, werden zunächst die ältesten Blätter der Pflanzen beider Arten geerntet, also die der untersten Stufe, *Libre de pie* geheißen (→ Ernte). Nach etwa einer Woche ist dann die Stufe darüber *(Uno y medio)* an der Reihe. Dieser Vorgang wiederholt sich, bis nur noch die Blätter der obersten Reihe *(Corona)* zu ernten sind. Jene längeren Pausen zwischen den einzelnen Erntephasen haben ihren Sinn: Die jeweils verbliebenen Blätter erhalten dadurch einen nochmaligen (kräftigen) Wachstumsschub.

Nach der Ernte erfolgt die Klassifizierung der Blätter. Zunächst werden die des *Corojo*, die nicht die hohen Anforderungen erfüllen, die man an eine *Capa* stellt, den Blättern des *Criollo* zugeführt. Es schließt sich nun die eigentliche Klassifizierung an, wobei die Blätter nach *Ligero*, *Seco* und *Volado* eingeteilt werden. Während der *Ligero* vornehmlich für Aroma und Stärke verantwortlich ist, sorgen der nicht ganz so aromareiche *Seco* für Feinheit, Milde und Ausgewogenheit sowie der sehr milde *Volado* hauptsächlich für die Struktur und die gute Brenneigenschaft einer Havanna.

In diesem Zusammenhang gibt es noch den Begriff *Medio tiempo*, doch da er bei der Klassifizierung meist der Sorte *Ligero* zugeordnet wird, braucht dieser Begriff nicht näher beleuchtet zu werden. Nur so viel sei gesagt: Der *Medio tiempo* müsste auf der Zeichnung (siehe Seite 237) zwischen *Seco* und *Ligero* angesiedelt werden, würde aber nicht viel Platz einnehmen.

Womit wir bei der Zeichnung wären. Obwohl *Corojo* und *Criollo* unterschiedliche Pflanzen sind, indem sie etwa in der Höhe voneinander abweichen, fasst die Zeichnung beide Pflanzen zusammen. Da es hier nicht auf die naturgetreue Wiedergabe ankommt, sondern auf die Vermittlung ganz bestimmter Eigenschaften der beiden Pflanzen, ist in unserem Fall die Zeichnung die bessere Alternative zu einem bzw. zwei Fotos. Viel mehr als die Proportionen in Bezug auf die Höhe könnten die Fotos sowieso nicht darstellen, da sich die beiden Tabakpflanzen von der Struktur her sehr ähnlich sind.

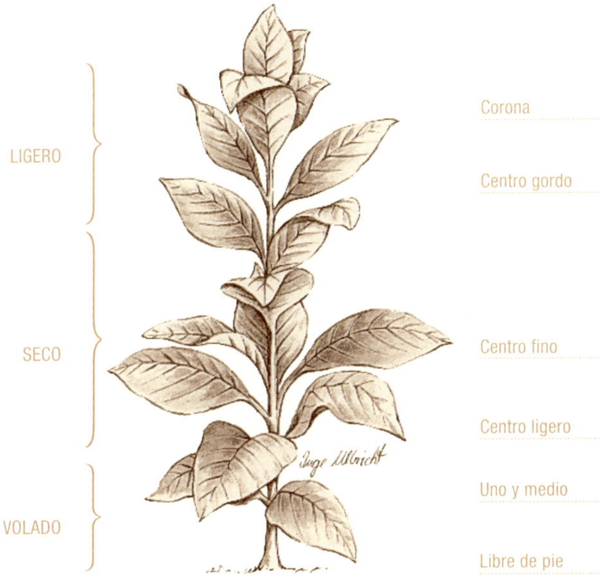

Die einzelnen Stufen, die rechts von der Pflanze angegeben sind, sind bei *Corojo* und *Criollo* nahezu identisch. Dagegen trifft die Klassifizierung, die links von der Zeichnung vorgenommen wird, nur auf den *Criollo* zu – wozu sich noch, wie schon gesagt, jene Blätter des *Corojo* gesellen, die den Tabakbauern nicht geeignet erscheinen, später als *Capas* den entsprechenden Havannas ihr Gesicht zu geben.

Das führt zu einem wesentlichen Punkt: Die Einteilung in *Ligero*, *Seco* und *Volado* hat nur sekundär mit der Pflanze zu tun, sondern richtet sich primär nach der Struktur und der Eigenschaft jedes einzelnen Blattes. Rein theoretisch könnte etwa ein Blatt der Stufe *Uno y medio* durchaus als *Ligero* eingestuft werden – es müsste nur lange genug der Sonne ausgesetzt werden. Das kommt natürlich in der Praxis nicht vor, aber diese theoretische Überlegung soll vor allem eines nochmals deutlich machen: Die Zuordnung der einzelnen Blätter hat weniger mit der Pflanze

Criollo zu tun als vielmehr mit den Eigenschaften der einzelnen Blätter.

Ein Vergleich mit dem Weinbau mag angebracht sein: Ein Rebstock kann bekanntlich nur die Trauben einer Weinsorte tragen, etwa die der Sorte ›Riesling‹. Der Winzer jedoch bestimmt, welcher Qualitätsstufe die einzelnen Weinreben später zugeführt werden. Erntet und keltert man die Weinreben recht früh, wird daraus ein ›Qualitätswein b. A.‹. Aus der nächsten Lese wird dann ein ›Kabinett‹, dem wiederum die ›Auslese‹ folgt, darauf die ›Spätlese‹ und schließlich – wenn es Struktur und Zustand der Trauben zulassen – der so seltene ›Eiswein‹. Die Trauben des Letzteren haben die meisten Sonnenstrahlen mitbekommen und sorgen daher für einen (relativ süßen) Wein, der mit einem kräftigeren und aromareicheren Geschmack aufwartet als die zuvor genannten Weine.

Von der Süße einmal abgesehen, kommen die Geschmacksattribute »kräftig« und »aromareich« bekannt vor, denn sie werden etwa dann herangezogen, wenn beispielsweise von einer ›Bolívar Churchills‹, einer ›Cohiba Esplendidos‹, einer ›H. Upmann Magnum 46‹, einer ›Montecristo A‹, einer ›Partagás Lusitanias‹, einer ›Punch Super Selection No. 2‹ oder einer ›Saint Luis Rey Prominentes‹ die Rede ist.

Es komme jedoch niemand auf die Idee, beim nächsten Restaurantbesuch zu einem kräftigen Essen einen ›Riesling Ligero‹ zu bestellen.

TORCEDOR → HERSTELLUNG

TRINIDAD

Sie war schon legendenumwoben, bevor sie überhaupt käuflich zu erwerben war. Die Rede ist von der ›Trinidad‹, benannt nach einer der schönsten und historisch interessantesten Städte Kubas. Im

Jahre 1514 gegründet, an der südlichen Küste in der Mitte der Insel gelegen, gehört die rund siebzigtausend Einwohner zählende Stadt zu den Zentren der Zuckerrohr verarbeitenden Industrie. Schon vor etlichen Jahren wurde Trinidad, wohl aufgrund seines kolonialzeitlichen Stadtbilds, von der UNESCO zum Weltkulturerbe erklärt – übrigens ebenso wie die Altstadt von La Habana.

Vista der ›Trinidad‹. Die Schrift dient auch als Logo sowie als Prägedruck, der auf dem Deckel der Kiste angebracht ist

Anfang der neunziger Jahre soll die ›Trinidad‹ erstmals gefertigt worden sein, um danach Staatsgästen Fidel Castros überreicht zu werden, womit sie die Nachfolge der ›Cohiba‹ antrat. Zwar leugneten offizielle Stellen lange Zeit die Existenz dieser Havanna, doch als einige wenige Havannophile – und zwar über jene offiziellen Stellen – der ›Trinidad‹ habhaft werden und sie genießen konnten, war es mit der Geheimniskrämerei vorbei. Diejenigen, für welche die Legende zur Realität geworden war, schwärmten über alle Maßen von der ›Trinidad‹, und alsbald genoss diese Havanna den Ruf einer »Jahrhundertzigarre«.

Die ›Trinidad‹, Anfang 1998 in La Habana anlässlich des ›Habanos-Festivals‹ dann endlich der rauchenden Öffentlichkeit vorgestellt, gehört zweifellos zu den Havannas, die qualitativ ganz oben anzusiedeln sind. Eine weitere Aussage muss jedoch sofort hinterhergeschickt werden: Die ›Trinidad‹ ist zum Schlechtesten zu zählen, was das Havanna-Sortiment zu bieten hat – wenn man sich an dem Kriterium »Preis-Leistungs-Verhältnis« orientiert (→ Preisstufen). Das ist kein Widerspruch, sondern hier wird einfach konstatiert, was etliche Havanna-Kenner in Bezug auf die ›Trinidad‹ aussagen.

Die Bemerkung hinsichtlich des Preis-Leistungs-Verhältnisses findet sich nahezu wortgleich zu Anfang des Stichworts → ›José L. Piedra‹, allerdings mit umgekehrten Vorzeichen. Das soll beileibe nicht zu einem Vergleich zwischen diesen beiden Marken führen.

Dazu liegt die Messlatte für die ›José L. Piedra‹ einfach zu hoch, denn die ›Trinidad‹ ist eine wirklich gut gemachte, per Hand gefertigte Longfiller-Havanna, ausgezeichnet in der Machart (wofür in erster Linie die ›El Laguito‹-Fabrik bürgt), mit einer Stärke und einer Aroma-Entfaltung, die gewiss dem Geschmacksbedürfnis zahlreicher *Aficionados* entgegenkommt – nur: Sie ist zu teuer.

An dieser Stelle drängt sich ein direkter Vergleich – der einzige in diesem Buch – mit den großvolumigen Formaten der ›Cohiba‹ auf, speziell mit der ›Cohiba Lanceros‹, da sich diese *Vitola*, eine ›El Laguito No. 1‹, lediglich dadurch von der ›Trinidad Fundadores‹ unterscheidet, dass sie ein etwas kleineres Ringmaß hat (38) als die *Vitola de galera* ›El Laguito No. 1 Especial‹ (40), jenes eigens für die einzige *Vitola* der ›Trinidad‹ kreierte Format.

Bezüglich Machart und Qualität sind beide *Habanos* ausgezeichnet, beide haben auch eine vergleichbare Stärke, während lediglich die Aroma-Entfaltung der ›Lanceros‹ etwas intensiver ist als die der ›Fundadores‹. Letzteres hat jedoch wenig damit zu tun, ob einem Connaisseur eine Zigarre zusagt oder nicht. Beide *Vitolas* bewegen sich also auf einer Ebene hinsichtlich der genannten Merkmale – und doch: Nur ein verschwindend geringer, ja zu vernachlässigender Teil der Havannophilen entschiede sich, vor die Wahl gestellt, für die ›Trinidad Fundadores‹ und gegen die ›Cohiba Lanceros‹. Beredtes Indiz dafür sind die Verkaufszahlen, denn gerade an ihnen – und gerade dann, wenn sich der Preis zweier Produkte nur unwesentlich voneinander unterscheidet – lässt sich leicht festmachen, zu wessen Seite sich die Waage der Verbrauchergunst bei zwei vergleichbaren Produkten neigt. Um

Die drei Lieblings-Havannas von Matthias W. Wintzer, ehemaliger Marketingleiter der ›5th Avenue Products‹, dem offiziellen Importeur der ›Habanos‹-Produkte für Deutschland: Cohiba Lanceros, Punch Punch, Trinidad Fundadores.

Das großvolumige Format der Marke ›Trinidad‹

Handelsname (Vitola de salida) sowie Produktionsname (Vitola de galera)	**Länge** in Millimetern (in)	**Ringmaß** (bzw. Durchmesser in mm)	International entsprechende **Bezeichnung**	**Stärke**[1] und **Aroma**[2]
Fundadores Laguito No. 1 Especial	192 (7½)	40 (15,9)	Giant Corona	4 • • •

[1] Stärke der Zigarre: 1 = sehr mild; 2 = mild; 3 = mittel (–); 4 = mittel (+); 5 = ausgeprägt; 6 = sehr ausgeprägt
[2] Aroma-Entfaltung: • = verhalten; • • = angenehm bis präsent; • • • = sehr präsent; • • • • = überaus präsent

bei diesem Bild zu bleiben: Die Waage neigt sich ganz tief, und zwar zugunsten der ›Cohiba Lanceros‹.

Die ›Trinidad Fundadores‹ scheint sich dagegen irgendwo im luftleeren Raum zu verlieren. Die Vorschusslorbeeren, mit denen diese Havanna schon vor ihrem offiziellen Erscheinen im Jahre 1998 bedacht worden war, und die Loblieder, die anfangs auf sie angestimmt wurden, als es einigen wenigen *Aficionados* vergönnt war, eine ›Trinidad‹ rauchen zu dürfen, sind mittlerweile von der Realität (der Verkaufszahlen) eingeholt worden: Die ›Trinidad‹ ist nicht die Zigarre, die sich viele *Aficionados* erhofft haben. Ihr fehlt einfach die letzte Balance zwischen den verschiedenen Komponenten, das also, was eine wirklich gute Havanna – und das ist die ›Trinidad‹ zweifellos – zu einer Havanna der absoluten Spitzenklasse macht. Sie hat zwar Klasse, doch – um bei der Gegenüberstellung zu bleiben – die ›Cohiba Lanceros‹ hat das, was der Fachmann einen »ausgereiften Charakter« nennt.

Gut möglich, dass die damaligen Lobeshymnen angestimmt wurden, weil sich beim Erwähnen der »Legende Trinidad« bei vielen eine gewisse Ehrfurcht eingestellt hat, und weiter gut möglich, dass bei vielen nach dem ersten Rauchgenuss, den ihnen die ›Trinidad Fundadores‹ bescherte, einfach nicht sein konnte, was nicht sein durfte. Auch der Autor war unter denen, die voll des Lobes waren …

UMBLATT

Das Umblatt, die *Capote*, dient als Mittler zwischen → Einlage und → Deckblatt, muss demnach nicht nur der *Tripa* einen gewissen Halt geben, sondern auch in der Lage sein, Aroma und Geschmack der Einlage zum Deckblatt zu transportieren, welches dann beides an den Raucher bzw. die Umwelt weitergibt. Nur ein Umblatt, das geschmeidig und gleichzeitig stark genug ist, kann die an es gestellten Aufgaben auch erfüllen.

Darüber hinaus entscheidet die *Capote*, deren Träger in aller Regel die *Criollo*-Pflanze ist (→ Tabakpflanzen), in nicht unwesentlichem Maße über das → Brandverhalten. Ein Umblatt, welches in einer der Phasen der Aufzucht bzw. der Weiterverarbeitung nicht richtig behandelt worden ist, kann dann eine *Habano* zu einem *Apagón* werden lassen – zu einer »Schlafmütze«, wie die Kubaner zu sagen pflegen, wenn sich eine Zigarre nur durch ein mäßiges Brandverhalten »auszeichnet«.

US-EMBARGO

Was kommt danach, was geschieht, wenn die Verantwortlichen des Landes, in dem die Möglichkeiten unbegrenzt sein sollen, dieses Relikt aus den Zeiten des Kalten Krieges zu den Akten legen – wie sieht dann die Welt jener Europäer aus, die des Abends zu ihrer Lieblings-Havanna greifen, um den Tag noch einmal Revue passieren zu lassen und um ihn, nachdem sie den Rest der Zigarre in

> Als Franz Liszt, der große ungarische Komponist und Pianist, Schwiegervater Richard Wagners, an seinem Lebensabend in ein Kloster eintrat, bat er darum, nach Belieben eine von seinen Zigarren rauchen zu dürfen, solange er noch lebe. Die Bitte wurde ihm gewährt.

> »Man sollte immer an die Freude denken, die sie uns schenken.«
> Alfred H. Dunhill, englischer Tabakexperte, über die Zigarre

den Aschenbecher gelegt haben, schließlich als einen »runden« zu betrachten?

Als im Oktober des Jahres 2000 das zu diesem Zeitpunkt knapp vier Jahrzehnte bestehende totale Handelsembargo gegenüber Kuba (→ H. Upmann) vom US-Senat in einigen Punkten gelockert wurde, sagten nicht wenige Beobachter der politischen Szene in Washington das baldige Ende der Restriktionen gegenüber dem »David« Kuba vonseiten des »Goliaths« USA voraus. Das wäre unter einem Präsidenten Gore wohl durchaus denkbar gewesen, doch der 42. Nachfolger George Washingtons, George W. Bush, der aufgrund seiner erzkonservativen Wertvorstellungen ohne weiteres in jener Zeit des Kalten Krieges eine gute Figur abgegeben hätte, wird wohl kaum ernste Anstrengungen unternehmen, um das bestehende Embargo zu lockern oder gar ganz aufzuheben.

Darüber hinaus sind die Bande, die Kubas Zigarrenindustrie in den zurückliegenden Jahrzehnten mit Europa geflochten hat, in der letzten Zeit noch enger geworden – genauer gesagt seit 1999, als sich die Aktiengesellschaft ›Altadis‹, eine Fusion der beiden staatlichen Tabakunternehmen ›Seita‹ (Frankreich) und ›Tabacalera‹ (Spanien), zu 50 Prozent an ›Habanos S.A.‹ beteiligte, der staatlichen kubanischen Exportgesellschaft für Zigarren und Tabak.

Es wird bestimmt noch viel Wasser den Ebro und den Rhein, die Seine und die Themse hinunterfließen, ehe der Anachronismus »US-Embargo« in keinem Punkt mehr existent ist, und noch mehr Wasser zu Ärmelkanal, Mittelmeer und Nordsee getragen, ehe die Europäer eine spürbare Verringerung der Havanna-Importe konstatieren werden. Bis dahin bleiben die Vereinigten Staaten trotz gegenteiliger Meinung weiterhin ein Land der begrenzten Möglichkeiten.

VEGAS ROBAINA

›Die Felder der Familie Robaina‹, so die wörtliche Übersetzung, weisen auf eine der Havanna-Marken hin, die zur neueren Generation der *Habanos* zu zählen sind. Anfang Juni 1997 in der katalanischen Metropole Barcelona, genauer gesagt im Hotel ›Rey Juan

Cubierta mit dem Porträt des Namensgebers der Marke: Don Alejandro Robaina

Carlos‹, immerhin eines der ersten Häuser am Platze, offiziell vorgestellt und seit Ende 1999 auch im deutschsprachigen Raum zu erwerben, haben die ›Robainas‹ schon nach kurzer Zeit die Humidore zahlreicher *Aficionados* erobert. Das ist für eine Marke, die erst wenige Jahre auf dem Markt ist, recht erstaunlich, weist aber auch darauf hin, dass es sich bei diesen *Habanos* um erstklassige Zigarren handeln muss.

Obwohl der neueren Havanna-Generation angehörend, folgt die ›Vegas Robaina‹ nicht derjenigen Linie, welche die übrigen Marken besagter Generation verkörpern (→ Cuaba; → San Cristóbal de La Habana; → Trinidad; → Vegueros), da die Havannas jener Marken in aller Regel von einer Stärke sind, die als mild bis

Großvolumige Formate der Marke ›Vegas Robaina‹

Handelsname (Vitola de salida) sowie Produktionsname (Vitola de galera)	**Länge** in Millimetern (in)	**Ringmaß** (bzw. Durchmesser in mm)	International entsprechende **Bezeichnung**	**Stärke**[1] und **Aroma**[2]
Don Alejandro 49 Prominente	194 (7⅝)	49 (19,5)	Double Corona	5 • • •
Clásicos 42 Cervante	165 (6½)	42 (16,7)	Lonsdale	4 • • •
Unicos 52 Pirámide	156 (6⅛)	52 (20,6)	Pyramid (Toro)	5 • • •

[1] Stärke der Zigarre: 1 = sehr mild; 2 = mild; 3 = mittel (–); 4 = mittel (+); 5 = ausgeprägt; 6 = sehr ausgeprägt
[2] Aroma-Entfaltung: • = verhalten; • • = angenehm bis präsent; • • • = sehr präsent; • • • • = überaus präsent

mittel bezeichnet werden kann, und darüber hinaus eine spürbare Aroma-Entfaltung aufweisen. Nicht so die ›Vegas Robainas‹: In Bezug auf die Aroma-Entfaltung brauchen sich zwar auch die Formate der ›Robainas‹ wahrlich nicht zu verstecken, doch was die Stärke anbelangt, so erinnern sie eher an die Havannas traditionellen Stils, was vor allem jene Havannophile anspricht, die *Habanos* lieben, welche in Stärke und Aroma-Entfaltung weit über dem Durchschnitt liegen. Da die ›Robainas‹ darüber hinaus über eine hervorragende Machart sowie über eine harmonisch aufeinander abgestimmte Komposition verfügen, wozu auch die erstklassigen Deckblätter beitragen, verdienen sie zu Recht die Aufmerksamkeit, die ihnen zahlreiche Connaisseurs widmen.

Der Name der Marke ist eine Hommage an den bekanntesten und auch wohl besten Tabakbauer des heutigen Kuba. Seit 1952 ist Don Alejandro Robaina, der im Jahre 1995 seinen achtzigsten Geburtstag feierte, unterstützt von seiner Familie, für eine *Vega* in der Vuelta Abajo verantwortlich, die den Ruf hat, mit die besten Deckblätter hervorzubringen, welche in dieser Region angebaut werden (und die selbstverständlich für die

Das Logo der Marke ist auch das »Motiv« für den *Tapaclavo*

Mittelvolumige Formate der Marke ›Vegas Robaina‹

Handelsname (Vitola de salida) sowie Produktions-name (Vitola de galera)	**Länge** in Millimetern (in)	**Ringmaß** (bzw. Durch-messer in mm)	International entsprechende **Bezeichnung**	**Stärke**[1] und **Aroma**[2]
Familiares 42 Corona	142 (5⅝)	42 (16,7)	Corona	4 • • •
Famosos 48 Hermoso No. 4	127 (5)	48 (19,1)	Robusto	5 • • • •

[1] Stärke der Zigarre: 1 = sehr mild; 2 = mild; 3 = mittel (–); 4 = mittel (+); 5 = ausgeprägt; 6 = sehr ausgeprägt
[2] Aroma-Entfaltung: • = verhalten; • • = angenehm bis präsent; • • • = sehr präsent; • • • • = überaus präsent

›Robainas‹ Verwendung finden). Die Erzeugung guter Deckblätter geschieht jedoch nicht erst seit 1952, sondern seit 1845, denn schon seit dieser Zeit betreiben die Robainas in der Vuelta Abajo

den Tabakanbau und geben ihr umfangreiches Wissen von Generation zu Generation weiter. Auf diese nun schon mehr als eineinhalb Jahrhunderte währende Tradition verweist auch die Jahreszahl 1845, die auf den Bauchbinden der Zigarren sowie auf weiteren Lithographien dieser exzellenten Marke zu sehen ist.

Womit wir bei den fünf *Vitolas* wären. Allesamt dem groß- respektive mittelvolumigen Bereich angehörend, weisen sie bei den *Vitolas de salida* ein interessantes Merkmal auf: Die hinter den eigentlichen Namen stehenden Ziffernangaben geben jeweils die Ringmaße der einzelnen Formate.

Die ›Vegas Robaina‹ – eine Marke, wie sie nicht nur in diesem Buche steht.

VEGUEROS

Etwa ein Jahr nach der Vorstellung der → ›Vegas Robaina‹ betrat mit der ›Vegueros‹ eine weitere Havanna öffentliches Terrain. Da ihre Vorgängermarke praktisch von Beginn an von vielen Havannophilen geradezu enthusiastisch aufgenommen worden war, begab sich die ›Vegueros‹ naturgemäß auf ein sehr dünnes Eis, das leicht einbrechen konnte. So war es denn auch: Die zunächst in Kanada vorgestellte, danach recht schnell auch in mittel- und südeuropäischen Breiten zu erwerbende Marke reicht bis heute nicht an die Beliebtheit der ›Robainas‹ heran.

Zu Unrecht, werden die *Aficionados* sagen, die denjenigen *Habanos* den Vorzug geben, deren Stärke und deren Aroma-Entfaltung eher als zurückhaltend empfunden werden, womit sich die ›Vegueros‹ für den (leicht fortgeschrittenen) Novizen im Reich der Havanna geradezu anbieten. Gleichwohl werden diese *Habanos* von besagtem Kundenkreis wenig nachgefragt, was wohl vor allem am Preis liegt, denn für das, was man beispielsweise für eine ›Vegueros Especiales No. 1‹ auf den Tisch legen muss, erhält der ambitionierte Anfänger etliche Havannas anderer Marken, die seinen Vorstellungen gerecht werden, die aber darüber hinaus noch um einiges interessanter sind als die oben genannte *Vitola*.

Logo der Marke, die an die Plantagenarbeiter auf Kuba erinnert, denn nichts anderes heißt ›Vegueros‹

Paris im Jahre 1815: Michel Ney, französischer Marschall deutscher Herkunft und glühender Anhänger Napoleons, zündete sich in aller Ruhe eine Havanna an, bevor er dem anwesenden Kommando den Feuerbefehl zur Exekution des wegen Hochverrats verurteilten Delinquenten gab. Der Name des Delinquenten: Michel Ney.

Mittelvolumiges Format der Marke ›Vegueros‹

Handelsname (Vitola de salida) sowie Produktionsname (Vitola de galera)	**Länge** in Millimetern (in)	**Ringmaß** (bzw. Durchmesser in mm)	International entsprechende **Bezeichnung**	**Stärke**[1] und **Aroma**[2]
Marevas Mareva	129 (5⅛)	42 (16,7)	Petit Corona	3 • •

[1] Stärke der Zigarre: 1 = sehr mild; 2 = mild; 3 = mittel (–); 4 = mittel (+); 5 = ausgeprägt; 6 = sehr ausgeprägt
[2] Aroma-Entfaltung: • = verhalten; • • = angenehm bis präsent; • • • = sehr präsent; • • • • = überaus präsent

Kleinvolumiges Format der Marke ›Vegueros‹

Handelsname (Vitola de salida) sowie Produktionsname (Vitola de galera)	**Länge** in Millimetern (in)	**Ringmaß** (bzw. Durchmesser in mm)	International entsprechende **Bezeichnung**	**Stärke**[1] und **Aroma**[2]
Seoanes Seoane	125 (4½)	36 (14,3)	Short Panatela	2 •

[1] Stärke der Zigarre: 1 = sehr mild; 2 = mild; 3 = mittel (–); 4 = mittel (+); 5 = ausgeprägt; 6 = sehr ausgeprägt
[2] Aroma-Entfaltung: • = verhalten; • • = angenehm bis präsent; • • • = sehr präsent; • • • • = überaus präsent

Schmallange Formate der Marke ›Vegueros‹

Handelsname (Vitola de salida) sowie Produktionsname (Vitola de galera)	**Länge** in Millimetern (in)	**Ringmaß** (bzw. Durchmesser in mm)	International entsprechende **Bezeichnung**	**Stärke**[1] und **Aroma**[2]
Especiales No. 1 Laguito No. 1	192 (7½)	38 (15,1)	Long Panatela	2 • •
Especiales No. 2 Laguito No. 2	152 (6)	38 (15,1)	Panatela	3 • •

[1] Stärke der Zigarre: 1 = sehr mild; 2 = mild; 3 = mittel (–); 4 = mittel (+); 5 = ausgeprägt; 6 = sehr ausgeprägt
[2] Aroma-Entfaltung: • = verhalten; • • = angenehm bis präsent; • • • = sehr präsent; • • • • = überaus präsent

Obwohl: Das Format an sich ist schon recht interessant, denn hinter der *Vitola de salida* ›Vegueros Especiales No. 1‹ verbirgt sich die *Vitola de galera* ›Laguito No. 1‹, und von diesem Format wiederum gibt es einige Havannas, die einen großen Namen tragen, so etwa die ›Partagás Serie du Connaisseur No. 1‹, die ›Montecristo Especiales‹ und die ›Cohiba Lanceros‹ – allesamt Zigarren, die der kubanischen Zigarrenmacherkunst zur Ehre gereichen und bei zahlreichen *Aficionados* hoch im Kurs stehen.

Dabei hatten sich die Verantwortlichen von ›Habanos S.A.‹ einiges von den Neuschöpfungen versprochen, als sie die ›Vegueros‹ auf den Markt brachten. Angelehnt an die Vorzeige-Havanna → ›Cohiba‹, was vornehmlich an den *Vitolas de galera* deutlich wird, die sich alle auch bei den *Vitolas de galera* der ›Cohiba‹ wiederfinden, sollte die ›Vegueros‹ wohl gerade die oben erwähnte Käuferschicht ansprechen, sozusagen als »Cohiba des kleinen Mannes«.

Das war gewiss gut gemeint, auch wohl überlegt, denn die Einlage-Mischungen der einzelnen ›Vegueros‹-Formate sollen, so heißt es, identisch sein mit denen der entsprechenden ›Cohiba‹-Pendants. Leider haben sich die Erwartungen der Kubaner nicht erfüllt. Was eine dritte Fermentation doch ausmachen kann…

VERBREITUNG

Mit Beginn der zweiten Hälfte des 19. Jahrhunderts traten die kubanischen Zigarren einen wahren Siegeszug an. Ständig mehr nachgefragt, wollten etliche Connaisseurs nicht mehr die braunen Kostbarkeiten aus der Karibik missen, und so gab es um die darauf folgende Jahrhundertwende so gut wie kein Land der industrialisierten Welt, in dem nicht der blaue Dunst zahlreicher Havannas die Atmosphäre anreicherte.

Auch diese unbekannte Schöne diente einst als Motiv für eine der zahlreichen Lithographien

Mittlerweile sind die *Habanos* rund um den Erdball verbreitet. So exportierte Kuba im Jahre 2000 knapp 120 Millionen Havannas, wovon 71 Prozent nach Europa gingen, 17 Prozent in Kuba verblieben bzw. in die Länder der beiden amerikanischen Halbkontinente exportiert wurden (ausgenommen die Vereinigten Staaten), 8 Prozent in Afrika sowie dem Nahen und Mittleren

Osten eine neue Heimat fanden, während 3 Prozent Kuba in Richtung Asien verließen und das restliche eine Prozent nach Australien verschickt wurde.

In Europa teilen sich den Löwenanteil Spanien und Frankreich. Ließen die Franzosen immerhin 16 Millionen Havannas in ihr Land, ist Spanien mit knapp 46 Millionen importierten Habanos eindeutig die Nation, in dem die kubanischen Köstlichkeiten am meisten nachgefragt werden.

Die höchste Steigerungsrate ist jedoch in Asien zu verzeichnen. Gerade in China sowie den wirtschaftlichen »Schwellenländern« Malaysia, Singapur, Südkorea, Taiwan und Thailand werden die Havannas immer beliebter, und so manch aufstrebender wie etablierter Manager respektive Wirtschaftsführer in Hongkong und Shanghai mag auf seine ›Cohiba Esplendidos‹ nicht verzichten. Die Erben Maos mit einer dicken Havanna im Mund – das wäre noch vor wenigen Jahren einigen dort ansässigen Zeitungsblättern eine Schlagzeile wert gewesen …

ViSTA → LiTHOGRAPHiEN

VOLADO → TABAKPFLANZEN

VUELTA ABAJO → REGiONEN

Die drei Lieblings-Havannas von Christoph M. Wolters, Betreiber der ›Casa del Habano‹ in Meerbusch bei Düsseldorf:

Partagás Lusitanias Cabinet, Partagás Serie D No. 4, San Cristóbal de La Habana Principe.

WEITERE MARKEN (VON HEUTE)

Die ›Hija de Cabañas y Carbajal y Cía‹, die bis 1895 ›Cabañas‹ hieß und bis zur Kubanischen Revolution (→ Cohiba) zu den Großen der Havannas zählte, kann auf ein Leben zurückblicken, das durch zahlreiche Hochs und Tiefs gekennzeichnet ist. Eigentlich war die ›H. de Cabañas y Carbajal‹, so der heute allgemein gebräuchliche Name, nie aus den Köpfen der kubanischen Zigarrenmacher verschwunden, wohl aber einige *Vitolas* aus den Angebotslisten. So erhielten die *Torcedores* nach der Revolution immer mal wieder den Auftrag, Formate der ›Cabañas‹ zu rollen, doch eine über Jahre gehende kontinuierliche Produktion war eigentlich nicht zu beobachten. In wenigen Ländern stehen nur noch ein, zwei *Vitolas* in den Angebotslisten der jeweiligen Generalimporteure, und einige gut sortierte Fachgeschäfte, vor allem in Kanada und Osteuropa, führen diese *Habanos* auch in ihrem Sortiment, doch ob die Marke im Jahre 2010 ihr zweihundertjähriges Bestehen feiern kann (→ Große Marken), ist nicht vorherzusagen.

An dieser Stelle wird vornehmlich auf jene Marken Bezug genommen, die zwar noch existieren, deren Produktion aber, gemes-

Mittelvolumige Formate der Marke ›H. de Cabañas y Carbajal‹[1]

Handelsname (Vitola de salida) sowie Produktionsname (Vitola de galera)	**Länge** in Millimetern (in)	**Ringmaß** (bzw. Durchmesser in mm)	International entsprechende **Bezeichnung**	**Stärke**[2] und **Aroma**[3]
Belvederes Belvederes	125 (4⅞)	39 (15,5)	Short Panatela	3 •
Superfinos Coronita	117 (4⅝)	40 (15,9)	Petit Corona	3 •

[1] Länder bzw. Regionen außerhalb Kubas, in denen die Marke bzw. einzelne Formate bevorzugt angeboten werden: Kanada, Osteuropa. [2] Stärke der Zigarre: 1 = sehr mild; 2 = mild; 3 = mittel (–); 4 = mittel (+); 5 = ausgeprägt; 6 = sehr ausgeprägt. [3] Aroma-Entfaltung: • = verhalten; • • = angenehm bis präsent; • • • = sehr präsent; • • • • = überaus präsent

sen an ihrer einstigen Präsenz, in den letzten Jahren teilweise erheblich zurückgegangen ist. So ist wie im Falle der ›H. de Cabañas y Carbajal‹ zu befürchten, dass sich die eine oder andere Marke, auf die hier eingegangen wird, über kurz oder lang von der Havanna-Familie wird verabschieden müssen.

Zu dieser Familie gehören wohl jetzt schon nicht mehr die ›El Siboney‹, jene Marke, die Anfang der sechziger Jahre für kurze Zeit traurige Berühmtheit erlangte (→ Cohiba), und die ›La Flor del Caney‹. Beide stehen zwar noch in einigen wenigen Angebotslisten, doch sind sie praktisch aus den Regalen der Fachhändler verschwunden. Das verwundert insbesondere bei den ›Caneys‹, da von dieser Marke noch vor einigen Jahren sieben Formate in den Produktionsstätten auf Kuba gefertigt wurden.

Auch die ›La Escepción de José Gener‹ ist so gut wie ausgestorben. Zwar wird noch hier und da eine Kiste zu finden sein, doch das wird wohl die große Ausnahme bleiben – jedenfalls ist diese Marke vor nicht allzu langer Zeit aus der Produktliste von ›Habanos S.A.‹ gestrichen worden. Das stimmt nicht ganz, denn sie ist lediglich nicht mehr

als Havanna aufgeführt, wohl aber – als ›Gener‹ und ›La Escepción‹ praktisch zweigeteilt – Teil der Angebotspalette, die sich auf die Pfeifentabake von ›Habanos S.A.‹ bezieht.

Mittel- und kleinvolumige Formate der Marke ›Belinda‹[1]

Handelsname (Vitola de salida) sowie Produktionsname (Vitola de galera)	**Länge** in Millimetern (in)	**Ringmaß** (bzw. Durchmesser in mm)	International entsprechende **Bezeichnung**	**Stärke**[2] und **Aroma**[3]
Belvederes Belvederes	125 (4½)	39 (15,5)	Short Panatela	3 •
Demi Tasse Demi Tasse	100 (3⅞)	32 (12,7)	Small Panatela	2 •
Panetelas Sports	117 (4⅝)	35 (13,9)	Short Panatela	4 • •
Petit Coronas Petit Corona	129 (5⅛)	42 (16,7)	Petit Corona	3 •
Preciosas Demi Tasse	100 (3⅞)	32 (12,7)	Small Panatela	2 •
Superfinos Coronita	117 (4⅝)	40 (15,9)	Petit Corona	3 •

[1] Länder bzw. Regionen außerhalb Kubas, in denen die Marke bzw. einzelne Formate bevorzugt angeboten werden: Asien, Frankreich, Kanada, Schweiz
[2] Stärke der Zigarre: 1 = sehr mild; 2 = mild; 3 = mittel (–); 4 = mittel (+); 5 = ausgeprägt; 6 = sehr ausgeprägt
[3] Aroma-Entfaltung: • = verhalten; • • = angenehm bis präsent; • • • = sehr präsent; • • • • = überaus präsent

Nur geringfügig besser geht es den Marken ›Belinda‹, ›Gispert‹, ›La Corona‹ und ›Troya‹. Sieht von den einstmals (zahlenmäßig durchaus beachtlichen) acht *Vitolas* der ›Belinda‹ hauptsächlich das Format ›Belvederes‹ einer (mehr oder weniger unsicheren) Zukunft entgegen, so retten die *Vitola* ›Habaneras No. 2‹ die Marke

›Gispert‹ sowie die *Vitolas* ›Coronas Club Tubulares‹ und ›Universales‹ die Marke ›Troya‹ vor dem Vergessen, während die altehrwürdige Marke ›La Corona‹ neben dem Format ›Coronas‹ hin

Mittelvolumiges Format der Marke ›Gispert‹[1]

Handelsname (Vitola de salida) sowie Produktionsname (Vitola de galera)	**Länge** in Millimetern (in)	**Ringmaß** (bzw. Durchmesser in mm)	International entsprechende **Bezeichnung**	**Stärke**[2] und **Aroma**[3]
Habaneras No. 2 (Cello) Standard	123 (4⅞)	40 (15,9)	Petit Corona	2 • •

[1] Länder bzw. Regionen außerhalb Kubas, in denen die Marke bzw. einzelne Formate bevorzugt angeboten werden: Andorra, Asien, Frankreich, Schweiz
[2] Stärke der Zigarre: 1 = sehr mild; 2 = mild; 3 = mittel (–); 4 = mittel (+); 5 = ausgeprägt; 6 = sehr ausgeprägt
[3] Aroma-Entfaltung: • = verhalten; • • = angenehm bis präsent; • • • = sehr präsent; • • • • = überaus präsent

Mittel- und kleinvolumige Formate der Marke ›La Corona‹[1]

Handelsname (Vitola de salida) sowie Produktionsname (Vitola de galera)	**Länge** in Millimetern (in)	**Ringmaß** (bzw. Durchmesser in mm)	International entsprechende **Bezeichnung**	**Stärke**[2] und **Aroma**[3]
Coronas Crema	140 (5½)	40 (15,9)	Corona	2 •
Coronitas Chico	106 (4½)	29 (11,5)	Small Panatela	2 •
Petit Coronas Petit Corona	129 (5⅛)	42 (16,7)	Petit Corona	2 •

[1] Länder bzw. Regionen außerhalb Kubas, in denen die Marke bzw. einzelne Formate bevorzugt angeboten werden: Argentinien, Brasilien, Kanada, Osteuropa, Schweiz
[2] Stärke der Zigarre: 1 = sehr mild; 2 = mild; 3 = mittel (–); 4 = mittel (+); 5 = ausgeprägt; 6 = sehr ausgeprägt
[3] Aroma-Entfaltung: • = verhalten; • • = angenehm bis präsent; • • • = sehr präsent; • • • • = überaus präsent

Mittelvolumige Formate der Marke ›Troya‹[1]

Handelsname (Vitola de salida) sowie Produktionsname (Vitola de galera)	**Länge** in Millimetern (in)	**Ringmaß** (bzw. Durchmesser in mm)	International entsprechende **Bezeichnung**	**Stärke**[2] und **Aroma**[3]
Coronas Club Tubulares Standard	123 (4⅞)	40 (15,9)	Petit Corona	3 •

[1] Länder bzw. Regionen außerhalb Kubas, in denen die Marke bzw. einzelne Formate bevorzugt angeboten werden: Afrika, Andorra, Asien, Kanada, Karibik, Russland, Spanien, Schweiz
[2] Stärke der Zigarre: 1 = sehr mild; 2 = mild; 3 = mittel (–); 4 = mittel (+); 5 = ausgeprägt; 6 = sehr ausgeprägt
[3] Aroma-Entfaltung: • = verhalten; • • = angenehm bis präsent; • • • = sehr präsent; • • • • = überaus präsent

und wieder noch auf die *Vitolas* ›Coronitas‹ und ›Petit Coronas‹ zählen kann. Dennoch sind in den Format-Tabellen auf den Seiten 251 bis 256 neben den erwähnten *Vitolas* noch weitere aufgeführt,

Mittelvolumige Formate der Marke ›Troya‹[1] (Fortsetzung)

Handelsname (Vitola de salida) sowie Produktionsname (Vitola de galera)	**Länge** in Millimetern (in)	**Ringmaß** (bzw. Durchmesser in mm)	International entsprechende **Bezeichnung**	**Stärke**[2] und **Aroma**[3]
Universales (Cello)				4
Universal	133 (5¼)	38 (15,1)	Short Panatela	• •

[1] Länder bzw. Regionen außerhalb Kubas, in denen die Marke bzw. einzelne Formate bevorzugt angeboten werden: Afrika, Andorra, Asien, Kanada, Karibik, Russland, Spanien, Schweiz
[2] Stärke der Zigarre: 1 = sehr mild; 2 = mild; 3 = mittel (–); 4 = mittel (+); 5 = ausgeprägt; 6 = sehr ausgeprägt
[3] Aroma-Entfaltung: • = verhalten; • • = angenehm bis präsent; • • • = sehr präsent; • • • • = überaus präsent

und zwar vor allem solche, bei denen noch am ehesten Hoffnung besteht, dass sie in dem einen oder anderen Regal des einen oder anderen Zigarrenhändlers zu finden sind.

›Churchills‹ von ›La Corona‹ gibt es schon lange nicht mehr. Ist schon bald auch das Motiv der Marke ›Los Statos de Luxe‹ nicht mehr zu finden?

Bliebe noch die ›Los Statos de Luxe‹, die etwas besser dazustehen scheint als die übrigen Marken, da von den ehemals fünf *Vitolas* immerhin noch drei – die ›Brevas‹, die ›Delirios‹ und die ›Selectos‹ – für den Erhalt ihrer *Marca* kämpfen. Weil nie vorauszusagen ist, ob sich nicht schon morgen die Produktpolitik der Verantwortlichen auf Kuba anders darstellt als die, welche in den letzten Jahren zu beobachten war, besteht für die Anhänger dieser Marke noch Hoffnung auf eine nicht ganz so unsichere Zukunft. Aber auch die Tage der ›Troya‹ scheinen wie die der anderen Marken gezählt …

Mittelvolumige Formate der Marke ›Los Statos de Luxe‹ [1]

Handelsname (Vitola de salida) sowie Produktionsname (Vitola de galera)	**Länge** in Millimetern (in)	**Ringmaß** (bzw. Durchmesser in mm)	International entsprechende **Bezeichnung**	**Stärke**[2] und **Aroma**[3]
Brevas Nacional	140 (5½)	40 (15,9)	Corona	3 • •
Cremas (Cello) Nacional	140 (5½)	40 (15,9)	Corona	3 •
Delirios (Cello) Standard	123 (4⅞)	40 (15,9)	Petit Corona	2 •
Dobles (Cello) Standard	123 (4⅞)	40 (15,9)	Petit Corona	2 •
Selectos (Cello) Nacional	140 (5½)	40 (15,9)	Corona	3 •

[1] Länder bzw. Regionen außerhalb Kubas, in denen die Marke bzw. einzelne Formate bevorzugt angeboten werden: Afrika, Andorra, Asien, Frankreich, Kanada, Karibik, Russland, Spanien, Schweiz
[2] Stärke der Zigarre: 1 = sehr mild; 2 = mild; 3 = mittel (–); 4 = mittel (+); 5 = ausgeprägt; 6 = sehr ausgeprägt
[3] Aroma-Entfaltung: • = verhalten; • • = angenehm bis präsent; • • • = sehr präsent; • • • • = überaus präsent

»No sports«

Als der 1953 in den Adelsstand erhobene große britische Staatsmann Winston Churchill (1874–1965) anlässlich seines neunzigsten Geburtstags auf die Frage, wie er es denn geschafft habe, so alt zu werden, mit einem überzeugenden: »No sports!« antwortete, wird er wohl kaum an das Havanna-Format ›Sports‹ gedacht haben. Eine Zigarre eines solch kleinen Formats hat er zwar nie geraucht, da er sie bestimmt übersehen hätte, gering geschätzt wird er sie aber nicht haben, denn dafür war seine Leidenschaft für Havannas viel zu stark ausgeprägt.

Nicht nur Historiker haben die Erfahrung gemacht: Man muss oft sehr lange nach einer Fotografie suchen, auf dem der nahe Oxford geborene Politiker und Literat nicht mit einer großvolumigen Zigarre abgebildet ist.

ZIGARILLOS

Anfang des Jahres 2001 öffneten sich in La Habana die Tore einer neu errichteten *Fábrica*, in der künftig ausnahmslos Zigarillos hergestellt werden. Hier, in Miramar, jenem Vorort, der durch die Fertigungsstätte ›El Laguito‹ jedem eingefleischten Havannophilen wenigstens dem Namen nach bekannt ist, wollen die Kubaner von allen großen Marken jene kleinen Verwandten der *Habanos* fertigen, die vor allem dazu gedacht sind, dem Einsteiger die Welt der Havannas schmackhaft zu machen.

Da auch so manch altgedienter Havanna-Liebhaber hin und wieder, etwa während einer zeitlich kurz bemessenen Arbeitspause, auf Zigarillos mit dem Herstellungsnachweis *Hecho en Cuba* zurückgreift, wird er wohl in absehbarer Zeit zwischen etlichen ›Minis‹ wählen können, offeriert beispielsweise von den Marken ›Cohiba‹, ›Montecristo‹ und ›Romeo y Julieta‹. Ob und in welchem Umfang die bisher in anderen Ländern in Lizenz hergestellten Zigarillos ihren Weg zurück nach Kuba antreten werden, ist zum jetzigen Zeitpunkt, da diese Zeilen geschrieben werden, leider nicht zu sagen.

ZIGARRENKISTEN

Früher war alles sehr einfach: Wenn man eine Kiste Havannas kaufen und sich vorher informieren wollte, in welcher der großen *Fábricas* die betreffende Kiste wann abgepackt worden war, dann genügte ein Blick auf den äußeren Kistenboden – und da man als gestandener *Habanos-Aficionado* um die Kürzel wusste, war einem auch sofort klar, in welchem altehrwürdigen Gemäuer die Zigarren, die in der Kiste lagen, gefertigt und in welchem Monat sie schließlich verpackt worden waren.

Die Rede ist von den Herstellungscodes, die, wie gesagt, auf dem äußeren Boden einer jeden Havanna-Kiste per Stempelaufdruck angebracht waren – und es heute noch sind. Nur: Die Kürzel für die Fabrik sind schon seit geraumer Zeit nicht mehr verifizierbar.

Früher – das war die Zeit bis Ende 1998. Bis dahin war das Entziffern dieser Fabrikkürzel problemlos möglich, da man wusste, dass die Kürzel lediglich die Anfangsbuchstaben der einzelnen Fabriknamen wiedergaben. So stand etwa BM für ›Briones Montoto‹, der ehemaligen ›Romeo y Julieta‹-Fabrik, und JM für ›José Martí‹, der einstmaligen *Fábrica* ›H. Upmann‹. Wenn man dann auch noch das »Zauberwort« für die verschlüsselte Datumsangabe wusste, dann war einem nach kurzem Überlegen auch klar, wann die betreffende Kiste abgepackt worden war – NIVELACUSO hieß dieses Zauberwort, wobei der erste Buchstabe für die Ziffer ›1‹ und der letzte für die Ziffer ›0‹ stand. War also auf dem Boden hinter dem Fabrikkürzel etwa SCNN zu lesen, dann war die Kiste 1997 (SC für 97) abgepackt worden, und zwar im November (NN für den 11. Monat).

Da einerseits die zahlreichen Fälscher um diese Codes wussten und andererseits durch die erhöhte Produktion von Havannas die Zahl der *Fábricas* ständig stieg, entschlossen sich 1998 die Kubaner dazu, auch für die *Manufacturas* in den Provinzen Kürzel zu verwenden, die jedoch verschlüsselt sein sollten, wobei auch gleich bei den Kürzeln für die *Fábricas* in La Habana eine Verschlüsselung vorgenommen wurde. Nun hieß das Zauberwort NETAGIDOCU, und – um bei den weiter oben angeführten Beispielen zu bleiben – BM mutierte nun zu EDC und JM zu ECA.

Die neuen Codes, die mit Beginn des Jahres 1999 auf den Kistenböden angebracht wurden, waren bald wieder die alten, denn schon kurz nach der Einführung konnten interessierte *Aficionados* in allen Fachpublikationen die Entzifferung der neuen Codes nachlesen. Diese Transparenz war den Kubanern dann wohl doch zu transparent.

Das Jahr 1999 hatte gerade mal die erste Jahreshälfte hinter sich gebracht, da gab es schon wieder neue Codes, doch weil von nun an die Fabrikkürzel jeden Monat wechseln und nur noch wenige

Die zollfreien Paradiese

Es gibt sie immer noch, die großen Duty-free-Shops auf den internationalen Flughäfen. Doch da in den EU-Staaten diese Paradiese zollfreien Einkaufs seit Beginn des Jahres 2000 dank der Europäischen Kommission in Brüssel Geschichte sind, bleiben dem Zigarre rauchenden Reisenden nur jene Duty-free-Shops, die in einem Land anzutreffen sind, das nicht der Europäischen Union angehört, um solch ein Geschäft aufzusuchen und dort die Rauchwarenabteilung ge-nauestens unter die Lupe zu nehmen. Gott sei Dank bleiben immer noch genug Länder, in denen der *Aficionado* sein Glück versuchen, das heißt nach preisgünstigen Zigarren Ausschau halten kann, beispielsweise in Übersee.

Doch Vorsicht: Manchmal entpuppt sich solch ein Paradies als Irrgarten, da das Angebot unbefriedigend ist; dann wieder tun sich Abgründe auf, weil die Preise nur wenig niedriger sind als im Laden um die Ecke. Natürlich kommt es auch vor, dass sowohl Angebot als auch Preis stimmen. Dann heißt es zugreifen, denn seit Beginn des Jahres 2000 gibt es nur noch ein Geschäft innerhalb der EU, das zollfreie Waren anbietet. Dieser wundersame Duty-free-Shop befindet sich in Brüssel. Hier finden Normalsterbliche keinen Einlass – Zutritt wird nur Europa-Abgeordneten und jenen Mitarbeitern gewährt, welche für die Europäische Kommission tätig sind.

Ob dieses zu vernachlässigenden Privilegs wird doch wohl kein Neid auftauchen, oder?! Kopfschütteln sei hier allerdings erlaubt, denn schließlich ist es doch gängige Praxis der Europa-Politiker, bei allen Fragen, die sich stellen, und bei allen Entscheidungen, die zu treffen sind, das ›Prinzip der Gleichheit‹ vor Augen zu haben und es auch anzuwenden. Manchmal, so ist zu konstatieren, ist eben doch nicht alles gleich …

Kubaner wissen, welches Kürzel gerade für welche *Fábrica* steht, ist nunmehr nur noch das Abpackdatum einer jeden Kiste verifizierbar. Das wiederum ist relativ einfach, denn ohne jeglichen Jahresschlüssel sind dort die ersten drei Buchstaben eines jeden Monats sowie (dahinter) das Jahr (01 für 2001, 02 für 2002 usw.) per Stempel angebracht. Weil auf Kuba nun mal Spanisch gesprochen wird, folgen hier die jeweiligen Kürzel: ENE(RO) = Januar; FEB(RERO) = Februar; MAR(ZO) = März; ABR(IL) = April; MAY(O) = Mai; JUN(IO) = Juni; JUL(IO) = Juli; (AGO)STO = August; SET(IEMBRE) = September; OCT(UBRE) = Oktober; NOV(IEMBRE) = November; DIC(IEMBRE) = Dezember.

Diese neuen Herstellungscodes gelten übrigens seit Beginn des Jahres 2000, und zwar sind sie auf Drängen vieler *Casas* bzw. deren Betreiber eingeführt worden (→ Las Casas del Habano), weil diese für sich und ihre Kunden wenigstens in Bezug auf das Abpackdatum Klarheit haben wollten, da der Herstellungs- bzw. Abpackmonat hinsichtlich der → Lagerung mitunter eine nicht unwesentliche Rolle spielt.

In diesem Zusammenhang noch ein Hinweis: Es ist ohne weiteres denkbar, dass die Kubaner die jetzt bestehende Regelung erneut ändern. Dann ist es auch ohne weiteres denkbar, dass die oben gemachten Angaben schon bald nicht mehr zutreffend sind. Sollte dieser Fall eintreten, nimmt es der Autor mit Humor zur Kenntnis …

Wenden wir uns nun schöneren respektive bunteren Dingen zu. Gemeint sind die vielen Aufkleber, die aus einer schlichten Kiste erst eine Havanna-Kiste werden lassen, wobei sowohl die Cabinet-Kisten als auch die 8·9·8-Kisten hierbei ausgenommen sind (→ 8·9·8 bzw. acht-neun-acht; → Cabinet), da beide Behältnisse ohne jedes verzierende Ornament sowie ohne bunte Aufkleber auskommen.

Weil die Codes anscheinend wenig geeignet sind, um etwaige → Fälschungen als solche zu erkennen, haben die Platzierungen der zahlreichen Lithographien in dieser Hinsicht ein großes Gewicht,

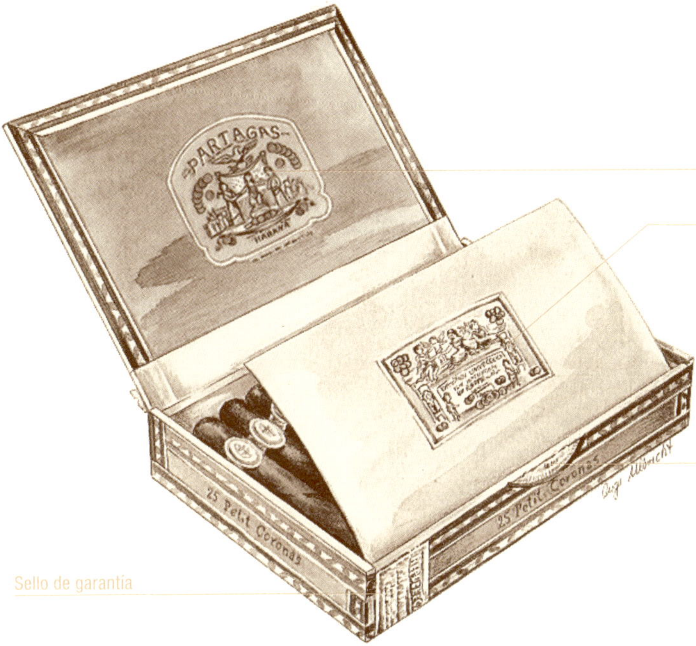

erfuhren sie doch in den zurückliegenden Jahren keine Änderungen. Das nährt die Hoffnung, wenigstens auf diesem Gebiet für einige Zukunft auf Kontinuität setzen zu können. Auf der oben abgebildeten Zeichnung sind deshalb jene Aufkleber und Lithographien wiedergegeben, welche für die »normalen« Havanna-Kisten typisch sind.

Da wir bei den Codes mit der Unterseite einer Kiste begonnen haben, soll vorab auf die Stempel und Aufdrucke eingegangen werden, die ebenfalls auf diesem Boden zu sehen sind. Zunächst ist der leicht eingebrannte Prägestempel zu nennen, der auf die Herstellungsart der jeweiligen Zigarren hinweist. Davon gibt es drei, wobei alle den Schriftzug von ›Habanos S.A.‹ sowie den darunter stehenden eingerahmten Hinweis HECHO EN CUBA aufzuweisen haben. Hat dieser Stempel keinen zusätzlichen Hinweis, so handelt es sich um weitgehend maschinell gefertigte Shortfiller, während bei Mediumfillern *Hecho a mano* und bei Longfillern *Totalmente a mano* unter dem eingerahmten Hinweis HECHO EN CUBA zu lesen ist (→ Havanna-Zigarren). Der Aufdruck CUBATABACO dürfte dagegen kaum zu finden sein, da es sich hier um eine Kiste handeln muss, die vor 1994 abgepackt worden ist, als es die staatliche Gesellschaft ›Habanos S.A.‹, die vornehmlich für die Marketing-Aktivitäten der heimischen Tabakwarenindustrie verantwortlich zeichnet, noch nicht gab.

Kommen wir zu den Aufklebern, die an den äußeren Kistenseiten angebracht sind. Da ist zunächst einmal das erstmals 1912 verwendete Garantiesiegel der kubanischen Regierung, *Sello de garantía*, zu nennen, das einer US-Dollar-Note ähnelt, sich in aller Regel an der linken Ecke der Kiste befindet und vom Boden über die schmale Stirnseite bis zum Deckel verläuft. *Tapaclavo* heißt der meist ovale Aufkleber, der über dem Nagel bzw. dem Schnappverschluss angebracht ist, einen Bezug zur Marke hat und darüber hinaus, wie der *Sello de garantía*, der Versiegelung der Kisten dient. Das tun auch die *Filetes*, lange, schmale Papierbänder, welche an den Ecken und Kanten der Kiste angebracht sind.

Manchmal ersetzen Logos von Marken – hier das der ›La Corona‹ – die farbenfrohen *Cubiertas*

Zu erwähnen sind auch die → Lithographien. Die *Cubierta* ist auf der Zeichnung nicht zu sehen, da sie auf die Außenseite des Kistendeckels geklebt ist. Auf der Innenseite befindet sich die *Vista*, während der *Bofetón* – jenes Papier, das, wenn die Kiste geöffnet wird, zunächst den Blick auf die Zigarren ver-

Das Garantiesiegel des kubanischen Staates

wehrt – nach vorne geschlagen werden muss, bevor man die kubanischen Köstlichkeiten in Augenschein nehmen kann. Gleichwohl hat dieses Stück Papier, das an der Innenseite der Kiste verklebt ist und auf diese Weise mit dem Bodenpapier praktisch eine Einheit bildet, auch eine nützliche Funktion, indem es die Zigarren, die sowieso schon gut behütet sind, zusätzlich schützt.

Bliebe noch der Aufkleber mit dem Schriftzug ›Habanos‹, der sich mit einem stilisierten Tabakblatt zeigt. Hier handelt es sich um einen Streifen, der weniger dem Versiegeln dient, sondern als zusätzliches (Schmuck-)Element in aller Regel an einer der oberen Ecken (zumeist der rechten Ecke) ange-

Typische ovale Form: *Tapaclavo*

WEGE ZUR FITNESS …

Der spätere alliierte Feldmarschall Bernard Law Montgomery (1887–1976) meinte einmal zu seinem Premier: »Ich trinke nicht, ich rauche nicht, ich schlafe viel, und deshalb bin ich hundertprozentig in Form.« Winston Churchills Antwort: »Ich trinke viel, ich schlafe wenig, und ich rauche eine Zigarre nach der anderen. Deshalb bin ich zweihundertprozentig in Form!«

Der Schriftzug mit dem stilisierten Tabakblatt

bracht ist und sowohl über den Deckel als auch über die Seiten der Kiste verläuft. Dieser Streifen findet sich übrigens auch auf allen kleineren Verpackungen, so auf jenen Boxen, die aus starkem Karton gefertigt sind und die drei bzw. fünf Havannas Platz bieten.

Dagegen findet sich dieser Streifen nicht auf den langen schmalen Kisten aus Zedernholz, in denen eine einzige *Habano* darauf wartet, geraucht zu werden, so etwa eine ›Montecristo A‹ oder eine ›Sancho Panza Sanchos‹. Den Verantwortlichen von ›Habanos S.A.‹ schien es wohl opportun, für eine ›Gran Corona‹, jenes größte Havanna-Format, neben den üblichen 10er- und 25er-Kisten solch ein repräsentatives Behältnis zu wählen.

Es gibt zwar noch zwei, drei (zu vernachlässigende) weitere Merkmale, die eine »normale« Havanna-Kiste aufweist, doch sollten Erwähnung und Darstellung der wichtigsten genügen, damit sich der Interessierte auf das Wesentliche konzentrieren kann – auf das nämlich, was auf keiner Havanna-Kiste dieser Art fehlen darf.

ANHANG

Einige Hinweise zum Anhang …

Die Casas del Habano – weltweit

Stand: 1. Januar 2001. Inzwischen wird es wohl einige wenige mehr geben, doch der Stand von Anfang 2001 ist der aktuellste, den ›Habanos S.A.‹ übermitteln konnte.

Fachgeschäfte

Stand: 30. April 2001. Hier dürften nur wenige Geschäfte nicht aufgeführt sein, ausgenommen beim Markt in Übersee. Hier sei jedoch auf die *Casas* verwiesen, da sich viele von den angegebenen *Casas* in Übersee befinden.

Hotels, Restaurants, Zigarrentreffs

Stand. 30. April 2001. Ein Großteil der Adressen (auch die der Websites) hat mir Archi W. Bechlenberg vom Internet-Magazin *zigarrenwelt.de* zur Verfügung gestellt. Dafür auch an dieser Stelle nochmals herzlichen Dank. Die Rubrik »Hotels, Restaurants, Zigarrentreffs« wird wohl diejenige sein, die schon bei der nächsten Auflage eine erhebliche Erweiterung erfahren wird. Deshalb: Hinweise sind stets willkommen!

Internet-Adressen

Stand: 30. April 2001. Websites kommen und gehen. Zwar können alle Adressenrubriken nicht den Anspruch auf Vollständigkeit erheben, doch gerade in Sachen Internet ist dieser Hinweis mehr als angebracht. Auch der Vermerk, dass allein die Betreiber der jeweiligen Websites für deren Inhalte verantwortlich sind, darf hier nicht fehlen.

Register

Begriffe, auf die verwiesen wird und die nicht in Klammern stehen, ersetzen praktisch den erstgenannten Begriff – Beispiel: Abbrand → Brandverhalten. Dagegen stehen die Begriffe in den Klammern in engem Zusammenhang mit den zuvor genannten – Beispiel: Deckblatt (→ Tabakpflanzen). Eine vergleichbare Funktion haben auch die zahlreichen Verweise in den Artikeln des Lexikonteils.

Die Casas del Habano – weltweit

ÄGYPTEN

Kairo

Hotel Semiramis
Intercontinental

Hotel Sofitel Maadi

ANDORRA

Andorra la Vella

Plaza Co-Princeps
Escáldes-Ergordany

ANTIGUA

St. John's

Heritage Quay No. 45

ARGENTINIEN

Buenos Aires

Calle Reconquista 677
Micro Centro,
Capital Federal

Paraguay 551/3
Codigo postal 1057

ARUBA

Oranjestaad

Royal Plaza

BAHAMAS

Nassau

Hotel Graycliff
West Hill Street

BAHRAIN

Manama

Shop No. 8
im Hotel
Le Royal Meridien

BRASILIEN

Curitiba

Bourbon Curitiba
Hotel & Tower
Rua Cándido Lopes,
102

Rio de Janeiro

Rua do Rosario, 107,
Centro

São Paulo

Alameda Lorena,
1821

CAYMAN ISLANDS

**Grand Cayman
Island**

9, Cayside Galleries
Harbour Drive

CHINA

Honkong

Sheraton Hong Kong
Hotel and Towers
20 Nathan Road,
Kowloon

COSTA RICA

San José

Fuente de la
Hispanidad

DEUTSCHLAND

Berlin

Fasanenstraße 9–10
im Hotel Savoy

Meerbusch
(bei Düsseldorf)

Poststraße 70
im Hotel
Landsknecht

DOMINIKANISCHE REPUBLIK

Bavaro, Punta Cana

Hotel Melia
Tropical

Puerto Plata

Playa Dorada Plaza

Santo Domingo

Plaza Andalucia I,
Local 16-A

ELFENBEINKÜSTE

Adbijan

Avenue Chardy
Galery Marchande
Immeuble
Alpha 2000

EL SALVADOR

San Salvador

89 Avenida Norte y
Calle Pte.
Radisson Plaza,
Hotel Torre
VIP No. 357, Col.
Escalón

ESTLAND

Tallin

Suite A-416, Laki 12

FRANKREICH

Paris

169, Boulevard
Saint Germain

GRIECHENLAND

Athen

258, Kiffisias Avenue
Psihiko

GUADELOUPE

Pointe-à-Pitre

Centre St. John
Perse No. 54

INDONESIEN

Jakarta

Mandarin Oriental
Jalan
Thamrin

ISRAEL

Jerusalem

King David Hotel
23, King David Street

ITALIEN

Mailand

Vía Molino Delli
Armi 25

Rom

Via Colonna
Antonina 34

JORDANIEN

Amman

Islamic Bank Building
Shmeissani

KANADA

Montreal

1434, Sherbrooke
Quest

Toronto

170, Bloor Street

Vancouver

980, Robson Street

Windsor

473, Ouelette Avenue

KATAR

Doha

Shop No.13,
Rayyan Complex

KOLUMBIEN

Cali

Calle 2da Oeste 1-44,
Local 1 y 2,
Edificio El Peñón
de Antaño, B/El
Peñón

KUBA

Cayo Coco

Hotel Tryp Club
Cayo Coco

Guardalavaca

Avenida Turey

La Habana
(Havanna)

Club Habana,
5ta Avenida
de 188 a 192,
Playa

5ta Esq. 16, Miramar,
Playa

Hostal Conde
de Villanueva
Mercaderes e
Obrapia y Lamparilla

Hotel Nacional de
Cuba

Hotel Palco / 11 y 146
Cubanacan, Playa

Marina Hemingway
Calle 248 y 5ta
Avenida Santa Fé,
Playa

La Habana, Habana Vieja

Fábrica Partagás
Industria No. 520

Museo del Tabaco
Mercaderes No. 120

Palacio de la Artesanía
Calle Cuba 64

Santiago de Cuba

Avenida Jesús
Menéndez 703

Varadero

Calle 39 y Avenida 1ra

Calle 63 e / 1ra y 3ra

KUWAIT

Kuwait (Stadt)

Al-Sawani-Center
Sheraton
Rounda Bout

LIBANON

Beirut

Al Arez Center
Zalka Highway

Notredame Centre
Casine Square

Beirut International
Airport
Beirut Duty Free
Shop

LUXEMBURG

Luxemburg (Stadt)

22b, Avenue de la
Porte Neuve

MALAYSIA

Kuala Lumpur

Ground Floor
Mandarin Oriental
City Centre

MEXIKO

Cancún

Plaza Flamingo,
L-233,
Zona Hotelera,
Quintana Roo

Cozumel

Rafael e Melgar s/n
entre calle 6 y 8
Cozumel,
Quintana Roo

Mexico D.F. (Stadt)

Plaza Loreto,
Ave Revolución
y Rio Magdalena,
L-119,
Colonia Tizapan San
Angel

Plaza Mazarik
Presidente Mazarik
393, L-28,
Colonia Polanco

Reforma
Amberes No. 1, L-A,
Zona Rosa,
Colonia Juárez

Reinosa

Tamaulipas,
Priv. Puente
Internacional No. 100

Tijuana B.C.

Plaza Comercial
Rio Paseo de los
Héroes No. 95,
L-D-09,
Zona Rio

Vallarta

Aldama No. 170,
Zona Centro,
Puerto Vallarta

NIGERIA

Lagos

Plot 272, Ajose
Adeogun Street,
Victoria Island

PANAMA

Panama Ciudad
(Stadt)

Calle Samuel Lewis,
Santa Rita,
Centro Comercial,
Plaza Obarrio,
Planta Baja, Local 5

PARAGUAY

Asuncion

Avenida Brasilia 601

Ciudad del Este

Carlos A. Lopéz y
Adrian Jara
Edificio Omni Center
1er piso

RUSSLAND

Moskau

Tverskaya Ulitsa 22

SAUDI-ARABIEN

Al-Khobar

28th Street

Ar Rijad

Prince Sultan Bin
Abdulaziz Street,
Olaya

Saladin Street,
Al Malaz

Dschidda

Palestine Street,
Al Hamra

SCHWEDEN

Göteborg

Kungsportsavenyn 21

SCHWEIZ

Genf

3, rue de la Corraterie

Zürich

Bleicherweg 18

SINGAPUR

Singapur
The Regent
Singapore
Cuscaden Road 01-02

SPANIEN

Las Palmas de Gran Canaria

Calle Torres No. 22

ST. BARTHÉLEMY

Saint-Jean

Villa Creole

ST. MARTIN

Le Marigot

Port La Royal
71, rue de la Liberte

Philipsburg

La Casa del Habano*

THAILAND

Bangkok

The Oriental
Bangkok
48, Oriental Avenue

TSCHECHIEN

Prag

Hotel
Intercontinental
Nam Curieovych 43/5

TÜRKEI

Istanbul

Nispetiye Cad 32/A1
Levent

VEREINIGTE ARABISCHE EMIRATE

Abu Dhabi

Corner of Sheikh
Khalifa Road
and Airport Road

Dubai

Boulevard
Emirates Towers
Seikh Zayed Road

Duty Free Shopping
Complex

ZYPERN

Limassol

Riga Fereos St. 4

Nikosia

Stasicratous 37c

* Genaue Adresse nicht zu ermitteln

Verzeichnis guter Fachgeschäfte in Deutschland

AACHEN

Champs Élysées
Elisen-Galerie Aachen
Friedrich-Wilhelm-Platz 5–6

Pfeifen Schneiderwind
Krämerstraße 13–15

Tabak Jurewicz
Bismarckstraße 107

Wolsdorff Tobacco
Blondelstraße 28

ANSBACH

Tabakwaren F. Müller
Maximilianstraße 15

ASCHAFFENBURG

Zigarren Stenger
Sandgasse 30

AUGSBURG

No. 7 Herbert Mayer
Steingasse 7

BAD BERGZABERN

Tabakshop Becker
Marktstraße 43

BAD REICHENHALL

E. Akerman
Ludwigstraße 20

BAMBERG

Zigarrenhaus Peter Weinig
Hauptwachstraße 17

BAYREUTH

C.u.S. Meiners
Luitpoldplatz 2

BENSHEIM

Rauchkultur Seiler
Bahnhofstraße 19

BERGHEIM-NIEDERAUSSEM

Peter Heinrichs
Château Henri
Volta-/Ecke Ohmstraße

BERLIN

Das Tabakhaus im Forum Köpenick
Bahnhofstraße 33–38

Davidoff-Pilotgeschäft im Kaufhaus des Westens
Tauentzienstraße 21–24

Durek Tabac-Shop
Tempelhofer Damm 152

Für Tabak Geniesser
Frankfurter Allee 46b

Havanna Lounge Cigar-Shop
Charlottenpalais
Charlottenstraße 35/36

Kärnbach's Pipes-Cigars
Muthesiusstraße 9

Kiwus … nur für Raucher
Kantstraße 56

Lorenz Tabakwaren
Fritz-Reuter-Allee 182a

Minow's Tabak Depot
Bahnhofstraße 56

Palm Tobacco
Hohenzollern-
damm 94

Palm Tobacco
Kurfürstendamm 214

Tabac & Cigars Wolff
Potsdamer
Platz Arkaden

Tabak & Pulver
Rheinstraße 42

Tabakwaren-
Fachgeschäft
Kantstraße 75

Zigarren Herzog
Ludwigkirchplatz 1

BIELEFELD

Crüwell Tabakhaus
Obernstraße 1a

Tobac-Center
Friedrich-Ebert-
Straße 12

BOCHUM

Pipe Shop Kister
Bleichstraße 2

Premium Cigars &
Antiques
Kurt-Schuhmacher-
Platz 3–7

BONN

Bonner Pfeifen +
Cigarrenhaus
Sternstraße 57 a
E. Mühlensiepen
Poststraße 24

Zigarrenhaus Bertelt
Sternstraße 2

BRAUNSCHWEIG

Fritz Farina
Friedrich-Wilhelm-
Straße 48

BREMEN

Joh. Freese
Hermann-Böse-
Straße 21

Peifen-Studio
Roland von Bremen
Herdentorsteinweg 37

Tabac & Pfeife
Schnoor 25

Tabak Niemeyer
Domshofpassage 21a

Tabak Rührmeier
Lloydpassage 4

BREMERHAVEN

Tabak- und Pfeifen-
forum
Bürgermeister-Smidt-
Straße 5–7

BRUCHSAL

Tabak Neusius
Kaiserstraße 67

BÜNDE

Pfeifen Pollner
Carl Pollner & Sohn
Bahnhofstraße 11

BUXTEHUDE

Friedrich Pröhl
Lange Straße 36

COESFELD

Werner Ostendorf
Schüppenstraße 8

CUXHAVEN

Tabak & Pfeife
Holstenstraße 6

DACHAU

Tabakshop Dachau
Fraunhofer Straße 1

DANNENBERG (ELBE)

Zigarren Stahlbock
Lange Straße 1

DARMSTADT

Tabak Bohn
Rheinstraße 16

DETMOLD

Tabak Rettberg
Krumme Straße 18

DILLINGEN (SAAR)

Tabac Meilchen
Hüttenwerkstraße 52

DORTMUND

Berghofer Tabak-Ecke
Berghofer Straße 133

Tabak Dehler
in der Corso-Passage
Hansastraße 43

Zigarren Henneke
Hörder Tabakbörse
Alfred-Trappen-
Straße 10

DRESDEN

Tabakwaren Hantzsch
Wilsdruffer Straße 8

DÜSSELDORF

Havanna-Lounge
Cigar-Shop
Königsallee 60c
Eingang Grünstraße

Palm Tobacco
Königsallee 40

Pfeifen-Center
Linzbach
Graf-Adolf-Straße 78

Tabac Benden
in den Schadow-
Arkaden

Tabac Benden
Kö-Galerie 60

Tabakwaren
H.G. Ulrich
Karlplatz 14–15

Tabakwaren
Willebrand
Corneliusstraße 85

T.H. Kleen Tabak-
waren in der
Bahnhofspassage

EMDEN

Tabak Jakobs
Große Straße 14

ERLANGEN

Die Tabakstube
Kammerer
Weiße Herzstraße 1

ESSEN

Pfeifen Schilde
Kastanienallee 14

Wolsdorff Tobacco
Haus am
Kettwiger Tor
Kettwiger Straße 2

FRANKENTHAL

Tabac International
Keistler
Wormser Straße 31

FRANKFURT AM MAIN

Havanna Lounge
Cigar-Shop
Friedensstraße 12
am Kaiserplatz

Gebr. Heinemann
Flughafen
Abflughallen A + B

Palm Tobacco
Schillerstraße 4

Tabac Fischer
Münchener Straße 22

Tabak & Pfeife
in der Galerie
Freßgasse
Große Bockenheimer
Straße 52

Tabakhaus Büttner
Kornmarkt 9

Zigarren Mala
Leipziger Straße 56

Zigarren-Rohn
Hauptwache-Passage

FREIBURG IM BREISGAU

Friedrich Freytag
Kaiser-Josef-
Straße 222

Stefan Meier
Tabakwaren
Rathausgasse 26

FRIEDRICHSHAFEN

Zigarrenhaus Haßler
Karlstraße 39

FULDA

Palm Tobacco
Universitätsplatz 1

Tabak Spring
Fischemäkerstraße 6

Tabak Kontor
Manfred Höhne
Florengasse 7

FÜRSTENFELD-BRUCK

Zigarren Huber
Hauptstraße 30

FÜSSEN

W. Zacek
Brotmarkt 10

GELSENKIRCHEN

Pfeifenstudio Maiß
Neumarkt 1

Wolsdorff Tobacco
Hochstraße 18

GIESSEN

Richard Wagner
Bahnhofstraße 106

Wolfgang Wagner
im City Center
Ludwigsplatz 11

GÖPPINGEN

Benedix
Zigarrenhaus Hutt
Schulstraße 4

Pfeifen- und Zigarren
Shop
Hauptstraße 42

Vogel's Tabakstube
Gerberstraße 15

GÖTTINGEN

Tabak Püttcher
Rote Straße 13

Wolsdorff Tobacco
vorm. E. Nehrkorn
Weenderstraße 70

Zigarren- und
Pfeifenhaus
König & Schubert
Barfüßerstraße 16

GREVENBROICH

Tabakwaren
H.G. Ulrich
Ostwall 31

GUMMERSBACH

Tabak & more
Kaiserstraße 16

GÜTERSLOH

Heinrich Friesen-
hausen
Berliner Straße 25

HALLE/SAALE

Zigarreneck Stefan Klein
Hansering 1

HAMBURG

Dan Pipe
Frickert & Behrens
Curslacker Deich 136

Otto Hatje – Zigarrenmacher
Alte Königstraße 5

Pfeifen Tesch
Colonnaden 10

Pfeifen- und Tabakhaus Timm
im Alster-Einkaufszentrum
Heegbarg 31

Pfeifen- und Tabakhaus Timm
im Elbe-Einkaufszentrum
Olsdorfer Landstraße 131

Pfeifen- und Tabakhaus Timm
im Hamburger Hof
Jungfernstieg 26

Pfeifen- und Tabakhaus Timm
in der Landesbank-Galerie
Gerhart-Hauptmann-Platz 48 d

Pipe & Tobacco Shop
Rahlstedter Bahnhofstraße 21

Tabacalera Hanseatica
Große Bleichen 36

Tabak Niemeyer
Gerhofstraße 40

Tabak Richter
Alte Holstenstraße 66

Tobacco World
Große Bleichen 1

Wolsdorff Tobacco
Spitaler Straße 16

HAMELN

Tabakwaren Schnur
Bäckerstraße 46

HANAU

Ch. J. Lossow
Am Markt 13

Pfeifenstube Heck
Rosenstraße 15

HANNOVER

Pfeifenstudio Mühlhausen
Luisenstraße 10

Zigarren- und Pfeifenhaus
König & Schubert
Lavesstraße 71

HEIDELBERG

Tabak Bieler
Hauptstraße 106

Tabak Grimm
Sofienstraße 11

HEILBRONN

Tabak Sasse
Am Wollhaus 3

HELGOLAND

Tabak Pförtner
Siemensterrasse 175

HERNE

Pfeifen Bresser
Berliner Straße 1

HERSBRUCK

Michael Seitz
Amberger Straße 7

HILDESHEIM

Tabak Neddermeyer
Schuhstraße 35

HOF/SAALE

Zigarrenhaus
W. Wagner
Altstadt 7

HOFHEIM (AM TAUNUS)

Zigarren Haus Knöß
Kurhausstraße 3

HUSUM

Tabakwaren Schwandt
Andreas-Clausen-Straße 2

INGOLSTADT

Raucher Boutique
Franz Tropschuh
Theresienstraße 17

ITZEHOE

Ernst Flickenschild
Berliner Platz 2 a

KAISERSLAUTERN

Tabakhaus Kaufmann
Pirmasenser Straße 18

KARLSRUHE

Eugen Kohm
Waldstraße 40 a

KASSEL

Pipe Shop & Exquisit
Wolfsschlucht 3

Tabak-Treff
in der Kurfürsten-galerie
Kölnische Straße 6

Zigarren Umbach
Obere Königsstraße 23

KAUFBEUREN

Cigarren Ruf
Rosental 15–17

KEHL

Zigarren Baumert
Centrum am Markt

KIEL

Cigarrendepot
beim Pfeifenmacher
Knooper Weg 46

Tabac Trennt
Möllingstraße 28

Tabak Ingwersen
Küterstraße 4–6

KOBLENZ

Pipe House Jürgen Wilde
Jesuitengasse 1

Wolsdorff Tobacco
Am Plan 2

Wolsdorff Tobacco
Hohenfelder Straße 22

KÖLN

Kölner Pfeifen- und Feuerzeugzentrale am Dom
Komödienstraße 1

Peter Heinrichs
Haus der 10 000 Pfeifen
Hahnenstraße 2

Tabac-Collegium Cöln
Richartzstraße 12

Wilhelm Steffany
Wallrafplatz 1

Wolsdorff Tobacco
Rhein-Center
Aachener Straße 1253

LAHR (SCHWARZWALD)

Tabakhaus
Siegfried Hoffmann
Obststraße 4

LANDSBERG AM LECH

Tabakwaren
Medardus Wallner
Schulgasse 289

LEIPZIG

Cigar and Pipe
Gerichtsweg 3

Peter Heinrichs
Sächsische
Pfeifenstube
Peterssteinweg 5

tabacon shop Kießling
im Hauptbahnhof

LEVERKUSEN

Tabak & Destille
Theisen
Bergische Land-
straße 60

LIPPSTADT

Tabak Pütt
Rathausstraße 7

Zigarren Backhaus
Lange Straße 74

LÜBECK

Heinrich Möller
in der Holstentor-
Passage
Holstenstraße 42

Smokers Corner
Beckergrube 80

Wolsdorff Tobacco
Breite Straße 63

LÜDENSCHEID

Wolsdorff Tobacco
im Stern-Center
Wilhelmstraße 33

MAGDEBURG

Bottle & Pipe
am Rathaus
Hartstraße 1

tabacon shop
Hartmann
im Allee-Center

MAINZ

Wolsdorff Tobacco
Betzelsstraße 23–25

Zigarren Hofmann
Fuststraße 2

MANNHEIM

Tabak Barbarino
Q 1/5

Wolsdorff Tobacco
An den Planken O2,
1–10

MARBURG

Tabak Knau
Gutenbergstraße 7

MARKTOBERNDORF

Peter Fendt*
Postfach 11 33

MEMMINGEN

Zigarrenhaus Sturm
Kalchstraße 7

MILTENBERG (MAIN)

Magnus Falkum
Hauptstraße 30

MOERS

Norbert H. Heinrich
Oberwallstraße 49

* Ausschließlich Versand;
Postleitzahl: 87609;
Telephonnummer:
0 83 42/9 51 00

Tabakstube in der
Altstadt
Friedrichstraße 39

MÖNCHENGLADBACH

anno tobak
in der Theatergalerie
Hindenburgstraße 75

MÜHLDORF AM INN

Ludwig Preisinger
Stadtplatz 75

MÜHLHEIM AN DER RUHR

Tabakwaren Budde
Schollenstraße 2

MÜNCHEN

Dallmayr Tabacladen
Dienerstraße 15

Diehl
Smoker's Boutique
im Kaufinger Tor
Max Zechbauer
Residenzstraße 10

Pfeifen Huber
Tal 22

Tabak Sommer
Dachauer Straße 7

Tabak Sommer
Türkenstraße 43

Veicht GmbH
Neuhauser Straße 2

Wilh. Bader
Marienplatz 8

Wilh. und Rich. Diehl
Theatinerstraße 9

MÜNSTER

Tabak Träber
Ludgeristraße 63

Wilhelm Fincke
Hammer Straße 63

NEUBRANDENBURG

Weine-Spirituosen-
Tabakwaren
Stargarder Straße 9

NEU-ISENBURG

Zigarrenhaus Anthes
Frankfurter Straße 35

NEUMÜNSTER

Tabak Shop Schmahl
Großflecken 48

NEUSS

Karl Seelig
Oberstraße 126

NEU-ULM

Tabak Krapalies
Augsburger Straße 3

NORDERSTEDT

Tabak Haack
im Herold-Center
Berliner Allee 40

NÜRNBERG

Drexler's Tabakstube
Kaiserstraße 32

Michel Cigarren
im Hauptbahnhof

tabacon Presse & Co.
Glogauer Straße

tabacon Presse & Co.
im Franken-Center
Oelser Straße 7 a

OBERHAUSEN

Paul Neifer
CentrOallee 164

OBERURSEL

Tabakfass
Josef Friedrich
Holzweg 34

OLCHING

Tabakbörse Olching
Olchinger Straße 1

OFFENBACH

Der Tabakladen
Herrnstraße 14

OFFENBURG

Tabak Barbarino
Steinstraße 14

OLDENBURG

Herman Paraat
Haarenstraße 18

PADERBORN

Tabakhaus Mensler
Kisau 5

PASSAU

Tabakbar Weiherer
Roßtränke 4

PEINE

Tabak Kolac
Bahnhofstraße 1

PFORZHEIM

Tabak Sigrist
Westliche 53

Tabakhaus-Ayasse
Zehnthofstraße 8

PINNEBERG

Tabak Jensen
Fahltskamp 12

PIRMASENS

Haus feiner Zigarren
Tabak Thüner
Schlossstraße 26

RASTATT

Cigar Gallery Pflaum
Poststraße 10

RAVENSBURG

Zigarren Baur
Bachstraße 60

RECKLINGHAUSEN

Tabak Richter
Kunibertistraße 30

REGENSBURG

Tabak Götz
Neupfarrplatz 3

Tabak Götz
Weichser Weg 5

ROSTOCK

Tabak-Eck
Naethbohm
Neuer Markt 14

Tabakwaren
Andrea Nitz
Breite Straße 11

ROTHENBURG OB DER TAUBER

Zigarrenhaus
Cesinger
Hafengasse 8

RÜDESHEIM (AM RHEIN)

Lange's Zigarrenhaus
Friedrichstraße 20

SAARBRÜCKEN

Zigarren Jösch
im Rathauscarré
Beetzenstraße5

SCHORNDORF

Tabac Hirschmann
Marktplatz 25

SCHWÄBISCH GMÜND

Tabak Treff
Wolfgang R.
Marktplatz 36

SCHWÄBISCH HALL

Tabak Seifried
Neue Straße 4

SCHWALBACH

Paul Rabenstein
Rosenberger Straße 15

SCHWELM

La Habanita
Hauptstraße 90

SCHWERIN

Tobaccohaus
Brinkmann
Marienplatz 3

Zigarrenhaus
Preußler
Friedrichstraße 6

SIEGEN

Siegener Tabakstube
Am Bahnhof 11

SINDELFINGEN

Sindelfingener
Tabakhaus
Bahnhofstraße 1

SINGEN

Haco – Die Kaffee- und Tabakhandlung
Scheffelstraße 25

SOLINGEN

Hugo Jahn – Die feine Lebensart
Düsseldorfer Straße 26

SONTHOFEN

Tabakhaus Raupold
Hochstraße 2

STENDAL

Tabakwaren
Cornelia Wendel
Breite Straße 84

ST. INGBERT

Zigarrenhaus
Bennung
Kaiserstraße 41

STRALSUND

Hans Graf
Ossenreyerstraße 38

STRAUBING

Pfeifenstudio Schneil
Bahnhofstraße 14

STUTTGART

Alte Tabakstube
Ralph Knyrim
Schillerplatz 4

Dürninger Classic
Karlspassage
(Breuninger)

Pfeifen Archiv
Stuttgart
Calwer Passage 20

Wolsdorff Tobacco
Königstraße 28

Tabacum – Lebens & Lebenswertes
Schwabstraße 120

TRIER

Wolsdorff Tobacco
Simeonstraße 40

TÜBINGEN

Tabak Barbarino
Mühlstraße 1

ULM

Cigarillo – Tabakwaren
Platzgasse 23

Dürninger Classic
Münsterplatz 90

Tabak Krapalies
Neue Straße 85

VILLINGEN-SCHWENNINGEN

Tabak-Ecke Bugge
Rietenstraße 50

WALLDORF

Tabakwaren Wieland
Hauptstraße 4

WEIDEN (OBERPFALZ)

J. G. Kummer
Bahnhofstraße 20

WEIL AM RHEIN

Zigarrenhaus Bierau
Hauptstraße 205

WEIMAR

Thomas Rösler
Wielandstraße 3

WESTERLAND (SYLT)

Andreas Voss
Strandstraße 4

Thomas Timm
Strandstraße 6

WIESBADEN

Pfeifenhaus Zander
Kirchgasse 54

Tabak Barbarino
An den Quellen 10

WIESLOCH

Tabakwaren Wieland
Hauptstraße 131

WISSEN

Tabak Müller
Rathausstraße 61

WOLFSBURG

M. Niemeyer
Cigarren
Porschestraße 33

WÜLFRATH

Zigarrenhaus Schlüter
Wilhelmstraße 131a

WUPPERTAL

Pfeifen Bruck
Friedrichstraße 52
Tabak Zander
Grünstraße 13

Tabakhaus Mettner
Wegnerstraße 3

WÜRZBURG

Pfeifen Roesch
Dominikanerplatz 3 d

Wolsdorff Tobacco
Domstraße 3

Verzeichnis guter Fachgeschäfte in Österreich

DORNBIRN

Walter Spiegel
Bahnhofstraße 28

EISENSTADT

Karl Schnöller
Hauptstraße 44

GRAZ

Horst Dreier
Weblinger Gürtel 25

Ernst und Ulrike Ebner
Johanneumring 4

Günther Kocijaz
Klosterwiesgasse 4

Franz Kink
Lendplatz 39

INNSBRUCK

Christian Arco
Meraner Straße 9

Fridolin Nessler
Maria-Theresien-Straße 2

Edith Wallnöfer
Maria-Theresien-Straße 31

KLAGENFURT

Erika Springer
Burggasse 6

KREMS

Gerhard Schnait
Untere Landstraße 62

LIENZ

Werner Dobnig
Johannesplatz 5

LINZ

Ute Breitwieser
Landstraße 70

Wilhelm Grobner
im Hauptbahnhof

RANKWEIL

Marlies Ender
Ringstraße 3

Kurt Friedrich
Alemannenstraße 20 c

SALZBURG

Christa Maier
Kajetanerplatz 3

Josef Mayer
Mozartplatz 5

Mag. Barbara Schiller
Rainerstraße 4

SANKT PÖLTEN

Walter Schweller
Kremsergasse 6

VILLACH

Werner Jorgl
Ringmauergasse 8

WIEN

Gerhard Cink
Favoritenstraße 152

Klaus Fischer
Meidlinger Hauptstraße 42

Michael Mohilla
Kohlmarkt 6

Rudolf Novak
Seitenberggasse 78

Josef Seiberl
Reinprechtsdorfer Straße 11

Georg Vacano
Kettenbrückengasse 21

Verzeichnis guter Fachgeschäfte in der Schweiz

AARAU

Tabakhaus zum Adler
Rathausgasse 31

AROSA

Tabacaria S.A.
Am Obersee

ASCONA

Tabak-Cigars
Negozio La Riva
Piazza G. Motta 33

BADEN

Badener Tabakhaus
Rathausgasse 7

BALERNA

Lonesa – Tabaccheria
Centro Breggia
Centro Commercial
Breggia

BASEL

Davidoff – Zum
Münsterberg
Freie Strasse 81

Intertabak –
Havanna-Haus
Aeschenvorstadt 48

Intertabak –
Pfeifenwolf
Freie Strasse 10

Jenni's Tabakblatt
Untere Rebgasse 27

Oettinger Cigares
Aeschenvorstadt 4

Oettinger Cigares
Centralbahnplatz 9

Oettinger Cigares
Marktplatz 21

Oettinger Cigares
Steinenvorstadt 2

BERN

A. Dürr & Co.
Spitalgasse 37

Cigarren Flury
Bahnhofplatz 3

Kägi Zigarren
Theaterplatz 2

Küttel Tobacco S.A.
im Bahnhof
Christoffel-
unterführung 4

BIEL

Keller Tabak
Niedaugasse 20

BUCHS

Wellauer & Co.
Bahnhofstrasse 10

CHIASSO

Tabaccheria Pietro
Carlo e Monica
Dubini
Corso San Gottardo 19

CHUR

Cigarren Mettler
Bahnhofstrasse 14

Grisotabak
Seilerbahnweg 8

CRANS-MONTANA

Jacky Bonvin
Livres et Cigares

DAVOS-PLATZ

Cigarren-Haus
Promenade 73

FRIBOURG

La Tabatière
26, Boulevard de Perolles

GENF

Comptoir des Tabacs du Rhône
59, rue du Rhone

Davidoff & Cie S.A.
2, rue de Rive

Dunhill S.A.
100, rue du Rhône

Gérard Père & Fils
Hôtel Noga Hilton
19, quai du Mont-Blanc

Les Tabacs Boutiques S.A.
34, rue Plantamour

Raffi Cigares
2, place Longemalle

Tabac Eden
Confédération Centre
8, rue de la Confédération

Tabac Rhein
1, rue du Mont-Blanc

GLATTZENTRUM

A. Dürr & Co.
Einkaufszentrum Glatt

GSTAAD

Cigares Tobacco
Hauptstrasse

JONA

Tabakhüsli
Molkereistrasse 12

KREUZLINGEN

Urs Portmann
Tabakwaren
Konstanzer Strasse 6

KÜSNACHT

Tabatière Küsnacht
Bahnhofstrasse 6

LA CHAUX-DE-FONDS

Tabatière du Théâtre
29, Avenue Léopold Robert

LA CURE-SUR-NYON

Tabacs-Souvenirs
Peyron-Arbez

LAUSANNE

Maison Besson
22, rue de Bourg

Masson & Cie
28, rue de Bourg

Tabacs Maillefer
5, rue du Grand-Chêne

LUGANO

Elio Cavallini
Tabacchi
Via Nassa 21

Havana House – Léoni Cigares
Via Nassa 66

LUZERN

Naegeli zum Tabakfass
Schwanenplatz 2

MONTREUX

Tabashop
46, Grand Rue

MURTEN

Tabak Fachgeschäft
Hämmerli
Hauptgasse 43

NEUCHÂTEL

Pattus Tabacs
2, rue Saint Maurice

NYON

Tabac La
Couronne S.A.
34, rue de Rive

PFÄFFIKON

Naegeli zum
Tabakfass
Seedamm-Center

OLTEN

Wellauer & Co.
Basler Strasse 27

PRATTELN

Raststätte Pratteln
Tabakblatt

RHEINECK

Mangeng Tabak
Hauptstrasse 46

ROLLE

Tabacs à la Civette
72, Grand Rue

SAMNAUM

Arcada-Silvretta

Haus Cristal

SCHAFFHAUSEN

Naegeli zum
Tabakfass
Goldsteinstrasse 23

SION

Galerie Sédunoises
17, Avenue de la Gare

Tabacs La Bouffard
10, rue de Lausanne

SOLOTHURN

A. Dürr & Co.
Hauptgasse 3

SPREITENBACH

Naegeli zum
Tabakfass
Mode Center Tivoli

Naegeli zum
Tabakfass
Shopping Center

ST. GALLEN

Tabak O. Brühwiller
Spisergasse 17

Wellauer & Co.
Neugasse 1

Wellauer & Co.
St.-Leonhard-
Strasse 31

Wellauer & Co.
Walenbüchel-
strasse 21

ST. MORITZ

Havanna-Haus
Monopol
Via Maistra 17

Paul Buder
Via Rosatsch 9

VERBIER

Aux Galerie
Laurent et
Marie Carron

VÉSENAZ

Tabacs
49, Route de Thônon

WINTERTHUR

Naegeli zum
Tabakfass
Untertor 14

WÜRENLOS

Naegeli zum
Tabakfass
Autobahnbrücke N1

ZERMATT

Shopping-Center
Victoria

Papeterie Wega
Vis-à-vis Poste

ZUG

Naegeli zum
Tabakfass
Industriestrasse 13b

ZÜRICH

A. Dürr & Co.
Bahnhofplatz 6

A. Dürr & Co.
Paradeplatz 3

Davidoff Dépositaire
Agréé E. Roth
Hôtel Savoy
Poststrasse 12

Cigares
Ursula Bender
Edisonstrasse 5

Naegeli zum
Tabakfass
Bahnhofstrasse 70

Naegeli zum
Tabakfass
Bellevue, Theater-
strasse 14

Pierre Schwarzen-
bach + Co.
im Hauptbahnhof

Tabacum
Bahnhofstrasse 22

Tabak Victoria
Löwenstrasse 68

Tabaklädeli Wagner
Storchengasse 19

Verzeichnis guter Fachgeschäfte in Europa und im Nahen Osten

ÄGYPTEN

Alexandria

Little Havana
Sofitel Hotel

ANDORRA

Andorra la Vella

Les 1000 Pipes
Avinguda
Meritxell, 108

The Cigar Shop
Avinguda Meritxell, 40

Escaldes-Engordany

Comercial Pont
Avinguda
Carlemany, 74
Grup Sangrá Molines

La Casa dels Tabacs
Avinguda Carlemany
Entrada
Parking Molines

BAHREIN

Manama

Tabacco Road,
Shop 155
Governement Road
383

BELGIEN

Antwerpen

Huis van de Voorde
Lange Koepoortstraat
43–49

Huis Verloo
Amerikalei 158

Brüssel

Davidoff
Rue Lebeau 8–10

Maison Colas
Parvis Saint-Pierre, 12

La Tête d'Or
Rue de la Tête d'Or 13
Grand Place

De Panne

Maison Six
Zeelaan 214

Genk

Marc Claes
Stationsstraat 51

Grivegnée

Maison Carlo-
Troussart
Rue Haute-Wez 161

Juprelle

Baelen Empire Pipe
Chaussée
de Tongres 254

Knokke-Le-Zoute

Triangle
Rookartikelen
Driehoeksplein 11

La Louvière

Maison J.P. Petyt
Rue S. Guyaux 87

Lüttich

Maison Demoulin
Rue des
Guillemins 143

Maison Leclercq
Rue Saint-Paul 42

Menin

Maison Demuynck
Rue de Lille 278

Mons

Mons Tabacs
Rue de la Coupe 3

Namur

Roméo Cigares
Rue de
Marchovelette 27

Waterloo

Maison Dagneau
Chaussée de
Bruxelles 181

DÄNEMARK

Aalborg

Bent's Vin and Tobak
Bispensgade 1

Aarhus

Pibesmeden
Hans Brogesgade 1

Hjørring

Steffen's Vin
and Tobak
Ostergade 25

Kopenhagen

Paul Olsen A/S
Nygade 4

W. O. Larsen A/S
Amagertorv 9

Vesterport
Vin & Tobak
Ved Vesterport 9

Odense

Alfr. Thomsen
Lottrups Gard 4

Randers

FF Vin & Tobac
Adelgade 1

Viborg

Skjold Burne
Gravene 6

FINNLAND

Helsinki

Tupakkakauppa
Signora Oy
Satamakatu, 5

FRANKREICH

Aix-en-Provence

La Bouffarde
1, rue Clémenceau

Beaune

A la Havane
5, petite place Carnot

Bordeaux

La Régence
10, cours du
XXX-Juillet

Brest

La Civette
27 bis, rue de Lyon

Caen

Le Maryland
47, Rue de Geôle

Cannes

La Civette Carlton
93, rue d'Antibes

Colmar

Tabac Obrecht
62, Grand Rue

Le Chesnay

Le Cigare et la Plume
Centre-Commercial
Parly 2

Le Havre

La Civette
104, boulevard de
Strasbourg

Lyon

Le Narval-
Lugdunum Cigare
11, avenue de
Grande-Bretagne

Marseille

Le Dôme
4, rue de la
République

Metz

Civette Wittmann
4, place du
Général-de-Gaulle

Montpellier

La Havane
Galerie Marchande
Auchan

Nizza

Flamme et Fumée
16, avenue
Félix-Faure

Tabac Téo
2, rue de la Préfecture

Paris

A la Civette
157, rue
Saint-Honoré

Boutique 22
L'espace Cigare
22, avenue
Victor-Hugo

Civette Vignon
17, rue Vignon

La Cave à Cigares
14, boulevard
Haussmann

La Tabatière Odeon
128, boulevard
Saint-Germain

La Vitole
126, Boulevard Murat

Le Losange
150, rue Saint-Denis

Le Lotus
4, rue de l'Arcade

Le Pot à Tabac
28, rue de la Pépinière

Maison Lemaire
59, avenue
Victor-Hugo

Tabac George-V
22, avenue George-V

Paris-la-Défense Cedex

Tabac des 4 Temps
Centre Commercial
des 4 Temps – Niveau 1

Roissy Charles-de-Gaulle Cedex

Alcool Tabac by
Saresco
Aéroport
Charles-de-Gaulle

Rouen

Civette Jeanne d'Arc
49, rue Jeanne-d'Arc

Sarreguemines

Tabac Lehmann
5, rue de l'Eglise

Sète

La Civette
12, quai de la
Résistance

Straßburg

Gérard –
Style et Plum
21, rue des
Grandes Arcades

La Régence
24, rue du
22-Novembre

Toulouse

La Licorne
5, Place Rouaix

Le Lafayette
15, place Wilson

Valenciennes

La Civette
35, place d'Armes

Verdun

Tabac du Marché
4, Rue du Pont-des-Augustins

GRIECHENLAND

Athen

Davidoff
1–3, Spyromiliou Street

GROSSBRITANNIEN

Bath

Frederick Tranter
Church Street,
Abbey Green 5

Birmingham

John Hollingsworth & Son
Temple Row 5

Edinburgh

Herbert Love
Queensferry Street 31

London

Alfred Dunhill of London
Royal Exchange 5,
Cornhill

Alfred Dunhill
Jermyn Street 48

Benson & Hedges
Old Bond Street 13

Burlington Bertie
Houndsditch 57

Davidoff
St James's Street 35

G. Smith & Sons
Charing Cross Road 74

Havana Club
Sloane Street 165

James J. Fox
St James's Street 19

Jayems
Victoria Street 125

Walter Thurgood
Salisbury House
161–162
London Wall

Otley

James Barber
Kirkgate 33

IRLAND

Cork

M.&P. O'Sullivan
Academy Street

Dublin

JJ Fox
119, Grafton Street

Terroirs Limited
103, Morehampton Road
Donnybrook

Tara Humidors
67, Leinster Road
Rathmines

Galway

Holland's
Williamsgate Street

Limerick

Cahill's
Wickham Street

Wicklow

Phelan's
Great George Street

ISRAEL

Tel Aviv

Cigarim
194, Dizengoff Street

Koplik Tobacco
9, Bialik Street
Ramat Gan

Oz Tobacco
6, King George Street

ITALIEN

Bologna

Pascal
Via dell'Archiginnasio 2/B

Florenz

Bardelli
Via Calzaivoli 51/R

Mestre

Masiero
Via Piave 62

Mailand

Bajini
Via Anfossi 28

Leoni
Via Fara 29

Noli Leonardo
Galeria Vittorio Emanuele II 82

Neapel

Lo Nigro
Via Campi Flegrei

Sisimbro
Via St Pasquale a Chiaia 74–76

Perugia

Bellucci
Piazza Matteotti 47

Ravenna

Agide
Via Bassano del Grappa 46

Rom

Capuani
Piazza Izeria 1

Fincato
Via della Colonna Antonina 34

Lupidi
Piazza Verdi 2

Moriconi
Piazza Barberini 7

Pellegrino
Piazza Cola de Rienzo 83/A

Perla-Marchetti
Piazza St Claudio 166/A

Turin

Bollito
Caso Duca, degli Abruzzi 10

LIBANON

Beirut

Little Havana
Verdun Street

LIECHTENSTEIN

Vaduz

Tabakhaus Breiter-Amann
Städtle 35

LUXEMBURG

Strassen

Ets Romain Terzi
Route d'Arlon

MALTA

Valetta

Charles Greech & Co.
10, Republique Street

MONACO

Monte Carlo

Blue Shop
Centre-Commercial du Métropole
17, avenue des Spélugues

Société des Bains de Mer
Café de Paris
Place du Casino

NIEDERLANDE

Amsterdam

Davidoff
Van Baerlestraat 84

John N. Andringa
Reguliersbreestraat 2

P.G.C. Hajenius
Rokin 92–96

Den Haag

G.de Graaff & Zonen
Heulstraat 27

Rotterdam

Van Dalen
Rookartikelen
Meent 17

Sas van Gent

Ben Everse
Westkade 97

NORWEGEN

Oslo

Davidoff Sol Cigar
Co A/S
Drammensvn 8

PORTUGAL

Lissabon

Casa Havaneza
Amoreiras Shopping
Center
Loja 1117
Avenida Duarte
Pacheco

Casa Havaneza
Largo do Chiado 25

Casa Havaneza
Centro Commercial
Colombio, Loja 1063,
Avenida Luziada

RUSSLAND

Moskau

Davidoff
Tverskaya Ulitsa 23

General Cigar
Company
Prospekt Mira 4–6

St. Petersburg

Rotunda Bar
Hotel Astoria
Isaaievskaya Square

SAUDI-ARABIEN

Dschidda

Randa Trading
Palestine Street

SCHWEDEN

Göteborg

Davidoff
Broberg's Tobaks-
handel AB
Arkaden

Stockholm

Broberg's Tobaks-
handel AB
Sturegallerian 39

SPANIEN

Alicante

Expendeduría No 19
C. Alemania 36

Expendeduría No 70
Avenida Santander
Centro Comercial
Garden, Local 29
Playa San Juan

Badajoz

Expendeduría No 9
Avenida Santa
Marina 44

Expendeduría No 11
C. Vasco Nunez 10

Barcelona

Casa Fuster & Fills
Ramala Catalunya 29

Expendeduría de
Tabacos No 80 –
Gimeno
Rambla de les
Flors 100

Expendeduría de
Tabacos No 83
Rosselló 232

Expendeduría de
Tabacos No 125
Via Laeitana 4

Expendeduría de
Tabacos No 128
Avenida Catedral 1

Bilbao

Estanco Alis
Gran Via 24

Expendeduría No 22
Licenciado Poza 41

Cáceres

Expendeduría No 6
C. Federico Ballell 3

Castelldefels

Expendeduría No 5
Paseo Maritimo 195

Castellon de la Plana

Expendeduría No 3
C. Zaragoza 1a

Girona

Expendeduría de
Tabacos No 3
Rambla Libertat 15

Gijon

Expendeduría No 60
C. Corrida 27

Granada

Expendeduría No 15
Carretera de la
Sierra 24

Expendeduría de
Tabacos
No 36
Martinez de la Rosa 18

Huesca

Expendeduría de
Tabacos No 16
Avenida Prineos 8

Irún

Expendeduría No 14
Centro Comercial
Barrio Behobia

León

Expendeduría No 13
Plaza Calvo Sotelo 5

Expendeduría No 21
Avenida de Roma 18

Logroño

Expendeduría de
Tabacos No 2
Gran Via 43

Lo Pagán

Expendeduría
Lo Pagán
Avenida Generlísmo 93

Madrid

Expendeduría No 74
Casa del Tabaco
Barquillo 22

Expendeduría No 130
C. José del Hierro 39

Expendeduría de
Tabacos No 218
C. Magallanes 16

Expendeduría No 330
C. General Perón 16

Expendeduría No 432
Paseo de la
Castellana 204

Expendeduría No 560
C. Cardenal
Cisneros 17
Expendeduría No 3
Camino de Coín 1
29650 Mijas Costa

Mostoles

Expendeduría No 5
Juan XXIII 2

Oviedo

Expendeduría No 18
C. Uria 7

Expendeduría No 24
C. Uria 64

Palencia

Expendeduría de
Tabacos No 7
Mayor 96

Pamplona

Expendeduría de
Tabacos No 6
Plaza del Castillo 35

Reus

L'Estanc del Niloga
C. General
Moragues 107

Salamanca

Expendeduría de
Tabacos No 1
Plaza Mayor 22

Expendeduría No 3
Avenida Alfonso VI
12–16

Expendeduría No 7
C. Toro 30

San Pedro de Alcantara

Expendeduría No 4
Avenida Constitución 9

San Sebastián

Estanco Agesta
Reina Regente 5

Expendeduría de
Tabacos No 14
Elcano 8

San Sebastián de los Reyes

Expendeduría No 2
Aevnida Valdelas-
fuentes 30

Santander

Expendeduría No 33
Juan de Herrrera 17

Sevilla

Expendeduría de
Tabacos No 40
C. Pagés del
Corro 117

Torremolinos

Expendeduría No 3
Estanco San Miguel
C. San Miguel 33

Valencia

Expendeduría de
Tabacos No 51
Conde Salvatierra 27

Expendeduría de
Tabacos No 52
Moratin 11

Expendeduría No 92
Gran Via Marquez del
Turia 68

Valladolid

Estanco de la Plaza
Plaza Mayor 16

Expendeduría No 2
C. Lencería 1

Expendeduría No 18
C. De Correos 11

Expendeduría No 75
Las Francesas
Maria de Molina 7

Vic

Estanco Crivillés
Ramala Passeig 33

Vigo

Expendeduría No 17
C. María Berdiales 4

Vitoria-Gasteiz

Expendeduría No 8
Avenida Vitoria-
Gasteiz

Expendeduría No 12
Florida 26

Xabia-Javea

Expendeduría No 4
Avenida de la Libertad 13
Playa Arenal

Zaragoza

Expendeduría No 117
Roger de Flor 5

SYRIEN

Damaskus

Damascus Duty-Free
Damascus International Airport

TSCHECHIEN

Kunovice

Tabak Karpisek
Na Rynku 34

Litomerice

Folly s.r.o.
Zernosecka 10

Pilsen

Raj Kuraku
Americka 31

Prag

H-Tabak
Truhlarska 16

K. Hingar
Zatecka 4

T.B.S. s.r.o.
Celetna 38

FAT spol s.r.o.
Mochuva ul. 13

De Lamott spol s.r.o.
Jankovcova 18

TÜRKEI

Maçka

Davidoff
Maçka Caddesi

UNGARN

Budapest

Cigar Tower
Hotel Kempinski
Erzsebet ter 7–8

Gyöngyös

Szöke & Szöke Bt.
Orszagut ur 27

Keazthely

Soruzem Kft
Martinovics utcai iparteiep

Moson

Inter-Brands Kft
Baratsag u. 4

Sopron

Favorite Tobacco Kft
Cserfa u.

ZYPERN

Nikosia

Fereos Shop
Hotel Hilton

Auswahl guter Fachgeschäfte in Übersee

ARGENTINIEN

Buenos Aires

Tabaqueeria Bellagio
Maipù 818

AUSTRALIEN

Melbourne

Alexanders Cigar
Divan
Crown Casino
8, Whiteman Street,
Sothbank

Sydney

Alexanders Cigar
Divan
Intercontinental
Hotel
117, Macquarie Street

BRASILIEN

Rio de Janeiro

Esch Cigars & Coffee
Rua do Ouvidir 161

Giraldia Tabaccos
Rua Maria Angilica 37

Rio Cigar Classics
Avenida Rodolfo
Amoedo 223

São Paulo

Cigar Classics
Alameda Lorena 1304

Davidoff
Alameda Lorena 1821

CHINA

Hongkong

Cohiba Cigar Divan
The Lobby
The Mandarin
Oriental Hotel
Connaught Road 5

Peking

Davidoff
The Palace Hotel
Beijing
Lobby level 8
Goldfish Lane,
Wangfujing

COSTA RICA

Llano Bonito

Don Tuto Cigars
East el Mirador

DOMINIKANISCHE REPUBLIK

Santo Domingo

Cigar Country
Jaragua Hotel

Club de Cigarro
Hotel V Centenario

Fine Cigars
Dominicana
Hector
Inchaustegui 16

HONDURAS

San Pedro Sula

Tobacco and Coffee
9NA Avenida Entre
6TA Y
7ENA Calle

JAPAN

Tokyo

Cigar Club
2-3-9 Azabu-Dai
Minato-Ku

KANADA

Calgary

Sheffield & Sons
Store 245A
2525, 36th Street NE

Edmonton

La Tienda
8426, 109th Street

Halifax

Mac Donald's
Tabacco & Gifts
Barrington Mall
1903, Barrington Street

Montreal

Davidoff
1452, Sherbrooke Street West

Niagara Falls

Copa-Habana
Cuba & World Cigars
5930, Victoria Avenue, Unit 4

Ottawa

M. Commerford & Son
124, Bank Street

Toronto

Winston & Holmes
2, First Canadian Place
Stock Exchange Tower

Vancouver (West)

Sheffield & Sons
Tabacconist
712, Park Royal N

Victoria

Casa Cuban Cigars
1441, Store Street

Winnipeg

Havana House
185, Carlton Street

KUBA

La Habana
(Havanna)

Casa del Tabaco
El Corojo
Hotel Cohiba,
Calle Paseo
Entre 1A y 3era Avenidas
Vedado

Casa del Tabaco
Guitart-Habana
Libre Hotel
Angulo 23era
Calle y calle L.
Vedado

Palacio del Tabaco
Fábrica La Corona
Calle Agromonte 106

Casa del Tabaco
Hotel Valencia
Calles Oficios 53

Hotel Santa Isabel
Baratillo 9
Calles Obispo y
Narciso López

Miramar

Casa del Tabacco
Comodoro Hotel
Angulo 3era Avenida

MALAYSIA

Kuala Lumpur

Tabacalera
Cigar Divan
Hotel Shangri-La
Jalan Sultan Ismail 11

Havana Club
J. W. Marriot Hotel
3rd Floor
Jalan Bukit
Bintang 183

MEXIKO

Cancún

Cancún City
Tobacco Shoppe
Plaza Safa,
Avenida Tulumo

Mexico D.F. (Stadt)

Sir Walter Raleigh
Centro Comercial
Santa Fe, Local 144

Tijuana

La Villa del Tabacco
Calle 3ra 2015
Entre Revolucíon
y Modero
Zona centro

NEUSEELAND

Auckland

Havana House Cigars
Limited
11–19, Customs
Street West

Wellington

Clarrie Gibbons
Post Office Square

Just Men Accessories
and Gifts
Duke's Arcade at
Manners and Willis
Streets

La Casa de Christofer
Columbus Cigars
5a, Frandi Street

PANAMA

Este Marbella

Davidoff
World Trade Center
Calle 53

Panama (Stadt)

Tabacos
Calle Evira Mendez
Galleria Continental
Local No 1

The Cigar Gallery
Calle Ft. Amador
and Balboa (Old
YMCA Building)

PHILIPPINEN

Manila

Tabac Peninsula
Hotel
Corner of Ayala and
Makati Avenues

Tabac Hotel Sofitel
Roxas Boulevard 1990

Tabacalera
Cigar Divan
Hotel Shangri-La
Corner Makati
Avenues, Metro
Manila

PUERTO RICO

Catano

Fun Times
152, Barbosa Avenue

Guaynabo

International House
of Cigars
B-2, Tabonuco Street

The Smoker's Suite
Pisa de Capassa St.

Humacao

Luigi's Cigar Box
120, Monte Carlo

Mayaguez

Good Times
Smoke Shop
Mc Kinley 74

San Juan

Cigar Shop 201
Plaza los Muchachos
Fortaleza

El Barco
Borinquen Towers

The Smoker's Suite
El San Juan Hotel &
Casino
La Galeria 60
Isla Verde Avenue 73

SINGAPUR

Singapur

Davidoff
Hilton International Hotel
02–03, Orchard Road

Havan Club
Singapore Marriott
320, Orchard Road

Mag's Wine Bar
86, Circular Road

Raffles Hotel
1, Beach Road

The Oaks Cellars
01–K1, Tanglin Mall

SÜDAFRIKA

Cape Town

Vaughan Johnson
Dock Road
Box 50012,
Waterfront

Wesley's –
The Cock'n Bull
143, Victoria & Alfred Waterfront

Durban

Wesley's –
Zoogy's Durban
87, Gardiner Street

Johannesburg

J. J. & Cale Tabacconists
Sandton City
Shopping Center,
Shop L 54

Wesley's
5, Juancey Street

TAIWAN

Kaohsiong

Smoker's Inn
2190 Szu-Wei
2nd Road

SÜDKOREA

Seoul

Havana Cigar Divan
Intercontinental Hotel
Samsung Dong
Kangnam Ku

THAILAND

Bangkok

Siam Havana Cigars
946 The Dusit Thani Hotel
Rama 4 Road
Silom, Bangrak

Siam Havana Cigars
2/4 Hilton Hotel
Wireless Road
Lumpini, Patumwan

Auswahl von Hotels, Restaurants und Zigarrentreffs im deutschsprachigen Raum

DEUTSCHLAND

Aachen

Elephant Bar
Dorint Hotel
Quellenhof
Monheimsallee 52

Abstatt

Hotel Sperber
Heilbronner Straße
16

Adendorf
(bei Meckenheim)

Restaurant
Kräutergarten
Hauptstraße

Augsburg

Eickmanns
Kaffeehaus
Prinzregentenstraße 1

Baden-Baden

Brenner's Parkhotel
Schillerstraße 6

Restaurant Medici
Augustaplatz 8

Bad Salzuflen

Waldrestaurant
Zur Loose
Loose 1

Baiersbronn-Tonbach

Kurhotel Traube
Tonbach

Bensheim (Hochstädten)

Fiesta Southern Style
Bar + Restaurant
Mühltalstraße 268

Berlin

Art'otel Ermelerhaus
Wallstrasse 70–73

Brauhaus
Johann Albrecht
Glasower Straße 27

Carpe Diem
Bar-Restaurant
Savigny-Passage
576–577

Die Weltbühne
Gormannstraße 14

Groth Gaststätte
Restaurant Reinhard's
Am Nussbaum 7

Hotel Savoy
Fasanenstraße 9–10

Schlosshotel
Vier Jahreszeiten
Brahmsstraße 6–10

Steigenberger Berlin
Los-Angeles-Platz 1

Bornheim

Cher's
Rösberger Straße 70

Bremen

Tafelhaus
Schlachte 15–18

Dachau

Café-Restaurant
Schloß Dachau
Schlossstraße 2

Darmstadt

Capones Restaurant
Frankfurter Straße 67

Dortmund

Jazz Club Jatz
Rittershausstraße 65

Dresden

Havanna Club
Bautzner Straße 77

Kempinski Hotel
Taschenberg-Palais
Dresden
Taschenberg 3

Restaurant Kö 5
Königstraße 5 a

Restaurant &
Schankhaus 1900
Wittenberger Straße 76

Düsseldorf

Osteria Saitta
Alt Niederkassel 32

Zorbas der Grieche
Haroldstraße 30

Eggenfelden

Brunner-Bräu
Privatbrauerei und
Biergarten
Spanberg Nr. 3

Eltville

Hotel Schloss
Reinhartshausen
Hauptstraße 43

Essen

Restaurant
Casino Zollverein
Gelsenkirchener
Straße 181

Frankfurt am Main

Gargantua
Klaus Trebes
Liebigstraße 47

Zum Jordan
Westerbachstraße 7

**Freiburg
im Breisgau**

Hemingway
Cocktailbar
im Hotel Victoria
Eisenbahnstraße 54

Grevenbroich

Zur Traube
Bahnstraße 43

Großkrotzenburg

Manhattans
Schulstraße 2

Hamburg

Althamburger Aal-
speicher
Deichstraße 43

Landhaus Dill
Elbchaussee 94

Hamm

Restaurant
Wieland-Stuben
Wielandstraße 84

Hannover

CuaBar
Ernst-August-Platz 1

Heidelberg

Goldener Anker
Untere Neckarstraße 52

Herzogenaurach

Hotel Herzogs Park
Beethovenstraße 6

Ingolstadt

Cigarrenlounge im Mövenpick-Restaurant Avus
Audi Forum
Ingolstadt

Kernen-Stetten

Weinstube Bayer
Gartenstraße 5

Kiel

Traumfabrik
Grasweg 19–21

Klingenberg

Zum Alten Rentamt
Hauptstraße 25 a

Köln

Remise
Wendelinstraße 48

Mövenpick Palavrion
Brüderstraße 2–4

Vintage Habana Room
Pfeilstraße 31–35

Krün
(Oberbayern)

Restaurant Krüner Stubn
Soiernstraße 4

Laipzig

Auerbachs Keller
Grimmaische Straße 2–4

Neu-Isenburg

Cigar Smoker's Society
im Kempinski Hotel Gravenbruch

Kerpen

Restaurant
Schloss Loersfeld

Meerbusch
(bei Düsseldorf)

Hotel und Restaurant Landsknecht
Poststraße 70

Mönchengladbach

Ernest
Ecke Hofstraße/Siepensteg

Stainer's – Café, Restaurant, Kneipe
Waldhausener Straße 89

München

Mövenpick Künstlerhaus
Lenbachplatz 8

Aficionado
Leopoldstraße 25

Neustadt
(Hessen)

Restaurant am Park
Querallee 11–13

Nürnberg

Wax Lounge
Bahnhofstraße 5
Im Bavarian American Hotel

Potsdam

Zigarrenhaus Rauchzeichen
Hebbelstraße 46

Rantum/Sylt

Restaurant Sansibar

Rockenhausen

Café Restaurant
Bossong
Marktplatz 3

St. Goar

Havanna Club –
Puros y mas
Schloss-Hotel

**Solingen
Schloss Burg**

Restaurant
Im historischen Hotel
Haus in der Strassen
Anno 1673
Schlossplatz 1

Schloss-Restaurant
auf Schloss Burg
Schlossplatz 1

Stade

Restaurant &
Weinhandlung
Knechthausen
Christian Schmidt
Bungenstraße 20–22

Stuttgart

La Luna Zigarren-
lounge
Bar Ristorante
Primafila
Jahnstraße 120

Rubirosa-Galerie,
Bar und Restaurant
Forststraße 9

Tabacum
Siegfried Schäuble
Schwabstraße 120

Restaurant
Wielandshöhe
Vincent Klink
Alte Weinsteige 71

Ulm

Churchill's
Frauenstraße 29

**Vogtsburg-
Achkarren**

Hotel-Restaurant-
Winzerstube Krone
Schlossbergstraße
15–17

Weinheim

Brasserie Montmartre
Am Marktplatz
Obertorstraße 1

Villa Latina
Birkenauer Talstraße 11

Wiesbaden

Sombrero Latino
Adolfstraße 3

Würzburg

Restaurant Bilicoso
im Nikolaushof
Spittelbergweg

ÖSTERREICH

Bad Hofgastein

Gourmethotel
Das Moser
Kaiser-Franz-Platz 2

Graz-Eggenberg

Restaurant Almwirt
Bergstraße 21

Pörtschach

Parkhotel Pörtschach

Linz

Austrian Cigar
Society
Hotel Steigenberger
Am Winterhafen 13

Lochau

Wirtshaus Messmer

Wien

Wein & Co
Getreidemarkt 1

Jim Beam Pub
Tigergasse 31

Restaurant Mango
Theobaldgasse 11

Restaurant
Tina Bierbeisl
Zachgasse 4

Sam's Bar und
Restaurant
im Hotel Hilton
Vienna
Am Stadtpark

SCHWEIZ

Basel

Restaurant Brasserie
Bar des Arts
Barfüßerplatz 6

Restaurant
Walliserkanne
Gerbergasse 50

Bern

Restaurant
Kornhauskeller
Kornhausplatz 18

Bronschhofen

Hotel-Restaurant
Burghalde
Hauptstraße 14

Davos

Millenium
im Hotel Seehof
Promenade 159

Effretikon

QN Lounge
im Restaurant QN
Rikonerstraße 52

Fribourg

Havana Calé Bar
13, rue de Criblet

Grenchen

Emil Blüemli
Hotel Krebs

Luzern

Carl's Bar & Smoker
Lounge
im Carlton Hotel
Tivoli
Haldenstrasse 57

Weinstube Nix
Am Mühlenplatz 4

Rorschach

Cuba Libre
Salsa Bar and
Restaurant
Kronenstrasse 7

St. Gallen

Restaurant August
Bar und Spaghetteria
Augustinergasse 31

Rôtisserie Schoren
Dufourstrasse 150

Café Seeger
Oberer Graben 2

St. Moritz

Hotel Waldhaus
am See

Zofingen

Havanna Restaurant
& Bar
Gerbergasse 12

Zürich

Smoker Lounge
Rex Bar
Schützengasse 16

Restaurant Bohemia
Kreuzplatz

Restaurant Opus
Zähringerstrasse 18

internet-Adressen

HÄNDLER UND ONLINE-SHOPS

www.altetabakstube.de
www.behique.com
www.bennung.de
www.bierau.de
www.casa-del-habano.de
www.cigar.de
www.cigar-pipe.de
www.cigar-worldshop.de
www.cigarnet.ch
www.cigarren-huber.de
www.cigars-of-cuba.com
www.cigarweb.de
www.cigarworld.de
www.cinx.de
www.danpipe.com
www.dodocigar.de
www.duerninger.de
www.falkum.de
www.gerard-pere-et-fils.com
www.gf-zigarren.de
www.gourmetandcigar.ch
www.habana-tabacos.de
www.hector-cigars.de
www.joh-freese.de
www.kiwus.de
www.la-casa-del-habano.com
www.lahabanita.de
www.le-cigarbox.ch
www.mettner.de
www.peter-heinrichs.de
www.pfeife.de
www.pfeifenstudio.de
www.portmanntabak.ch
www.premicigar.de
www.premium-cigars.de
www.smokers-corner.de
www.tabaco.de
www.tabacum.de
www.tabak-baumann.de
www.tabak-goetz.de
www.tabak-heinrich.de
www.tabak-hilden.de
www.tabak-sommer.de
www.tabakecke.de
www.tabakhaus-siegfried-hoffmann.de
www.tabakmeier.com
www.tabakshop2000.de
www.tannenlaedchen.de
www.tobacco.de
www.top-cigars.com
www.welltabac.ch
www.whyskyandcigars.de
www.wob.at
www.zechbauer.de
www.zigarren-bugge.de
www.zigarren-herzog.com
www.zigarren-joest.de
www.zigarren-stenger.de
www.zigarrenhaus-puett.de
www.zigarrenhaus-schleicher.de
www.zigarrenversand.de
www.zigarrenwebshop.com

HUMIDORE, ZUBEHÖR

www.andre-humidore.de
www.chambrair.de
www.cigarsavor.com
www.eurocave.de
www.fellows.de
www.homearts.com/pm/shop-talk/12humib1.htm
www.humid-tobacco.ch
www.humidorcentral.com

www.humidordiscount.de
www.humidorhouse.com
www.manninghumidors.com
www.tabacart.com
www.tosera.de
www.2.vol.at/b.noblesse

IMPORTEURE

www.5thavenue.de
www.infocex.cu/habanos/index1.htm
www.intertabak.ch
www.laflordecano.com

INFOSEITEN, MAGAZINE

www.cigar.ch
www.cigar-cult.at
www.cigaraficionado.com (e)
www.cigargroup.com/faq (e)
www.cigarnexus.com (e)
www.cigars.about.com/hobbies/cigars (e)
www.cigarwoman.com (e)
www.daft.de
www.luxembourg.tripod.com/cigar.htm
www.smokemag.com (e)
www.thecigarbook.com (e)
www.tobaccojournal.com (e)
www.zigarren-datenbank.de
www.zigarren-verband.de/
www.zigarrenweb.de
www.zigarrenwelt.de

CLUBS

www.all-that-cigar.de
www.bayerischezigarrengesell-schaft.de
www.cigar.at
www.cigar-lounge-hersfeld.de
www.cigarclub.de/berlin
www.clubmacanudo.de
www.havanna-lounge.de
www.raucher-club.de
www.schmauch.de
www.uhscs.de
www.wob.at/cigarclub/derclub.htm
www.zigarrenclub.at
www.zigarrenwelt.de/cigarclub/index.htm

GASTRONOMIE

www.altes-rentamt.de
www.capones-restaurant.de
www.gargantua.com
www.medici.de
www.rexbar.ch
www.stainers.net
www.weinstube-bayer.de
www.wielandshoehe.com

Register